pasión
global

Registro de la contribución
de George Verwer a las
misiones del mundo

Publicado por
Editorial Unilit
Miami, Fl. 33172
Derechos reservados

© 2006 por Editorial Unilit (Spanish translation)
Primera edición 2006

© 2003 por David Greenlee
Originalmente publicado en inglés con el título:
Global Passion
por Authentic Lifestyle

Authentic Lifestyle es un sello de Authentic Media,
P. O. Box 300
Carlisle, Cumbria, CA3 0QS, UK
P. O. Box 1027, Waynesboro, CA 30830-2047 USA
www.authenticmedia.co.uk

Traducción: *Grupo Nivel Uno, Inc.*

Las citas bíblicas se tomaron de la Santa Biblia,
Versión Reina Valera 1960 © Sociedades Bíblicas Unidas;
y *La Santa Biblia, Nueva Versión Internacional*
© 1999 por la Sociedad Bíblica Internacional.
Usadas con permiso.

Producto 496801
ISBN 0-7899-1363-1
Impreso en Colombia
Printed in Colombia

Contenido

Sección 2
En el trabajo de misión, lo esencial es el trabajo de la gente

Sección 3
Los grandes movimientos misioneros en la historia

Sección 4
Palabras de tributo

GEORGE VERWER

Revolucionario realista,
visionario compasivo,
siervo apasionado,
buscador de lo imposible,
amigo de los fracasados.

Por tu
vida centrada en Cristo,
inspirador liderazgo,
transparente integridad,
irreprimible humor
y celo lleno de gracia:

Presentamos estos ensayos en agradecimiento
de los volúmenes que has escrito
en nuestras vidas
y en las de incontables personas.

Todo para la gloria de Dios.

Gratitud por una vida
bien vivida

PETER MAIDEN

¡Bien, George! Has llegado a los sesenta y cinco años. He escuchado oscuras profecías durante muchos años: «¡Jamás llegará a los sesenta; al paso que vive morirá joven!». Y por cierto has vivido a paso increíble. Yo, por ejemplo, he perdido el aliento a veces intentando seguirte el paso. Sin embargo, los capítulos que siguen mostrarán que tu vida no es solo velocidad, sino una vida que lleva a logros concretos para la gloria de Dios. Estos logros han sido inmensos y extremadamente diversos.

Una pasión, muchas pruebas

Hay algunos agentes pioneros del cambio que tienen un rifle de francotirador. ¡Tú tienes una basuca! ¿Qué es lo que más recordamos sobre estos últimos cuarenta años de liderazgo? ¿Será tu impacto sobre el crecimiento de las misiones de corto plazo? OM ha de haber sido uno de los primeros grupos en desarrollar esta idea. Por supuesto que se ha vuelto un importante medio de brindar oportunidades para las personas que quieren probar si sienten el llamado y tienen la capacidad para un servicio a más largo plazo. Los de servicio a corto plazo también han plantado iglesias, haciendo una obra increíble en cada caso. Ahora, toda sociedad misionera importante que encuentro tiene su programa de misión a corto plazo.

¿Será tu compromiso con la literatura: STL y la subsiguiente cadena Wesley Owen en el Reino Unido, OM Literature en los Estados Unidos, el masivo ministerio de literatura en India? ¿Tu promoción y hallazgo de títulos por todo el mundo? ¿Tus increíbles mesas de libros que han provisto libros cristianos gratis, o increíblemente baratos, a decenas de miles de personas?

¿O se recordará tu contribución por tu perseverancia en la oración? Muchos de los de la OM recuerdan su primera media noche de oración como una experiencia que les cambió la vida. El modo en que te comprometías con esa media noche semanal de oración ha sido un inmenso desafío personal para mí.

¿Será la movilización de las personas hacia las misiones? Solo la eternidad revelará la cantidad de personas que participaron de las misiones gracias a tu ejemplo, tu predicación, tus oraciones, tus libros. Y lo que es más, ha habido gente de todas las edades, con los talentos más diversos. Has mostrado que las misiones no son una ocupación de especialistas. Has ayudado a muchos a entrar al servicio de misiones para toda la vida, gente que no habrían aceptado las agencias misioneras tradicionales.

¿Será tu contribución en la globalización de las misiones? Estoy convencido de que OM es hoy una de las agencias de misión más globalizadas de la tierra a causa de las estrategias que implementaste en sus inicios, y por tu ejemplo. La fuerza de misión globalizada, por cierto, hace que OM sea un movimiento renovador, emocionante, un desafío del que uno quiere participar.

¿O será tu compromiso con decenas de miles de personas? George, me asombra descubrir cuando viajo la cantidad de gente con quienes has estado en contacto telefónico o por carta. Y sé que no es solo con los grandes y los buenos. Hay mucha gente allí que, justo cuando estaban en el peor momento, encontraron en ti, como escribió Greg Livingstone en un tributo personal, «un amigo sincero».

Has vivido a un paso asombroso, haciendo cantidad de contribuciones a la obra del Reino. Y, sin embargo, a los sesenta y cinco años pareces estar tan fuerte como siempre. Espero y oro que continúes así de fuerte durante muchos años más. ¿Cuál ha sido el secreto de tu continua energía y motivación?

Una cosa que realmente aprecio es tu entendimiento de que esta es «Su obra». Por cierto, das todo de ti a la obra. Aun así, siempre has tenido esa capacidad de «dejárselo al Señor». He estado contigo en un gran número de ocasiones en las que te has encontrado bajo el peso de muchas presiones. Con todo, siempre parecías poder «dejarlo con Él» cuando era necesario, alejándote de las presiones para disfrutar nueve hoyos de golf (dieciocho hoyos siempre te parecieron demasiada indulgencia contigo mismo). Siempre has podido jugar o relajarte con la misma intensidad con la que trabajas. ¡El advenimiento de los teléfonos celulares, por supuesto, ha hecho que puedas disfrutar del golf aun más! ¡En mi mente están impresos los temas que hemos tratado en conversaciones justamente después del tercer hoyo o el séptimo!

Sr. Natural

Tu capacidad para ser tú mismo siempre ha sido también la clave de tu supervivencia. No te aterrorizan las expectativas de los demás. Recuerdo estar sentado con uno de los coeditores de este libro, y uno de tus amigos más cercanos, Peter Conlan. Estábamos en la primera fila de un gran auditorio en Birmingham. Habíamos organizado junto con otras personas una conferencia nacional de unos mil líderes cristianos jóvenes. Pasamos muchos meses organizando este fin de semana, en torno al tema del líder como soldado. Las charlas debían basarse en 2 Timoteo. Habíamos pasado muchas horas con los disertantes preparando los capítulos 1, 2 y 4. Tú tenías la tercera sesión, basada en el capítulo 3. Volaste esa noche hacia Londres desde Pakistán; al llegar a Birmingham, era obvio que estabas muy cansado. Subiste a la plataforma y comenzaste a hablar. Estabas presentando libros y haciendo comentarios sobre tu reciente viaje. Sueles comenzar tus sermones de esta manera, pero esta vez la introducción fue más larga que de costumbre. Y todo el tiempo ibas y venías, dando vueltas a las páginas de tu Biblia. Después de unos minutos, Peter se volvió hacia mí y dijo: «Creo que estamos en problemas». Finalmente, ante el asombro de todos, dijiste con voz cansada: «No encuentro 2 Timoteo. Hechos es un libro más grande, así que hablaremos sobre él esta noche». ¡Creo que otros líderes cristianos más preocupados por su imagen habrían intentado encontrar otra salida a este dilema!

Hace unos años estaba predicando en una iglesia en Corea del Sur. Habías predicado en la iglesia un año antes. Me habían hablado en varias ocasiones sobre el estricto código de vestimenta que se requería, e hice mi mejor esfuerzo para cumplir con ello. Por curiosidad le pregunté al pastor después de predicar: «Cuando George estuvo aquí hace un año, ¿vestía traje y corbata?». Por supuesto que no; te ponías siempre tu famosa chaqueta global.

Esa voluntad de ser tú mismo, de que te vieran tal como eres, «con verrugas y todo», te quita mucha presión de encima. También ha sido de gran aliento para mí y para muchos otros. Incluso he pensado: «Es posible, Dios puede usarnos hasta con todas nuestras debilidades y defectos». Conozco a decenas de miles de jóvenes que han sido desafiados y alentados, y aun sucede hoy, por los ejemplos personales en tu predicación de lo que Ajith Fernando llama en su contribución a este libro «la vida en crudo».

No eres un perfeccionista, George. Esa es otra de las razones por las que has podido lograr tanto y seguir mentalmente sano. David Greenlee recuerda en su contribución tu comentario acerca de que «la fe no tiene solo Plan A y Plan B, sino X, Y y Z también». Eso es típico de ti. Eres un pragmatista con sentido común, además de un hombre de fe y oración. Esto ha significado, entre otras cosas, que jamás has sido demasiado orgulloso como para no admitir tus equivocaciones.

Has tenido que reevaluar cosas que eran fundamentales en tu pensamiento, y con el tiempo finalmente llegaste a una posición diferente. Mi mente vuelve a una reunión de líderes, muy conmovedora, en la que se habló de nuestra política financiera. OM ya era reconocida en el mundo por nuestra política de mencionar las necesidades financieras solo cuando otra persona tomaba la iniciativa de preguntarnos por ello. Estábamos en situaciones difíciles, en las cuales esta política no parecía dar resultados. Saliste de la reunión, fuiste a una granja donde te gustaba retirarte de tanto en tanto, y presentaste el asunto ante el Señor. El resultado fue una propuesta completamente nueva que implicaba un significativo cambio de política. Tu disposición para cambiar en ese punto y no aferrarte al pasado, aun a principios que nos eran importantes, ha sido de gran importancia para este movimiento.

Esta capacidad para reconocer que las cosas no han estado siempre bien, y que debías cambiar tu posición, o de ver que lo que antes resultaba quizá debía cambiar, ha sido crucial para tu propia supervivencia y para el desarrollo de OM. Este pragmatismo y disposición al cambio probablemente fue lo que salvó a OM en los primeros años del peligro de caer en el extremismo real y la consiguiente marginalización.

Sin embargo, eras el primero en decir que hay una persona además del Señor Jesús que ha sido vital en todo lo que lograste y lo que eres hoy: Drena. Ninguna apreciación de ti, George, sería completa sin una apreciación igual de ella. A la luz de esto, quizá recuerdes una visita a tu casa cuando te di una vaga razón para entrevistar a Drena. ¡Era para este libro!

Entrevista con Drena Verwer, 27 de septiembre de 2002

Peter: Drena, ¿cuándo y dónde conociste a George?
Drena: En 1959, cuando era secretaria en el Instituto Bíblico Moody.

Peter: ¿Y qué pensaste cuando lo viste?
Drena: ¡Pensé que venía del bosque!

Peter: ¿Cómo siguió la cosa a partir de allí?
Drena: Había leído un artículo sobre él en el periódico de la escuela. Iba a liderar una misión, o algo así, y pensé: «Bueno, es un estudiante, ¿cómo podría hacer esto al mismo tiempo?». Así que le ofrecí ayuda como secretaria. ¡Después me dijo que pensó que estaba coqueteando con él!

Peter: Mientras estabas en Moody, ¿ya estabas avanzando hacia la misión?
Drena: Sí, de seguro. Fue simultáneo: cuando fui salva, sabía que el Señor me llamaba al campo misionero.

Peter: ¿En ese punto tenías idea específica sobre la dirección en que Dios te estaba llevando?

Drena: No. Sabía que primero tenía que estudiar la Biblia. El Instituto Bíblico Moody era el único lugar que había oído nombrar, así que allí estaba, trabajando como secretaria para poder comenzar mis estudios en esa escuela. La misión para mí era la jungla de África. Era lo único que sabía sobre las misiones.

Peter: ¿Cómo fue que comenzó la relación si él pensaba que le coqueteabas?

Drena: Le dije que quería ayudar en lo que fuera. Preguntó si le acompañaría en sus visitas al área de habla hispana en la ciudad. Yo no hablaba una palabra de español. Así que fui con él y su maestro de español. Después quiso que revisara el libro de los Hechos con él, así que hacíamos eso en lugar de tener citas como todo el mundo. Todo empezó a partir de allí.

Peter: ¿Y cuándo se casaron?

Drena: Un año más tarde, porque en Moody la regla era que si los estudiantes se casaban a mitad de sus estudios, tenían que dejar el instituto durante un año antes de poder volver y terminar. George no iba a demorar el inicio de la misión, así que comenzamos a salir después de tres meses, y estuvimos comprometidos durante casi un año. Nos casamos a la semana siguiente de la graduación de George.

Peter: Hay algunas historias locas sobre los primeros días, como que George vendía cosas que eran regalos de boda, ¿cuán cierto es esto?

Drena: Las historias son probablemente sobre la torta de bodas. Cuando nos casamos, comentamos que no queríamos regalos. Si alguien quería darnos algo, tenía que ser dinero porque explicamos que viajaríamos mucho. México y España estaban en nuestra mente. Nuestra fiesta de bodas fue un almuerzo que la iglesia nos regaló como presente de bodas. En realidad, tuvimos dos tortas de bodas. Una, de la que no comí ni un bocado, era grande. Había también una más pequeña porque nos preocupaba que la otra no alcanzara. ¡Fue la torta pequeña, que no llegamos a usar, la que nos llevó de Chicago a la ciudad de México!

Salimos hacia México justo después de la boda, y George condujo todo lo que pudo. Cuando ya casi no teníamos combustible, nos acercamos a la entrada de la ciudad para visitar todas las estaciones de servicio. Íbamos a explicarles que éramos recién casados, y que nos dirigíamos a México como misioneros. Lo hicimos, y ofrecimos canjear nuestra torta de bodas por combustible. Las primeras tres veces, la gente parecía tenernos lástima, o quizá eran cristianos comprometidos, porque nos dieron combustible gratis, sin reclamar la torta. Finalmente, en la siguiente estación de servicio que visitamos, el hombre aceptó la torta a cambio del combustible. ¡Así fue que llegamos a México!

Peter: ¿Desde México fueron directo a España?
Drena: Más o menos. Estuvimos seis meses en México, de enero a junio. El siguiente grupo de estudiantes de los Estados Unidos llegó para la campaña de verano. Los conocimos en la frontera, y allí tuvimos la conferencia de entrenamiento. Después de eso, partimos hacia España, adonde llegamos en septiembre.

Peter: Durante los últimos cuarenta años han vivido en España, Nepal, India, Gran Bretaña... ¿dónde más?
Drena: En barcos, en Italia, en Francia, y estoy segura de que en muchos otros lugares.

Peter: Pero... no te gusta viajar.
Drena: En realidad, detesto viajar. Desde que tengo uso de razón, aun desde antes de conocer a George, he querido quedarme en un mismo lugar.

Peter: Al mirar hacia atrás y ver tu vida con George durante estos últimos cuarenta años, menciona una o dos de sus cualidades que se destaquen, según tu criterio.
Drena: Cuando empezamos a salir, yo también salía con otras dos personas de Moody.

Peter: ¡Ahora comprendo de dónde salió la política social de OM!
Drena: Pero lo que me atrajo de George fue su voluntad de vivir para Dios. Veía a Dios en George, y sentía que necesitaba a alguien lo suficientemente fuerte como para ser mi líder. Él encajaba a la perfección

en esto. También confío en su criterio y sus decisiones. Lo cual no significa que siempre haya aceptado todo lo que dice sin miramientos.

Peter: Ha de haber debilidades, Drena. ¿Qué es lo que te frustra de George?

Drena: Es muy intenso, siempre está activo, no puede estar sentado durante más de unos minutos. ¡No sabe conversar sobre cosas sin importancia! Como verás, vivimos en una jungla de papel; ¡mi casa siempre parece un almacén de papeles!

Peter: ¿Alguna vez deseaste haberte casado con un hombre que tuviera un lindo empleo, de nueve de la mañana a cinco de la tarde, quizá en un pueblo pequeño con una linda iglesia donde asistir los domingos a las once de la mañana? ¿Alguna vez quisiste vivir así?

Drena: Bueno, quizá algunas veces, pero luego me detengo y pienso, y sé que me he casado con el hombre idóneo, y que hemos elegido la vida adecuada.

Peter: Al pensar en la transición que está haciendo George, ¿qué es lo que más te preocupa 'e él, del movimiento, de ti misma?

Drena: George se las arreglará muy bien porque siempre ha tenido en mente lo que quiere hacer. Yo creo que tendré más dificultades que él. Siento que conozco la mente de George. Sé qué decisiones tomará... Creo que a mí me costará el hecho de que inevitablemente el nuevo liderazgo no hará necesariamente lo que creo que George habría hecho.

Peter: ¿Te preocupa algo en este momento del movimiento?

Drena: Bueno, espero que no cambie demasiado. Espero que siga siendo como ahora, y que la vida de oración siga siendo la prioridad. Eso es lo que más me preocupa.

Peter: Drena, siempre he pensado que no te gusta ser el centro de atención.

Drena: Tienes razón en eso. Para mí es muy difícil cuando me arrastran a ser el centro de atención. Durante estos últimos cuarenta años, todo lo que he querido hacer es apoyar a George. Si hubiera podido hacerlo sin que nadie me viera, me habría gustado mucho.

Peter: Gracias, Drena, por todo lo que has hecho y por todo lo que significas para nosotros en OM.

Siempre liderarás

George, es evidente que esa es otra contribución que ustedes dos han hecho. Han sido muy francos en cuanto a las luchas en su matrimonio, pero el compromiso absoluto de ambos por ser lo mejor posible como esposo y esposa, en especial en el mundo de hoy, ha sido un ejemplo vital para muchos.

En representación de todo el movimiento, y de los cientos de miles de amigos de OM en todo el mundo, gracias por tu liderazgo sincero e inspirador en OM. Te estoy extremadamente agradecido porque seguirás trabajando con nosotros en este movimiento. En representación de todos, declaro el siguiente compromiso:

Los valores que hemos sostenido en OM internacionalmente seguirán estando en el corazón de todo lo que somos y procuramos hacer.

- Conocer y glorificar a Dios

- Vivir en sumisión a su Palabra

- Ser personas de gracia e integridad

- Servir con sacrificio

- Amar y valorar a las personas

- Reflejar la diversidad del cuerpo de Cristo

- Evangelizar al mundo

- Intercesión global

- Estimar a la iglesia

Sé que estás orando para que «sigamos en el buen camino», ¡y me sorprendería si en ocasiones no oyéramos de ti una palabra de exhortación!

Peter Maiden comenzó a servir como Coordinador Internacional de Operación Movilización en agosto de 2003. Peter también es uno de los ancianos en su iglesia local, copresidente del International Christian College en Glasgow, y presidente de la Convención de Keswick. Además, sigue ocupado con su intensivo ministerio de enseñanza de la Biblia en  *Gran Bretaña y otros países de todo el mundo. Lector voraz, es un ávido corredor de largas distancias, y muchas veces podrán verlo corriendo por el Distrito de los Lagos, en Inglaterra. Peter vive en Carlisle con su esposa, Win. Tienen tres hijos casados y dos nietos.*

El señorío de Cristo[1]

GEORGE VERWER

Recuerdo esta reunión en Alemania, en la que había estado hablando durante una hora y media; la gente joven parecía estar escuchando, pero había alguien al fondo que quería que terminara, y me señaló su reloj de pulsera. Estaba predicando sobre las misiones en el mundo, el discipulado y el darnos enteramente por Cristo. Miré al reloj y dije: «Oh, alabado sea el Señor. ¡Miren a este hombre! ¡Está donando su reloj para la obra misionera!». Puedo asegurarles que InterVarsity USA tiene métodos más eficaces que ese.

Pensé que me derretiría totalmente anoche cuando conocí a Billy Graham. Es mi padre espiritual. Jamás lo había visto personalmente. He leído sus libros, y escuchado sus cintas grabadas. Su cinta Urbana '57 la he escuchado más de quince veces. Era de rigor que todos los que entraran en Operación Movilización la escucharan, así fue durante muchos años. Tenía sobredosis de Billy Graham; leía tantos libros y escuchaba tantas cintas que comencé a soñar con Billy Graham, también tenía pesadillas con él. Quería conocerlo y no lo quería... y de repente, allí estaba, en la misma habitación que yo. Tenía un minuto por cada diez años desde ese momento hace casi treinta y dos años. Alabado sea el Señor porque sigo aquí.

Algunos de ustedes se pusieron de pie anoche y tomaron esta decisión. Quizá eran como yo. No lo entendía. Provenía de un hogar cristiano nominal. En realidad, había llevado binoculares a esa reunión en el Madison Square Garden porque había oído que él era un hipnotizador y quería ver qué estaba haciendo. Predicó un mensaje muy básico, como lo hizo anoche. Y con temor, temblando, confié en el Señor Jesucristo. Los libros de psicología nos dicen que esto es un escape de la culpa en la adolescencia tardía. Mucha gente dice que no dura, pero puedo decirles que lo que me sucedió en el Madison Square Garden hace treinta y dos años ha sido una preciosa realidad, cada día desde ese día. ¡Jesús es real!

Vayamos juntos en nuestras Biblias al mandamiento más importante de todas las Escrituras. Vivimos en un tiempo de mega información, y encuentro que hay mucha gente confundida, con prioridades desordenadas. Hay mucha gente que tiene títulos de maestría en cosas menores, y lo que quiero es hablar de cosas básicas en nuestra fe cristiana esta noche.

Tomaremos como texto Marcos 12:30,31: «Y amarás al Señor tu Dios con todo tu corazón, y con toda tu alma, y con toda tu mente y con todas tus fuerzas. Este es el principal mandamiento». Con tantos otros estímulos, tantos libros, tantas cintas, ya no tenemos ratones de biblioteca en OM, sino un ejército entero de ratones de casetes. ¡Increíble! Recordemos esto: «Amarás al Señor tu Dios con todo tu corazón, y con toda tu alma, y con toda tu mente y con todas tus fuerzas. Este es el principal mandamiento. Y el segundo es semejante: Amarás a tu prójimo como a ti mismo. No hay otro mandamiento mayor que éstos».

He luchado con este mensaje sobre el señorío de Cristo más que casi con cualquier otro. Mientras luchaba con esto, orando, leyendo libros y escuchando cintas, surgieron unas palabras en mi corazón. Sé que ustedes obtiene muchos mensajes aquí, muchas palabras, no sé cómo pueden tomar nota. Es difícil, pero me gustaría que anotaran estas palabras y oro para que si alguna vez dentro de unos años vuelven a leer mis tímidos mensajes, recuerden estas ocho palabras.

Señorío

Creemos en el señorío de Jesucristo. La presentación de IFES (por sus siglas en inglés de la «Comunidad Internacional de Estudiantes Evangélicos»), uno de los movimientos misioneros espirituales más importantes del mundo, fue muy desafiante para mí. Sentimos que es un gran privilegio estar asociados con este movimiento en el mundo. Tengo la carga de ver que haya más financiamiento para esa gran obra. No sé si pueden imaginar qué poca gente hay, y qué débil es esa obra en algunas naciones como Italia, una tierra que amo mucho. No hay tiempo de hablar de esto, pero espero que obtengan más información.

Estoy seguro de que la mayoría de las comunidades representadas aquí creen en el señorío de Jesucristo. Es asombroso que se haya criticado a Billy Graham por algo así como la creencia fácil. He tenido gente fuera de mi reunión hace un tiempo en la costa este, que repartía literatura muy extremista sobre el señorío y sobre la idea de que casi nadie es salvo, excepto ellos, claro. Es sorprendente el modo en que Satanás puede tomar cualquier preciosa doctrina para intentar llevarla a los extremos. Hermano o hermana, si comienzas a moverte para Dios en estos días, e hiciste un compromiso anoche, o si lo haces en estas noches que vienen, Satanás contraatacará con dos estrategias básicas. Ante todo, quiere impedirte que llegues a conocer la plenitud del espíritu, del compromiso y el señorío de Cristo. Luego, cuando comiences a moverte en esa realidad, Satanás intentará llevarte al extremismo. Cuídate del extremismo e intenta encontrar un equilibro en las Escrituras.

Otro ejemplo es la famosa frase hecha que dice: «Si Jesucristo no es Señor de todo, no lo es de nada». Cuando oí eso, pensé: «Esto sí que es grandioso. Golpeemos a la gente en la cabeza con eso». Entonces, luego pregunté: «¿Es bíblico?». Estoy convencido de que podemos llegar a conocer a Cristo como Salvador en un momento. Algunos lo hicieron anoche. Yo lo hice en el Madison Square Garden cuando tenía dieciséis años, aunque alguien había orado por mí, la verdadera fundadora de nuestra obra: una anciana que cuando yo tenía catorce o quince años me incluyó en su lista de oración. Oró por mí con regularidad. Me envió por correo el Evangelio de Juan. Ese Evangelio preparó mi corazón, y terminé yendo a esa reunión de Billy Graham.

Pienso que uno puede llegar a conocer a Jesucristo en un segundo. Pero creo que para conocer el señorío de Jesucristo, en todo lo que Dios quiere que signifique en nuestras vidas, es necesaria una vida entera de constante crecimiento y arrepentimiento. Alabado sea Dios porque su bendito Espíritu Santo no revela todo eso en un vistazo nada más. Yo no sería capaz de soportar esa visión. Sin embargo, a medida que crecemos y adentramos más en la Palabra, a medida que pasamos por diversas experiencias, Dios con amor expone a la luz nuestro yo, y nos arrepentimos y crecemos. Necesitamos un énfasis mayor en el crecimiento espiritual. Quizá tengan una crisis en su vida. Y quizá tengan una crisis esta semana. ¡Aleluya! No estoy en contra de eso, aunque personalmente he tenido demasiadas, pero si a esa crisis no le sigue por un proceso, se convertirá en un absceso.

Hermanos y hermanas, el equilibrio espiritual no es una negociación, no es mezclar el mundo con la iglesia, ni mezclar la verdad con el error. El equilibrio espiritual es tomar una verdad bíblica y unirla con otra gran verdad bíblica. Con todo mi corazón creo que es la única manera de vivir.

Señorío. Debemos hacernos las preguntas difíciles durante estos días que disfrutamos. ¿Es Jesucristo realmente el Señor de nuestras vidas? ¿Qué sucede si solo tomamos cuatro categorías de nuestras vidas?

¿Es Jesús el Señor de nuestro tiempo?

Un gran hombre de Dios dijo: «El mayor pecado de los Estados Unidos es la pérdida de tiempo». El modo en que la gente invierte su tiempo realmente a veces hace explotar mi mente. Hay muchas personas en el campo político, el deporte, el campo académico, e incluso en el arte o el teatro, que se comprometen más y son más disciplinados que las medusas evangélicas que nadan a nuestro alrededor hoy.

Necesitamos un poco de imaginación santificada. Sé que he sido extremista en este asunto de aprovechar el tiempo. Sucedió nuevamente este verano. Creo que el mejor invento desde la imprenta ha sido la reproductora de casetes portátil. Compré esta en una rebaja por cinco dólares. Uno puede poner casetes de las Escrituras, no sé qué tengo en esta cinta, Amy Grant, no, ¡Nuevo Testamento! Me pongo los auriculares y... este verano mi esposa y yo decidimos tomar unas pequeñas vacaciones, así que ella usaba un auricular y yo el otro mientras caminábamos escuchando la Biblia. Me causó algunos problemas.

Saben, no creo que el extremismo sea el problema en la mayoría de los casos. Perdónenme si me equivoco; pueden escribirme. No sé si es que he leído demasiado de A.W. Tozer, pero creo que es uno de los escritores más agudos que ha tenido este país. Espero que lean sus libros. ¿Saben qué dijo sobre la preocupación acerca del excesivo entusiasmo y el extremismo en una iglesia promedio? Que uno sabe si es un gran problema en su iglesia el hecho de que la gente se entusiasme demasiado por Cristo, si suelen correr a dar testimonio en todas partes, olvidando la cena de la iglesia. ¿Es este el problema en su iglesia? Bueno, ¡envíenme fotografías o un vídeo! Ahora, les diré esto: A.W. Tozer dijo, y jamás lo olvidaré, que «pensar que demasiado entusiasmo era el mayor problema en la iglesia promedio, ¡era como enviar un escuadrón de policías al cementerio más cercano para impedir una manifestación de los residentes!»

Encuentro que muy poca gente en estos días memoriza versículos de las Escrituras. Muchos reconocen que es por negligencia o por tener «mentes holgazanas». Hace veinte años invité a las personas aquí a arrepentirse y a entrar en un camino de cambio radical en sus vidas con Dios. Cuatro mil personas se levantaron ante esa invitación. Todavía recibo cartas de muchos de ellos. Jamás quise escribir un libro, pero de la convención Urbana surgió luego *Sed de realidad*. He recibido cartas de personas que lo oyeron: quince mil, y las leí todas a lo largo de estos veinte años. Me han ayudado a saber qué decir esta noche. Les debo mucho a tantas personas comunes de todo el mundo, que me escribieron en diversos idiomas y han querido ser sinceras.

Quiero pedirles que analicen cómo están usando su tiempo. Durante mucho tiempo he estado orando por aprovechar más mi tiempo cuando estoy en un auto. Muchas veces es difícil leer en un vehículo porque la luz no es buena. Odio estar sentado en el asiento trasero sin hacer nada. A veces, claro, uno puede dar testimonio. Alabado sea el Señor. ¡Para Navidad, alguien me regaló unos buenísimos lentes con luces! Uno puede leer la Palabra de Dios en la oscuridad, o dondequiera que vaya. ¡Aleluya! Es asombroso.

Saben que es bueno reír porque a veces la situación es tan grave que solo se puede reír o llorar. En ocasiones, Dios usa el humor o cosas graciosas en la vida para hacernos ver una verdad. Oro para que examinen con seriedad lo que hacen con su tiempo, y esto abarca muchas otras esferas.

¿Pero es Él también el Señor de tu lengua?

¿Qué hay de tu lengua? Este ha sido mi problema. Mi madre no era profeta, aunque cuando era pequeño me decía: «Hijo, eres un bocaza». Casi nadie me ha felicitado o elogiado por mi boca, a excepción de un dentista que tuvo que trabajar en una de mis muelas de atrás, y dijo: «¡Cuánto espacio hay aquí!».

Si están pensando en ser comunicadores transculturales, deberán ocuparse de los pecados de la lengua. Cuando era un cristiano en pañales, leí el sermón de Billy Graham sobre «Los pecados de la lengua». Me arrepentí, clamé a Dios y dije: «Señor, si no cambias mi vocabulario, si no haces algo con mi impaciencia e irritabilidad, no puedo servirte». No fue sino hasta que me desesperé en la ciudad de México, después de ofender a mis jóvenes obreros mejicanos, arrepintiéndome y adentrándome en la Palabra de Dios, que logré controlar mejor mi boca. No claudiquen. Si Dios puede darle victoria y cambiar a un personaje como yo, hay esperanza para todos.

Tercero, ¿es Él el Señor de tu vida social y emociones?

Esta es quizá la mayor batalla de todas. En realidad, Billy Graham en 1957 dijo que si uno no gana la batalla, estoy parafraseando aunque básicamente es lo que dijo, «si uno pierde la batalla contra la impureza, pierde la batalla de la vida cristiana». He estado diciendo durante veinte años o más que la impureza es una epidemia en la iglesia de Jesucristo hoy en día, y les digo que me da más miedo que el SIDA.

Agradezco a Dios por el libro de John White, *Eros y el pecado sexual* y el de Erwin Lutzer, *Living With your Passions*. Aun si solo tenemos un problema pequeño en esta esfera, hay que leer estos libros; hay que memorizar esos capítulos en Proverbios y ver los muchos otros versículos de la Biblia que hablan del sexo. En realidad, hay más de quinientos... ¡aun en la versión más antigua!

Es un gran error creer que esta batalla se ganará enseguida con una linda oración. He luchado contra mi impulso sexual, muy fuerte, durante toda mi vida. Desde que era adolescente, supe que tenía dos posibilidades: o me construía o me destruiría. No había término medio. Necesitaba llenarme del Espíritu todos los días. Tenía que crucificarme cada día o estaría en problemas. Suelo tener recaídas. Correría tras un pecado como la langosta va tras el trigo, si no fuera por el poder de Jesucristo. Y no todo es victoria.

Quiero que sepan que como líderes cristianos somos vulnerables y débiles. Tenemos que luchar. Tuve una experiencia incluso durante una caminata de oración. Vivo en Londres, Inglaterra. Me gusta mucho ir a los bosques a adorar a Dios. Suelo ir en días de oración. Aquí estaba yo, en los bosques, alabando y adorando a Dios, y también estaba mi viejo problema, una revista pornográfica, colgando de un árbol. Soy adicto al porno, como si fuera alcohólico; si me alejo, no hay problemas. Bueno, allí estaba yo, y allí estaba la revista pornográfica, en un árbol, una revista de diez dólares que alguien había usado para tirar al blanco. ¡Qué maravilloso testimonio si pudiera haberme parado frente a dieciocho mil personas para decirles cómo George Verwer, fundador y líder de Operación Movilización, con un rayo láser de poder del Espíritu Santo, quemó la revista en un segundo! Pero lo cierto es que esa revista, hace unos años, pudo más que yo.

Y les digo, estoy aquí no como el «discípulo sincero». No estoy aquí como el líder cristiano, ni como el disertante o el revolucionario espiritual. Estoy aquí solo como producto de la gracia de Dios. Dios usa a la gente común, y oro para que entiendan que aunque tengan problemas y sientan que son un fracaso, ese fracaso puede llegar a ser una puerta abierta al éxito.

Tuve esta gran visión para la Unión Soviética. No tenía interés en Europa Occidental. Estaba aprendiendo ruso. Fui a la Unión Soviética.

Crucé la frontera con mi pequeña imprenta y mis Evangelios en cajas de cereales. Algunos de ustedes conocen a mi buen amigo, el hermano Andrés, contrabandista de Dios. Esta noche tienen ante ustedes al hermano George, el torpe de Dios.

Al segundo día en la Unión Soviética, a causa de mi estupidez, me arrestó la policía secreta, y me acusaron de ser espía. Un fiasco de primera clase. Sin embargo, volví y pasé el día en oración en las montañas cerca de Viena. Fue allí que Dios me dio esas dos palabras: Operación Movilización, y la visión de que los jóvenes europeos se renovarían, se movilizarían y evangelizarían a cientos de millones en el mundo, llegando a ellos con el evangelio de Cristo. Y hasta cierto punto, es lo que sucedió.

Hay un libro de Erwin Lutzer llamado *El fracaso: Una puerta abierta al éxito*. ¡Aleluya! ¡Qué fantástico libro! Ni siquiera lo he leído; solo el título me llega al corazón.

Cuarto, ¿es Jesucristo el Señor de tus recursos?

Este es el asunto más difícil. El materialismo no cede con facilidad. Tenemos problemas aun para reconocerlo. Siempre el otro es más materialista que nosotros. A.W. Tozer dijo que «el materialismo no se irá fácilmente levantando la mano. Se irá como se va una muela que se extrae de la mandíbula».

Queridos hermanos y hermanas, si no nos ocupamos del materialismo en la iglesia y en nuestras propias vidas, y ponemos nuestros recursos en el altar y los usamos como Dios quiere que los usemos, no creo que llegaremos a toda esa gente que está tan lejos de Dios todavía.

Sinceridad

Ruego por sinceridad e integridad en nuestra publicidad, en la descripción de lo que hacemos, en nuestras conversaciones entre nosotros. No finjamos que vivimos aquí arriba si en realidad estamos viviendo allá abajo. Seamos, sinceros los unos con los otros, confesándonos nuestros defectos como enseña la Palabra de Dios.

Realidad

La realidad con Dios. Saber que Dios ha de ser nuestra primera prioridad, aun más que las misiones. Leamos algunos de esos libros escritos por gente como Tozer, Andrew Murray y J.I. Packer, por ejemplo.

Pureza

Ya toqué este tema cuando hablé de Cristo como Señor de nuestra vida social y emocional. A menudo cuando hablamos de la pureza, recordamos a David. Alabado sea Dios por el perdón que vemos en David. Hay que destacarlo. Creo en ello, pero para los jóvenes tengo algo aun más emocionante que David. Para aquellos de ustedes que apenas comienzan su vida: ¡José! Este es el sujeto que más me impacta, porque quiero mantenerme lo más posible dentro del Plan A.

El Plan A significa que uno vive una vida de pureza ante Dios y ante los hombres a partir del momento de la conversión. José fue tentado por esta voluptuosa belleza, ¿pueden imaginarlo? Ni siquiera me gusta imaginarlo. Esta belleza... ¡vaya!, se le ofrecía a José todo el tiempo. Ya sabes, está solo, es hombre. Pero dijo: «No haré esta cosa mala», y gana la victoria.

Siempre pensamos cuando ganamos una victoria como esa que se nos dará una recompensa, ¿verdad? Al día siguiente, recibimos una linda novia cristiana. No, él fue a parar a la cárcel. ¡A la cárcel! Y fue antes de que hubiera colegios mixtos.

Disciplina

Sin ella, y sin el mensaje de 1 Corintios 9 donde Pablo dice: «Sino que golpeo mi cuerpo, y lo pongo en servidumbre», no iremos demasiado lejos. Porque el camino por recorrer es duro y difícil.

Visión

Oremos, al cerrar ahora con una oración, para que Dios aumente nuestra visión por el mundo entero... por los campos maduros para la cosecha.

Y finalmente, mi palabra preferida: Acción

Si creyeran que este techo se fuera a caer sobre nosotros, ¿qué harían? ¿Escribir un coro sobre techos que caen? ¿Iniciar una discusión teológica sobre los techos que se desploman? No. Si creyeran que el techo está a punto de caer, se moverían. Se movilizarían.

Anoche hubo un terrible incendio más o menos a esta hora en Champaign[2], en el que se destruyó una manzana entera de la ciudad. Oremos por esa gente. No creo que haya heridos de gravedad. Si creyéramos ahora mismo que bajo este edificio se fuera a iniciar un incendio (como sucedió bajo el sistema de escaleras mecánicas en el subterráneo de Londres, donde hubo tantas víctimas fatales), ¿qué haríamos? Nos moveríamos.

Hermanos y hermanas, el mundo se está incendiando. La cosecha es mucha, los obreros son pocos. Satanás intenta impedir nuestro trabajo en todo momento. Levantémonos. Movilicémonos y avancemos para hacer que Jesucristo sea el Señor absoluto de cada día de nuestras vidas, hasta tanto estemos con Él. Amén.

---

[1] Este mensaje es de la convención «Urbana '87» de InterVarsity Christian Fellowship, realizada en la Universidad de Illinois en diciembre de 1987. El texto hablado se ha editado un poco a fin de volcarlo en estas páginas. Copyright InterVarsity Christian Fellowship. Usado con permiso.

[2] Champaign es la ciudad próxima a Urbana, donde se predicaba este mensaje.

Sección 1

Reforma personal, realidad y avivamiento

Las finanzas parecen ser el mayor obstáculo… El obstáculo real es la falta de amor, de fe y de compromiso bíblico. No podemos separar lo que estoy diciendo aquí de la reforma personal, la realidad y el avivamiento personal. Es un error pensar que Dios es el que ha de hacer la siguiente gran acción. Él ya ha hecho sus movimientos más importantes. La Cruz, la tumba vacía y Pentecostés. **¡AHORA NOS TOCA A NOSOTROS!** Necesitamos arrepentirnos y apartarnos de todo lo que nos impida hacer la voluntad de Dios en nuestros días.

GEORGE VERWER[1]

---

[1] A menos que se indique lo contrario, las citas de la sección y el capítulo se tomaron de www.georgeverwer.com, en octubre de 2002.

Seguir hasta el final

GRACE FERGUSON

... todo tiene que ver con la disciplina de atreverse, de estar dispuesto a correr riesgos por Dios. De esto se trata la vida de fe, por definición ... Debemos estar dispuestos como Caleb, a atrevernos, a apostar y confiar.

GEORGE VERWER

Hace unos años nos visitó un líder de otra misión con un largo cuestionario diseñado para ayudar a su equipo entrante a adaptarse. Una de las preguntas era: «¿Qué es lo que más le ha costado al vivir en el campo misionero?». Mi respuesta, inesperada y poco entendida, fue simplemente: «Quedarme». Su equipo vino poco después, pero no se quedaron.

El diablo intenta desesperadamente impedir que los cristianos entren en las misiones. Si uno llega a ir, intentará hacer que se sienta mal, que se canse, que se asuste, que se desaliente. Los compañeros de misión o los líderes quizá causen las mayores tristezas. Si uno no se rinde y se va, el enemigo intentará lograr que haga las cosas sin eficiencia, que esté molesto. Como afirmamos que Cristo es el Señor, aceptamos las pruebas que Él permite, de acuerdo con su mejor plan para cumplir su voluntad en el país al que nos ha llevado. Cuando se enfrenten con los problemas, no se rindan, sino sigan avanzando con la ayuda de Dios.

En 1970 nos graduamos de la universidad. En tres meses nos casamos y nos mudamos al Oriente Medio. Con la ayuda de Dios hemos intentado correr «con paciencia la carrera que tenemos por delante» (Hebreos 12:1). Dios nos ha dado lo que necesitábamos para cada día.

Domingo: El día de adoración del Señor

Nuestro primer llamado es: «Al Señor tu Dios adorarás, y a él solo servirás» (Mateo 4:10). Solo Jesús merece el costo que pagarán por perseverar. Verifiquen su motivación al comenzar y estén seguros de que no van a las misiones para agradar a un líder, un equipo, una misión, una iglesia, un amigo o a sus padres. Todo sacrificio que hagan ha de ser solo por Cristo. Si Él les ha llamado, síganlo en amorosa obediencia que tenga prioridad por sobre todo otro apego, sueño, pensamiento o comodidad.

Una de las fuentes de aliento más importantes es la comunión con el cuerpo local de Cristo. Debemos perseverar en nuestra capacidad de leer la Biblia y orar en un idioma nuevo, en adaptarnos a nuevas condiciones, en esperar que nos acepten e incluyan y en nuestra paciencia con sus diferencias. El modo de seguir es tener el enfoque adecuado y mantener las prioridades como deben ser.

Lunes: Lavado con humildad

Todo el Oriente Medio es polvoriento, y vivimos en una ciudad de seis millones de habitantes, así que añadamos la polución al polvo: tenemos que lavar la ropa con mucha frecuencia. Cuando los niños eran pequeños, mi esposo llegó un día con un libro de Edith Schaeffer, *Hidden Art*, de regalo para mí. Cada unos cuantos días tenía que hervir una enorme olla de pañales de tela, enjuagarlos en la bañera y colgarlos con cuidado para que se secaran en el balcón del cuarto piso, esperando que no se cayeran, y que se secaran antes de que lloviera o viniera una tormenta de polvo. ¡Mi única oportunidad de arte oculto parecía ser cómo colgar los pañales! Y tenía que seguir lavándolos.

De manera similar, sin limpieza espiritual periódica no podríamos seguir hasta el final a causa del pecado en nuestras vidas y de las relaciones rotas con otras personas. En nuestro ministerio hemos pasado mucho tiempo limpiando relaciones o situaciones para bebés espirituales. Humildemente debemos hacer lo que haga falta para lavar los enredos y el pecado de nuestras vidas y de las de los demás.

Martes: Ir de compras con contentamiento

He pasado muchas de mis horas como ama de casa misionera comprando, preparando, cocinando y sirviendo comida. Me alentó un día Mateo 24:45: «¿Quién es, pues, el siervo fiel y prudente, al cual puso su señor sobre su casa para que les dé el alimento a tiempo?». Dios se da cuenta cuando alimentamos fielmente a los hijos que nos da y a los huéspedes que envía. La prueba es estar contentos tanto con el alimento que tenemos que comer como con el trabajo que hay que hacer para conseguirlo. No podrán permanecer mucho tiempo en el campo de la misión si siempre están anhelando o añorando comer lo que tenían «en casa». Sigan probando y aprendiendo cómo preparar y comer la comida local. Si algo no les gusta la primera vez, ¡quizá después de veinte intentos sí les guste!

La hospitalidad es algo muy importante en el Oriente Medio. Se muestra respeto y honor a los huéspedes si uno les prepara la mejor comida que puede, en cantidad más que abundante. Comer juntos ofrece la oportunidad de estar en comunión y de enseñar de modo informal a los nuevos creyentes. Cuando hablamos del evangelio también debemos dar nuestras vidas.

Hemos sentido la provisión sobrenatural de Dios en momentos de crisis y necesidad. Cuando estalló la guerra civil en el Líbano, nuestro portero palestino nos advertía que no debíamos salir los días en que la batalla era muy feroz, diciendo: «Quédense en casa y yo les traeré pan». En nuestros primeros años de ministerio, muchas veces nos faltaban cosas en la alacena. Cada vez, los creyentes locales nos traían lo que hacía falta, aun cuando no les hubiéramos dicho que no lo teníamos.

El contentamiento tiene más que ver con la alimentación de nuestros espíritus. Si no sabemos cómo alimentarnos espiritualmente leyendo, estudiando y meditando la Palabra de Dios, no podremos seguir hasta el final. Quizá no haya clases de Escuela Dominical, conferencias, fines de semana de encuentros matrimoniales, campamentos cristianos, radio o televisión cristiana, ni siquiera una iglesia donde Dios nos llame a servir. Sin embargo, Dios puede proveer todo lo que necesitemos para la vida y la comunión con Él.

Miércoles: Trabajar con fidelidad

Nos apartaron para la obra a la que nos llamó Dios, pero nuestra descripción de tareas puede cambiar varias veces. Nuestra primera tarea es aprender el idioma y ser como las personas a las que servimos lo más posible. El éxito en aprender el idioma es directamente proporcional al tiempo que le dedicamos, y un motivador fundamental es nuestro amor por la gente. Sin amor no lograremos nada de valor espiritual perdurable. Ya habrá tiempo para usar nuestros dones espirituales, haciendo trabajo evangelizador en esta cultura diferente, enseñando, haciendo tiendas, haciendo trabajo administrativo, predicando, produciendo literatura, películas o música.

Los motivos de nuestro corazón se revelan mediante nuestras reacciones. ¿Estamos trabajando para dar gloria a Cristo o a nosotros mismos? Después de trabajar muchos años en una ciudad, haciendo evangelización puerta a puerta y participando fielmente de todas las actividades de la iglesia local, se nos pidió que no fuéramos a una reunión especial para estudiantes de un curso por correspondencia de un ministerio por radio. Lloré cuando no nos incluyeron, pero aprendí una lección importante. Es la obra de Dios, no la nuestra. En última instancia, la evangelización de cualquier país es responsabilidad de la gente de ese país, en tanto que nuestro papel consiste en alentarlos y apoyarlos con fidelidad.

Somos siervos de Jesucristo, y Él es el que asigna la tarea y el momento a cada siervo, así como la duración y el lugar en que ha de realizarse. A cada uno se le dan tareas distintas, por lo que se nos manda a no juzgar ni compararnos con otros. «Y todo lo que hagáis, hacedlo de corazón, como para el Señor y no para los hombres» (Colosenses 3:23).

Jueves: Viajar con gratitud

Algo está garantizado si persisten hasta el final: ¡serán expertos en empacar y desempacar! Sus primeras despedidas quizá sean de sus padres, hermanos, gente que no entiende demasiado lo que hacemos, y los sacrificios que tanto nosotros como ellos tendremos que hacer en los años por venir. Más tarde habrá que despedirse de los hijos adultos. Su compromiso de dejar «casas, o hermanos, o hermanas, o padre, o madre, o mujer, o hijos, o tierras» (Mateo 19:29) se renovará una y otra vez. La separación nunca se hace más fácil.

Cada regreso a su país de origen quizá traiga una batalla diferente. Los amigos tendrán casas, empleos, posesiones y seguridad que uno nunca tendrá. Los parientes quizá no entiendan por qué uno no renuncia, sienta cabeza y busca un empleo *de verdad*. El diablo con toda astucia sugerirá: «Mira lo que podrías tener si te quedaras en casa». Uno de los costos de dejar nuestra cultura y adaptarnos a otra es que ya no encajamos totalmente en la de nuestra patria.

Como nos apartaron para la obra del evangelio, nuestro estilo de vida es diferente. Un día nuestro hijo mayor nos llamó por teléfono desde la universidad, y nos alentó a seguir viviendo por la fe. Entendía que nuestra vida es como la de los levitas, a quienes no se les dio herencia ni porción de tierra porque Dios era su porción y su herencia (Números 18:20). Necesitamos proteger nuestros corazones de los celos, la queja, el descontento y el esforzarnos por algo que Dios no ha provisto. ¡Llenar nuestros corazones con gratitud hará que esas cosas no entren en él!

Viernes: Día de pago por la perseverancia

En nuestro décimo año de ministerio me desalentó la falta de fruto visible. ¿Por qué venía tan poca gente a la fe? ¿Por qué no continuaban los nuevos creyentes? A través de la parábola del sembrador, Dios me recordaba que nuestra responsabilidad era sembrar la semilla aun cuando la tierra fuera rocosa, dura y seca. El día del juicio, Dios sería declarado justo por nuestra obediencia en proclamar su mensaje de salvación a un grupo de personas que serían juzgados según su respuesta a ese mensaje. «Porque a todo lo que te envíe irás tú, y dirás todo lo que te mande» (Jeremías 1:7).

Si elegimos aceptar el llamado de Dios, enfrentaremos el dolor, el sufrimiento, la pérdida y las pruebas. Jesús aprendió la obediencia de lo que sufrió, y de la misma manera Dios no nos ahorrará lecciones, pruebas o tribulaciones que necesitemos para enseñarnos la obediencia. Si dependiera de nosotros, quizá no hubiéramos elegido las experiencias que Dios envió a nuestras vidas.

Durante nuestro primer año de aprendizaje del idioma viajamos a otro país en Navidad para distribuir Evangelios. En un oscuro pueblo sin iglesia, nos arrestaron, nos interrogaron e incluyeron en una lista negra para que no pudiéramos obtener residencia permanente en ese país.

A causa de la evangelización de verano en un país cerrado, mi esposo pasó ocho meses y medio en nuestro segundo año de matrimonio en prisión con otros tres. Pasé mi primer embarazo y parto sin él. Aunque los sentenciaron a cuatro años en prisión, Dios los liberó trece días después de que naciera nuestro primer hijo.

Durante un cese al fuego en la guerra civil libanesa, mi esposo decidió volver con tres más para traer nuestras cosas a Jordania. La milicia detuvo sus camionetas a punta de pistola en cuanto salieron de Trípoli, Líbano, cuando se dirigían hacia el sur por la ruta costera a Beirut. Les ordenaron conducir hasta unos campos de naranjos, y les hicieron salir de las camionetas. Los hombres armados se fueron con las camionetas y con todo lo que había en ellas, pero no hubo víctimas.

El verano de 1989 hicimos los arreglos para que un gran grupo de creyentes árabes participaran de la evangelización de verano en Europa. Planificamos unas vacaciones familiares en Chipre luego del regreso de mi esposo, antes de que comenzara la escuela. Fue una maravillosa semana de campamento, de andar por las montañas y de nadar en la playa. Al día siguiente de nuestro regreso, nuestro tercer hijo fue a visitar a un amigo. Unas horas más tarde su amigo nos llamó por teléfono. Nuestro hijo había muerto en un accidente montando un monopatín.

El sufrimiento nos ha dado un vínculo de corazón con los creyentes del Oriente Medio que sufren por su fe. Para perseverar hemos tenido que soportar persecuciones y tribulaciones. Nuestra perseverancia viene de un compromiso de amor.

«Así que, hermanos míos amados, estad firmes y constantes, creciendo en la obra del Señor siempre, sabiendo que vuestro trabajo en el Señor no es en vano» (1 Corintios 15:58).

Sábado: Día de descanso

Quedarse hasta el final es como correr un maratón. Hay que entrenarse, contar el costo y pensar en los resultados futuros de las decisiones que tomamos en el presente. Habrá diferentes fases en nuestras vidas y ministerio, con limitaciones y distintos puntos fuertes. Sin un equilibrio saludable de trabajo y descanso, no habríamos podido seguir.

Tenemos maravillosos recuerdos de días en familia, vacaciones, exploración de los países donde hemos vivido, excursiones, días en la playa, visitas de parientes, viajes al parque y el zoológico, conferencias y retiros. Nos ha restaurado cada escapada, renovándonos y permitiéndonos volver para tomar el arado otra vez y seguir trabajando con fidelidad allí donde nos puso Dios.

En mi primer año en el Oriente Medio tuve el privilegio de vivir con una familia jordana. Tenía un baño muy pequeño donde nos bañábamos calentando una palangana con agua y vertiendo luego esta sobre nosotros con un vaso plástico grande. ¡Como el pastor palestino y su esposa tenían bañera, insistían en que mi compañero de equipo, sueco, y yo fuéramos a su casa cada semana para poder bañarnos! Esos baños, seguidos de platos de frutas, torta y té, eran la provisión de Dios para que descansáramos y cambiáramos un poco.

Después de perseverar y hacer la voluntad de Dios, descansaremos de nuestro trabajo y disfrutaremos del gozo de Jesús. Le adoraremos en su belleza y nos regocijaremos en su amor. Todas las manchas de nuestros pecados y de los de los demás se lavarán con su pureza. Toda falta de contentamiento, fidelidad o agradecimiento será perdonada. Todo sufrimiento será una humilde ofrenda a Aquel que es glorioso.

«Por lo cual, teniendo nosotros este ministerio según la misericordia que hemos recibido, no desmayamos» (2 Corintios 4:1).

Durante los años de nuestro ministerio Dios ha tocado muchos corazones para suplir nuestras necesidades. Sin ellos probablemente no habríamos podido continuar. Estas bendiciones las hemos escrito para ellos, con nuestro agradecimiento.

Benditos los que nos recuerdan aun cuando hayamos pasado lejos la mayor parte de nuestras vidas.

Benditos los que vieron que teníamos hambre o estábamos cansados, o precisábamos de unas vacaciones, y nos proveyeron lo que necesitábamos.

Benditos los que nos invitaron a comer una y otra vez, aunque sabían que no podíamos corresponderles.

Benditos los que nos recuerdan en nuestro día de cumpleaños y otras fiestas.

Benditos los que nos apoyaron financieramente mes a mes, año tras año.

Benditos los que nos prestaron sus autos y sus casas.

Benditos los que nos compraron ropa, zapatos y ropa para nuestros hijos.

Benditos los que nos inundaron con sábanas, toallas, equipamiento para el hogar, artículos de tocador y papelería.

Benditos los que nos brindaron atención médica y odontológica sin cargo.

Benditos los que nos compraron computadoras y nos ayudaron a mantenernos actualizados con la tecnología.

Benditos los que aceptaron a nuestros hijos en sus hogares como si fueran suyos, ¡los que les dieron trabajo o les compraron boletos de avión!

Benditos los que han orado por nosotros cada día.

Benditos todos los que trabajaron con nosotros en el evangelio.

Grace Ferguson (seudónimo) y su esposo han trabajado con Operación Movilización en la región del Oriente Medio durante más de treinta años.

Santidad y comunidad

AJITH FERNANDO

Necesitamos un constante trabajo del Espíritu Santo. Muchas veces cuento cómo D.L. Moody nos hacía enfatizar la necesidad de llenarnos con el Espíritu una y otra vez. Un día, cuando le preguntaron: «Sr. Moody, ¿por qué dice siempre que tenemos que llenarnos una y otra vez?», respondió: «Porque tengo una gotera». **Gracias, Dios, por llenarnos una y otra vez, sin costo alguno.**

GEORGE VERWER

La santidad, como se entiende comúnmente en los círculos evangélicos en términos de «parecerse a Cristo», es un tema muy importante en el Nuevo Testamento. En un estudio estadístico sobre las Epístolas de Pablo, encontré que mil cuatrocientos de los dos mil cinco versículos de las epístolas, es decir, casi un setenta por ciento, tienen conexión con el llamado a ser santos. Esto sugiere que debe ser un importante asunto en la enseñanza de la iglesia hoy. En este artículo espero concentrarme en el lugar importante que le da la Biblia al papel que la comunidad cristiana desempeña en hacer que los cristianos sean santos. Llamaré a este proceso «edificación mutua».

Edificación mutua

Gran parte de la enseñanza sobre la santidad en el Nuevo Testamento se da en plural, lo cual implica que el crecimiento en la santidad tiene lugar en el contexto del cuerpo. Un buen ejemplo es 1 Corintios 3:16-17: «¿No sabéis que sois templo de Dios, y que el Espíritu de Dios mora en vosotros? Si alguno destruyere el templo de Dios, Dios le destruirá a él; porque el templo de Dios, el cual sois vosotros, santo es»[1]. «Vosotros» es plural.

En mi estudio de las epístolas de Pablo encontré varios subtemas que podrían clasificarse bajo la edificación mutua. Presento esto en la lista que sigue a continuación. He omitido las afirmaciones que hablan de la edificación a través del ministerio de líderes y utilicé sobre todo los textos que indican que los cristianos comunes pueden ayudarse mutuamente a crecer en santidad:

Nuestra conducta debe apuntar a la edificación mutua; el crecimiento cristiano toma lugar en el contexto del cuerpo: 26 versículos[2].

Hemos de amonestarnos y enseñarnos los unos a los otros: 8 versículos[3].

Se nos han dado dones que debemos usar para la edificación mutua: 2 versículos[4].

La profecía se prefiere por sobre el don de lenguas porque edifica a otros: 17 versículos[5].

La adoración corporativa es un medio que Dios usa para ayudar a los cristianos a crecer: 4 versículos[6].

Los cristianos hemos de ayudar a restaurar a otros cristianos atrapados por el pecado: 4 versículos[7].

Los cristianos crecemos al observar los ejemplos de otros cristianos: 30 versículos[8]. Incluí el ejemplo de Pablo, aunque omití pasajes largos como 1 Corintios 9 en que describe los sacrificios que hizo por el evangelio, como ejemplo a seguir. Esta impresionante lista implica que leer biografías sería un gran medio de crecimiento para el cristiano.

Al decidir un curso de acción somos sensibles a la posibilidad de que otro cristiano tropiece a causa de cosas que nosotros consideramos aceptables: 30 versículos[9].

Cuando era estudiante de teología, hablé sobre 2 Timoteo 2:22 para mi examen práctico de predicación. El texto dice: «Huye también de las pasiones juveniles, y sigue la justicia, la fe, el amor y la paz, con los que de corazón limpio invocan al Señor». Hablé de la necesidad de huir de las pasiones de la juventud y de ir tras las cualidades virtuosas que mencionaba Pablo. Después del sermón, mi profesor de predicación observó que no había tratado el punto quizá más importante en este versículo: el de alejarnos e ir tras las virtudes «con los que de corazón limpio invocan al Señor».

Con esta omisión estaba reflejando la típica distorsión evangélica de la santidad cristiana, haciendo de ella algo individual en lugar de colectivo. Dios quiere que luchemos por la santidad junto a los demás cristianos. La Reforma Protestante reaccionó como es debido en contra de la doctrina católica romana de la salvación a través de la iglesia al retornar al énfasis bíblico sobre la salvación individual. Los movimientos evangélicos ayudaron a mantener esto en primer plano cuando las iglesias protestantes parecieron olvidarlo más tarde. Sin embargo, no debemos olvidar que la Biblia también enseña que los cristianos viven y crecen en comunidad. Necesitamos «alejarnos del ... énfasis en el individuo que conforma la iglesia, para avanzar hacia el entendimiento de la iglesia como fenómeno formativo que actúa sobre la vida del creyente»[10].

El modo en que los cristianos se ayudan mutuamente a crecer en santidad está bien expresado en Hebreos 10:25: «No dejando de congregarnos, como algunos tienen por costumbre, sino exhortándonos». Permítanme darles un ejemplo de cómo funciona este versículo. Tenemos un obrero cristiano que después de desviarse un par de veces para visitar sitios sucios en Internet, encuentra que siente fuerte compulsión de acudir a sitios pornográficos. Miles de obreros cristianos están luchando hoy con este problema. Pero este obrero tiene un grupo ante quien rinde cuentas. Le dice su problema al grupo, y le proponen parámetros que incluyen que informe con regularidad al grupo sobre su actividad en esta esfera. Ahora, cada vez que siente la tentación de desviarse, recuerda que tendrá que contarle todo a su grupo. Sabe que quizá tenga que enfrentar una acción disciplinaria por sus faltas. Hay en su espíritu algo que le aleja de la senda de la tentación. Tiene el camino abierto para librarse de la asfixia de la pornografía. El proceso de edificación mutua se describe en gran detalle en Proverbios, donde hay afirmaciones muy ricas sobre cómo los amigos se ayudan a vivir la vida según la voluntad de Dios (Ej.: Proverbios 12:1,15; 17:10; 19:27; 27:6)[11].

No a la teología de los gemidos[12]

A menudo hablo en Sri Lanka sobre la necesidad que tienen los obreros cristianos de amigos que les ayuden a crecer espiritualmente y a quienes puedan contarles sus problemas. Muchos han respondido diciendo que no les dirían sus problemas a otros cristianos porque lo han intentado antes y terminaron muy heridos. La iglesia de Sri Lanka está creciendo, pero quizá tenga un problema teológico que impida a los obreros cristianos contarles sus problemas a los amigos. Quizá nos estemos concentrando demasiado en el crecimiento, la alabanza y el poder en la vida de la iglesia, pero presentemos un cristianismo que no tiene espacio para el concepto bíblico de los gemidos. Cuando las personas gimen por sus debilidades, hay gente que suele responder de manera equivocada, tal vez rechazando al que gime o contándoles a otros lo que se les dijo en confidencia.

He tomado el término gemido de Romanos 8:23, que dice: «Nosotros también gemimos dentro de nosotros mismos, esperando la adopción, la redención de nuestro cuerpo». Pablo había dicho antes que «la creación fue sujetada a vanidad» como resultado de la caída (8:20). No obtenemos todo lo que queremos ni vivimos la plenitud de la perfección que Dios tiene pensado darnos en el cielo. Pero sí tenemos un anticipo de estas cosas, porque tenemos «las primicias del Espíritu» (8:23). Gemimos a causa de la disparidad entre lo que tendremos en el cielo y lo que tenemos ahora. Entre las cosas por las que gemimos está nuestra lucha por vivir una vida santa.

Un buen ejemplo del gemido es el lamento del Antiguo Testamento. El libro de los Salmos tiene entre cincuenta y sesenta salmos en los que los salmistas se quejan ante Dios por sus luchas. Si el Espíritu Santo inspiró tantos lamentos para que se registraran en la Biblia, de seguro los gemidos deben formar parte de la vida cristiana. Quienes tienen una teología del lamento tendrán espacio para poner énfasis en expresiones sinceras de lucha que pueden coexistir con el énfasis en el crecimiento, el poder y la alabanza.

A veces ansiamos tanto el crecimiento que nos volvemos como publicistas que solo muestran el aspecto positivo de un producto, evitando hablar de los aspectos desagradables. Hoy los publicistas deben mencionar los aspectos negativos de sus productos. Aunque lo hacen de la forma menos obvia posible. ¡Muchas iglesias no han aprendido a hacerlo todavía! Saben que la gente será atraída a la iglesia si el mensaje que presentan muestra todas las cosas maravillosas que Dios puede hacer. Los problemas que enfrentan los cristianos no se mencionan, por razones de mercadeo. Y esto ha estado sucediendo desde hace tanto tiempo que muchas personas no tienen espacio para el gemido en su entendimiento de la vida cristiana.

Cuando un cristiano habla de sus problemas en este ambiente, otros cristianos no saben qué hacer. Los que digan esto pueden enfrentar el rechazo o la culpa pública por no ser buenos cristianos. Por eso aprenden a vivir sin hablar de sus problemas, a menos que sea el tipo de dificultad que pueda convertirse en «una cuestión de oración». Pedirán oraciones por sanidad, guía, provisión de empleo o dinero, pero no para vencer el mal humor, un mal hábito o el desaliento.

En un sentido, este es un entendimiento defectuoso de lo que es la gracia. La comprensión bíblica de la gracia es tan grande que los cristianos no deben temer enfrentar su pecado. El pecado jamás se justifica en la Biblia, y siempre se debe condenar. Sin embargo, la gracia es mayor que el pecado, aunque no puede aplicarse a menos que admitamos que hemos pecado. Por eso, si deseamos la plenitud de la gracia de Dios en nuestras vidas, ansiaremos confesar nuestro pecado para abrir la puerta a una rica experiencia de gracia. Esto no se hace con frivolidad ni a la ligera; nos apena el pecado. Aun así, anhelamos tanto ser lavados que con ansias lo enfrentaremos y buscaremos el perdón.

En 1 Juan 1:5—2:3 se nos presenta esta paradoja de manera poderosa. Juan dice: «Hijitos míos, estas cosas os escribo para que no pequéis» (1 Juan 2:1a), es decir, el pecado no se condona. «Y si alguno hubiere pecado, abogado tenemos para con el Padre, a Jesucristo el justo. Y él es la propiciación por nuestros pecados» (1 Juan 1b-2). La gracia de Dios en Cristo es tan grande que no tenemos necesidad de temer enfrentarnos al pecado. En realidad, tememos no enfrentarlo, porque sabemos que «si andamos en luz, como él está en luz, tenemos comunión unos con otros, y la sangre de Jesucristo su Hijo nos limpia de todo pecado» (1 Juan 1:7). Sentimos miedo ante la idea de perder esta comunión y limpieza por no andar en la luz. Así que estaremos ansiosos de «confesar nuestros pecados» (1 Juan 1:9).

Las teologías defectuosas del gemido y la gracia pueden combinarse para producir una iglesia en la que la gente tema expresar su profundo dolor, sus más graves problemas, ante los demás cristianos. Cuando un líder tiene un problema, quizá en su matrimonio, o la atadura con un hábito dañino, tal vez no tenga con quién hablar. Valientemente intenta vencer este problema mediante la confesión a Dios, la oración y las resoluciones personales firmes. Sin embargo, queda atrapado en una espiral en descenso, y no parece haber salida para él. Al final, el problema se hace público y hay un terrible escándalo. Esto podría haberse evitado si hubiera habido alguien que le ayudara a salir del problema.

Comunidad del Nuevo Testamento: La vida en crudo

Aprendemos mucho sobre la vida en comunidad de la descripción de la vida de Jesús y sus discípulos en los Evangelios. Allí encontramos lo que llamo «la vida en crudo». Los problemas de los discípulos no se ocultan. Y no solo es que enfrentaban los problemas, sino que el Espíritu Santo también veía conveniente que estos se registraran en las Escrituras para que pudiéramos aprender. Los escritores del Nuevo Testamento no temían reconocer las debilidades de los primeros discípulos, los que cuando se escribieron los Evangelios eran los principales líderes de la iglesia.

Jesús es el único sin pecado en la Biblia. Sin embargo, los Evangelios también muestran a Jesús luchando con los problemas en ciertos momentos. Le vemos llorando en el funeral de Lázaro (Juan 11:35). Los Evangelios no esconden el hecho de que Jesús realmente luchó con la voluntad de Dios en el huerto de Getsemaní. Lucas describe su lucha de este modo: «Y estando en agonía, oraba más intensamente; y era su sudor como grandes gotas de sangre que caían hasta la tierra» (Lucas 22:44; véanse también Mateo 26:37; Marcos 14:33). Estaba en agonía porque encontraba que le era difícil aceptar la voluntad de Dios para Él (cargar el pecado del mundo en la cruz). Y oró: «Padre, si quieres, pasa de mí esta copa; pero no se haga mi voluntad, sino la tuya» (Lucas 22:42; véase también Juan 12:27). ¡Fortalecido por los resultados de esta lucha, Jesús marcha tan triunfante a la cruz que los que vinieron a arrestarle «retrocedieron, y cayeron a tierra» (Juan 18:6)!

A menudo deseamos evitar algo que sabemos que tendríamos que hacer, y la franca confesión de Jesús de lo que sentía ante Dios nos da el coraje para expresar nuestros recelos. Cuando lo hacemos, otras personas en nuestra comunidad no deben juzgarnos, sino comprendernos y ayudarnos a que tengamos el valor de ser obedientes. Nuestra expresión de necesidad le da a Dios la oportunidad de obrar para fortalecernos ante luchas y desafíos grandes. Lo importante es ser obediente. Los que jamás expresan sus temores a veces terminan desobedeciendo a Dios. No han logrado entender el problema y no están preparados cuando llega, y tampoco tienen alguien que los aliente en tiempos de necesidad.

Una comunidad cristiana saludable alentará a sus miembros a ser sinceros sobre sus defectos y miedos. Su deseo de tener todo de Dios, y su fe en la suficiencia de la gracia, les instará a enfrentar el pecado y los problemas sin miedo, acudiendo a Dios a fin de que use esto para purificarles, enseñar y profundizar la comunión. La comunidad que trata los problemas de manera franca y bíblica será una comunidad con una gran espiritualidad, porque Dios puede ministrar y enseñar sus profundas verdades a través del proceso que se requiere para resolver el problema. Esto es lo que sucedió con los tropiezos o problemas de los discípulos, registrados en los Evangelios. Cada uno de ellos dio lugar a una profunda enseñanza de parte de Cristo, que hizo que enfrentar el problema valiera mucho la pena.

Las bandas de John Wesley

Puede ser de gran ayuda para el crecimiento en santidad de un cristiano la «banda» o grupo que John Wesley promovía entre los metodistas. La banda era el equivalente de lo que hoy llamaríamos el grupo de rendición de cuentas. Es diferente de las «reuniones de clase» de Wesley, más populares y equivalentes a lo que llamamos célula o grupo de hogar. La reunión de clase era un grupo heterogéneo de personas que vivían en un mismo lugar y que se reunían para aplicar las Escrituras a la vida cotidiana. En cambio las bandas eran grupos homogéneos divididos según el sexo, la edad y el estado civil. Dichas restricciones alentaban a los miembros a hablar de asuntos privados de su vida personal. Las Reglas de las Bandas de Wesley establecen: «El designio de nuestra reunión es obedecer el mandamiento de Dios: "Confesaos vuestras ofensas unos a otros, y orad unos por otros, para que seáis sanados"» (Santiago 5:16). Aquí Wesley enumeró seis cosas que harían en esta reunión. Hay dos que nos interesan en especial:

> 4. Hablarnos en orden, con libertad y sencillez, del verdadero estado de nuestras almas, con las faltas que hayamos cometido en pensamiento, palabra y obra, y de las tentaciones que hemos sentido desde nuestra última reunión.
>
> 6. Desear que alguno de nosotros hable primero de su propio estado, y luego formularle preguntas en orden, tantas como sea posible, acerca de su estado, sus pecados y tentaciones[13].

Hoy muchos líderes cristianos tienen como *grupo de rendición de cuentas* a personas que no trabajan en relación estrecha con ellos. Y si bien «poco es mejor que nada», quizá no sea lo ideal para ayudarnos en el camino a la santidad. Estas personas no nos ven trabajando y deben depender de nuestro informe para conocer nuestra situación. Dada la inclinación del corazón humano hacia el engaño, es posible que demos a veces una imagen poco exacta de lo que realmente está sucediendo en nuestras vidas. Por esto quizá sea mejor que nuestro grupo de rendición de cuentas esté conformado por personas con quienes vivimos y trabajamos todo el tiempo, como por ejemplo los miembros de nuestra iglesia, organización o equipo de ministerio.

En vista del gran problema de la santidad en la iglesia de hoy debiéramos poner más énfasis en el papel que tiene la comunidad cristiana en ayudar a los cristianos a ser santos. Me deleita el privilegio de escribir sobre este tema para un libro publicado en honor a George Verwer. A través de la sinceridad que caracteriza a sus dichos y escritos ha dado a la iglesia un muy útil ejemplo de la «vida en crudo», trayendo la santidad a un nivel que es prácticamente aplicable a los compañeros de peregrinaje, ¡como lo soy yo![14]

Ajith Fernando ha sido director de Juventud para Cristo en Sri Lanka desde 1976. Él y su esposa, Nelun, también son miembros activos en una iglesia metodista local, integrada en su mayoría por personas con transfondo budista. Ajith tiene también un ministerio de enseñanza de la Biblia en seminarios y conferencias de Sri Lanka y otros países. Ha escrito once libros. Ajith y Nelun viven en Colombo con su hijo y su hija.

---

[1] Versión RVR 1960

[2] Romanos 14:19; 15:1-2; 1 Corintios 3:10; 8:1; 10:24,33; 12:7-27; Efesios 4:29; 6:21-22; 1 Tesalonicenses 3:2; 5:11,14; 1 Timoteo 4:16; 2 Timoteo 2:22

[3] Romanos 15:14; Efesios 4:15; Colosenses 3:16; 4:17; 1 Tesalonicenses 4:18; 5:14; 2 Tesalonicenses 3:15; 2 Timoteo 2:2

[4] 1 Corintios 12:7; 14:12
[5] 1 Corintios 14:1-12,18-19,29-31
[6] 1 Corintios 10:16-17; 14:26; Colosenses 3:16
[7] Gálatas 6:1-2; 2 Tesalonicenses 3:14-15
[8] 1 Corintios 4:16-17; 11:1; 2 Corintios 1:12; 4:2; 6:4-10; 7:2; 11:23,27; Gálatas 4:12; Filipenses 3:17; 1 Tesalonicenses 1:5-7; 2:14; 5:12-13; 2 Tesalonicenses 3:7-9; Tito 2:7-8; 2 Timoteo 3:10-11
[9] Romanos 14:1-7,13-23; 1 Corintios 8:7-13; 1 Corintios 10:28-29,32-33; 2 Corintios 6:3
[10] De una revisión de Sean O' Callaghan sobre Simon Chan, *Pentecostal Theology and the Christian Tradition* (Sheffield: Sheffield Academic Press, 2000), en *Themelios* 27:1, otoño de 2001, p. 87.
[11] Las muchas afirmaciones en Proverbios sobre cómo podemos ayudarnos mutuamente a crecer en santidad, me proveyeron la base para un libro titulado *Reclaiming Friendship* (Leicester: InterVarsity Press, 1991 y Harrisburg, PA: Herald Press, 1994).
[12] Lo que aparece aquí se presenta más extensamente en mi libro *Jesus Driven Ministry* (Wheaton: Crossway Books, 2002), capítulo 9: «Growing in a Team».
[13] D. Michael Henderson, *John Wesley's Class Meeting: A Model For Making Disciples* (Nappance, IN: Evangel Publishing House, 1997) pp. 117-18.
[14] Me ayudaron especialmente sus libros *No vuelvas atrás* y *Sal de tu comodidad y gana al mundo*.

Adoración y misión

FRANK FORTUNATO

Cada vez que quiero pasar tiempo a solas con el Señor, escucho mis casetes de adoración. Cuanto más fuerte es el volumen y más alta la velocidad, tanto mejor. Esto me ayuda a adorar.

GEORGE VERWER[1]

El combustible de la adoración es la verdadera visión de la grandeza de Dios; el fuego que hace que el combustible arda es la aceleración del Espíritu Santo; el horno que se aviva y calienta con la llama de la verdad es nuestro espíritu renovado; el calor resultante de nuestros afectos es la adoración poderosa.

JOHN PIPER[2]

Quedé atónito. Mi radar espiritual había estado un tanto adormecido. Tuve la sensación de que Dios decía algo así: «¡Frank, ve por esto! He estado esperando que llegaras a este momento en tu vida».

Ese momento era una visión de la adoración. Un horrible accidente de auto en un viaje a casa de Asia a Europa había conformado el escenario de este encuentro con el Señor. Habían muerto cuatro compañeros obreros de Operación Movilización en ese accidente, incluyendo a la joven con la que me iba a casar. Yo era uno de los dos sobrevivientes, y había estado en coma con huesos rotos en todo el cuerpo, desde la cabeza hasta los pies. Después de varios días de inconsciencia había perdido la mayor parte de mi sentido de la vista. Mis córneas estaban ampolladas debido a que estaban expuestas, porque los párpados no cerraban bien. Y esto había dejado cicatrices en ambos ojos.

Después de varias cirugías de los ojos, recobré un poco la vista. Tenía el voraz deseo de leer, luego de estar varias semanas en el hospital. Tomé lo primero que vi, una diminuta antología de citas de Tozer. Las palabras en la cubierta interior cincelaron su camino hacia lo profundo de mi ser: «El concepto cristiano de Dios ... es tan decadente que ha llegado a ubicarse muy por debajo de la dignidad del Altísimo ... Al haber perdido el sentido de majestad, también perdemos el temor religioso y la conciencia de la Presencia divina»[3].

Una cita tras otra de esa pequeña antología me traspasaba como un bisturí. Así como los cirujanos norteamericanos habían trabajado duro para salvar mi visión física, el Divino Cirujano llegaba a mi alma para aclarar mi visión espiritual. Los rayos de luz seguía penetrándome con pensamientos como: «Has sido músico para mí, Frank. ¡Pero esto no basta! Permití que sobrevivieras al accidente porque tienes un llamado aun más alto. ¡Aprende a adorar!». Entonces comenzó la aventura de mi vida.

Richard Foster escribió: «La adoración … no es para el tímido ni para el que quiere estar cómodo. Envuelve una apertura de nosotros mismos a la vida peligrosa del Espíritu»[4]. Este breve ensayo es una reflexión de algunos de los principios y prácticas que fui adquiriendo en este viaje.

I. Principios

Todo tiene que ver con él

La adoración es el ministerio más importante para el cristiano, la única actividad que continuará en la eternidad. El pueblo verdaderamente radiante de la tierra es el que más extasiado está ante el Señor. La líder de adoración y autora Vivien Hibbert, describe a una persona así que tenía un papel humilde en una orquesta de una iglesia de Sudamérica:

Esta mujercita estaba casi escondida detrás del piano. Apenas se le veía, y ella tampoco casi veía a nadie. Tocaba los platillos de dedos. A pesar del hecho de que nadie más la oía, excepto Dios, se mantenía preparada para actuar, con los ojos expectantes desde la primera nota de la primera canción hasta la última nota de la conferencia. Daba todo de sí y cumplía su parte con gran diligencia y devoción. Muchos músicos habrían buscado visibilidad o un micrófono antes de aceptar tocar en servicios de adoración. A esta mujer, sin embargo, solo le interesaba agradar a Dios con su adoración, y sentía que era un honor poder tocar con los demás músicos. Era evidente que ministraba al Señor con todo su corazón, toda su mente y todas sus fuerzas ... Mi vida cambió al adorar a su lado[5].

A pesar del fenómeno global del crecimiento en la adoración, muchas veces se pierde la devoción en el debate y la emoción por las preferencias de estilo. Como dijo el autor y escritor de canciones de adoración Gerrit Gustafson: «Nuestras preferencias se convierten en tendencias con demasiada frecuencia. Y nuestras tendencias se convierten en murallas que nos apartan del Cuerpo de Cristo en general, y de expresiones de adoración más plenas». Esto es lo que hace que sea tan contundente la clásica moderna canción por Matt Redman: «Estoy volviendo al corazón de la adoración, y todo tiene que ver contigo», una canción que surgió de una temporada de controversia en su iglesia.

El comienzo y fin de la adoración es el Alfa y Omega mismo, el Señor del Universo, un Dios grandioso que merece nuestra total devoción y adoración. Siempre ha sido, y siempre será. ¡El gran Omnipotente, Omnipresente, Omnisciente YO SOY el QUE SOY lo merece! En la adoración declaramos cuánto lo merece.

Leí sobre una anciana cristiana que declaró esto hasta el final de sus días. Cuando comenzó a perder la memoria, solo podía recitar un versículo del Nuevo Testamento. Y aun ese único versículo le costaba, porque casi ya no recordaba nada. Solo podía decir: «¡A Él! ¡A Él! ¡A Él!»

Había perdido toda la Biblia, con excepción de estas únicas y poderosas palabras. Y aun así, ¡«A él» contenía la Biblia entera!

Atributos y acciones

La atención sobre Él se centra en su carácter, sus modos, sus atributos y acciones. ¿Quién podría evitar inclinarse en asombro y adoración ante un verso como el Salmo 147:4: «Él cuenta el número de las estrellas; a todas ellas llama por sus nombres»? Dios llamó a la existencia a los cientos de miles de millones de galaxias. Un científico británico proclamó que hay más estrellas en el universo que cristales de arena en las costas del planeta Tierra. ¡Y Dios las llama por su nombre! Es hora de estallar en el siguiente himno: «Veo las estrellas ... Tu poder en el universo, desplegado. Canta mi alma, mi Salvador, Dios, a ti, ¡qué grande eres!».

Muchos creen que los atributos y acciones de Dios revelados en la Palabra no son exhaustivos. Habrá una revelación continua de quién es Dios a lo largo de la eternidad. Cuando Juan estuvo en el espíritu ante el Trono (Apocalipsis 4; 5), vio a los ancianos y las criaturas vivientes se postraban sin cesar ante el Señor. Quizá lo que causaba esto era la nueva revelación del Señor, una y otra vez. Como Hibbert nos recuerda: «No hay en la eternidad tiempo suficiente para completar la revelación ... del carácter de Dios. La profundidad del conocimiento de Dios es eterna»[6].

Meditación que lleva a la adoración

Contemplar los atributos y acciones de nuestro Dios Todopoderoso implica el proceso de meditación. En su clásico libro *Conociendo a Dios*, J.I. Packer nos reta:

> ¿Cómo podemos convertir nuestro conocimiento sobre Dios en conocimiento de Dios? La regla para hacer esto es sencilla, aunque exigente. Consiste en que hagamos de toda verdad

que aprendamos sobre Dios una cuestión de meditación ante
Él, de oración y alabanza a Él. Lo que Dios sea, está siempre
de manera total y simultánea en cada uno de sus atributos.
El carácter y los atributos de Dios son infinitamente sin límites. Nada expandirá tanto el intelecto, ni magnificará tanto
al alma del hombre, como la investigación devota, sincera y
continua del gran tema de Dios. Así que sumérjanse en el
mar de Dios, el más profundo, piérdanse en su inmensidad,
y saldrán renovados y fortalecidos[7].

Charles Spurgeon agrega: «Que tu alma se pierda en santo asombro
que te lleve a adorar en gratitud»[8].

Adoración y Palabra

No nos reunimos para tomar nuestros propios brebajes de quién es
Dios, sino para describir lo que Él decide revelar de sí mismo a través
de la Palabra. John Stott lo dice así: «Dios debe hablarnos antes de que
tengamos libertad de hablarle. Él debe revelarnos quién es antes de que
podamos ofrecerle lo que somos en adoración aceptable. La adoración
a Dios es siempre una respuesta a la Palabra de Dios. Las Escrituras nos
dirigen maravillosamente y enriquecen nuestra adoración»[9].

El misionero y disertante de adoración Ron Man agrega: «Para que
la adoración esté llena de la maravilla de Dios, esta maravilla debe reve-
larse con la lectura y exposición de los actos y modos poderosos de Dios
que nos relatan las Escrituras. Por eso John Piper se refiere a la predicación como "exaltación expositora"»[10].

Transformación

No hay pasaje de las Escrituras que capte mi imaginación como lo hace
2 Corintios 3:18: «Por tanto, nosotros todos, mirando a cara descubier-
ta como en un espejo la gloria del Señor, somos *transformados de gloria*

en gloria en la misma imagen, como por el Espíritu del Señor». William McDonald se refirió a este pasaje como «cambiados al ver». Cuando miramos el espejo de la Palabra de Dios, el Señor permite que se refleje su propia imagen. Pablo se atreve a decir que somos transformados a esa imagen, en aumento, de gloria en gloria, mediante la obra del Espíritu en nuestras vidas. ¡Esto me quita el aliento!

Presencia

La adoración sincera es conectarse con la maravillosa presencia del Señor. Nuevamente Tozer acentúa esto: «La cura instantánea para la mayoría de nuestras dolencias religiosas sería entrar en la Presencia en experiencia espiritual, volvernos súbitamente concientes de que estamos en Dios y Dios en nosotros. Esto nos sacaría de nuestra dolorosa estrechez, haciendo más grandes nuestros corazones. Quemaría las impurezas de nuestras vidas, desterrándolas»[11].

A lo largo de catorce años sirviendo en los barcos de OM, se han grabado en mi memoria muchos momentos memorables de la presencia de Dios. Cuando estaba con un equipo de la iglesia un Domingo de Resurrección en el Caribe, fui a una Asamblea de Hermanos, más preocupado por el sermón que iba a predicar que por el Señor resucitado. Para empezar, no esperaba demasiado de una adoración *a capella*. Sin banda de adoración, sin sistemas de sonido ni sintetizadores. Solo el pueblo de Dios que cantaba con su corazón, despreocupados y con devoción. Alguien anunció el primer himno y todos comenzamos a cantar. A todo volumen, despacio, con energía, cada palabra se cantaba con vigor. El poder de la Resurrección se hizo muy real en esos himnos, cantados con mucha vitalidad. El Espíritu de Dios encendió la Palabra de Dios en la letra, lo cual dio como resultado una divina combustión: la adoración.

El silencio

La mayoría de las veces en que se habla de la adoración se mencionan las respuestas bíblicas a Dios, y las Escrituras nos llaman a aplaudir, cantar, bailar, gritar y exaltar a Dios con todo el corazón, entre otras cosas. Un aspecto casi olvidado de la adoración colectiva es el silencio: «Estad quietos, y conoced que yo soy Dios» (Salmo 46:10). Y muy a menudo tengo el hábito de llenar cada momento tocando durante las introducciones, transiciones, oraciones, etc. Andrew Hill nos dice: «El silencio de la adoración es tan importante como el ruido de la adoración ... El silencio en la adoración cristiana es valioso porque perturba, invita. Nos sentimos incómodos, y ya no tenemos el control»[12]. Tozer concuerda: «Al perder el sentido de la majestad, perdemos el temor religioso y la conciencia de la divina Presencia. Hemos perdido nuestro espíritu de adoración y la capacidad de retirarnos íntimamente para encontrar a Dios en el silencio de la adoración»[13].

II. Prácticas

Adoración y obediencia

La adoración nunca es un fin en sí misma, sin relación con otros aspectos de nuestra vida. Lo que surge de la adoración en la congregación es un estilo de vida de adoración que se expresa en amorosa obediencia. Foster indica: «Si la adoración no nos impulsa hacia una mayor obediencia, no ha sido adoración… La santa obediencia salva a la adoración de convertirse en un opio, un escape de las apremiantes necesidades de la vida moderna»[14]. Hay tres pasajes clave para un estudio más profundo: 1 Corintios 10:31, Colosenses 3:17 y Romanos 12:1.

Devocionales personales

Para casi todos el encuentro personal con Dios se relaciona con el «devocional» diario, ese momento y lugar regular en que nos encontramos personalmente con Dios. Los creyentes del mundo entero leen u oran himnos como una gran fuente de literatura devocional. Una motivación para los andariegos cansados como yo es el deleite mental y emocional de escuchar casetes mientras gemimos ante los kilómetros y kilómetros que hay que recorrer.

Adoración y evangelización

«¡Alaben al SEÑOR, proclamen su nombre, testifiquen de sus proezas entre los pueblos! ¡Cántenle, cántenle salmos! ¡Hablen de sus maravillosas obras!» (1 Crónicas 16:8-9, NVI). Hasta que nos reunamos eternamente ante el trono, la adoración ha de liderar a la misión, y la alabanza a la proclamación. El líder de adoración de Urbana, Sundee Frazier, nos recuerda:

> Si Dios es amor, ¿cómo podemos salir de los momentos de adoración sin conmovernos por los que aún no conocen su amor? Después de pasar una hora cada mañana en presencia de Dios, ¿cómo no contarle sobre Jesús a nuestra familia, nuestros amigos o futuros amigos? La verdadera adoración entonces debe motivarme a testificar del amor de Jesús como lo he vivido en la adoración[15].

La acción de hablar de nuestra fe puede constituir adoración al declarar lo que Dios ha hecho por nosotros personalmente por medio de Jesús. Ron Man se hace eco de esto:

> Para el apóstol Pablo la evangelización era en sí misma un acto de adoración: «Porque testigo me es Dios, a quien sirvo en mi espíritu en el evangelio de su Hijo» (Romanos 1:9). Pablo también consideraba que es ofrenda de adoración espiritual el presentar nuevos gentiles conversos a Dios (Romanos 15:16)[16].

Adoración y creación de iglesias

Cuando plantamos nuevas iglesias, hay música y adoración también. El músico de adoración y misionero Dave Hall creó una división de Pioneers Mission con el propósito de poner un músico de adoración en cada uno de los equipos de creación de iglesias de Pioneers. El músico tenía un propósito doble: facilitar momentos de adoración con el equipo de formación de iglesias, y tener un ministerio con los nuevos creyentes que fueran musicales para alentarles a desarrollar la adoración propia en las iglesias emergentes.

En su libro *Tribal Challenge and the Church's Response* el ex miembro obrero de Operación Movilización, S.D. Ponraj relata su experiencia en Bihar, al norte de la India, entre diversos grupos tribales. Ponraj compró instrumentos locales, recopiló historias locales, aprendió canciones locales e imprimió cancioneros. La gente de las tribus estaba muy contenta de cantar canciones que formaban parte esencial de su cultura. Los cristianos tribales ayudaban a Ponraj y su esposa a aprender canciones locales y aplicarles un contenido cristiano. El contenido de las canciones era aceptado porque la música era buena. Imprimió las canciones y las repartió entre los niños en las escuelas. Muy pronto, en todas partes se cantaban las canciones. El uso de canciones, los relatos y la película *Jesús*, además de la labor de mantenimiento a lo largo de ocho años, dio como resultado que miles y miles se volvieran al Señor y se establecieran más de cien congregaciones.

Siempre habrá temas culturales cuando plantemos iglesias de adoración. La adoración se expresa en formas culturales determinadas que se espera reflejen principios bíblicos. Sin embargo, lo que les da resultados a una cultura quizá no pueda transferirse a otras. Mientras estábamos en la Consulta Global de Evangelización Mundial en Pretoria, Sudáfrica, presenciamos una colisión cultural en la adoración. Es probable que la mayoría de los grupos africanos presentes usaran o aceptaran la danza en la adoración. Uno de estos grupos que estaba sobre la plataforma usaba gestos de guerra para mostrar que los movimientos tribales eran redimidos para el Señor. Otro grupo africano encontró que esos movimientos eran irrespetuosos y ofensivos. La misma forma daba como resultado significados diferentes. Los misioneros siempre deben recordar a los que plantan iglesias que nuestros patrones de adoración deben considerarse y aceptarse según las características de cada cultura.

Como la adoración será nuestra ocupación a lo largo de toda la eternidad, cualquier ensayo será apenas una fotografía instantánea. Dave

Hall resume de forma apropiada esto con su brillante *Manifesto de adoración,* preparado para el Movimiento de Adoración y Red de Artes 2000 d.C.[17]:

> La adoración es una vida que vivir y una actividad en la cual participar. En la adoración y a través de ella, nosotros por gracia centramos todo nuestro ser en Dios, glorificándole humildemente en respuesta a sus atributos, sus acciones y su Palabra. Acordamos en conjunto someter todo nuestro ser a Dios, pidiéndole que despierte nuestra conciencia mediante su santidad, que alimente nuestra mente con su verdad, que purifique nuestra imaginación con su belleza, que abra nuestro corazón a su amor y nos permita rendirnos plenamente a su propósito. Afirmamos que la unidad y la cooperación son necesarias para completar la tarea de establecer comunidades de adoración integradas por discípulos de Jesús en todos los pueblos. Además, afirmamos el privilegio de cada pueblo de emplear todos los elementos valiosos de su lengua madre y su cultura a fin de adorar al Dios Trino, tanto de manera individual como colectiva, en espíritu y verdad.

Frank Fortunato comenzó su ministerio con Operación Movilización en 1972, sirviendo durante muchos años en los barcos Logos *y* Doulos. *Actualmente Frank es Director de Música Internacional de OM, coordina Heart Sounds International, un ministerio de adoración aborigen con proyectos de grabación. Con base en Atlanta, Frank también coordina la Red Internacional de Adoración y Artes, liderando servicios de*  *adoración en iglesias y actividades relacionadas con las misiones. Frank, de los Estados Unidos, y Berit, de Suecia, tienen dos hijos adultos y una hija adoptada de la India.*

[1] George Verwer, correspondencia personal con el autor, 1996.

[2] John Piper, *Let the Nations Be Glad: The Supremacy of God in Missions* [Que se alegren las naciones: supremacía de Dios en las misiones] (Grand Rapids: Baker Books, 1993), p. 15.

[3] A. W. Tozer, *Gems from Tozer* [Joyas de Tozer] (Bromley: Send the Light, 1969), p. i.

[4] Richard J. Foster, *Alabanza a la Disciplina* (Nashville: Caribe-Betania Editores, 1986), p. 185.

[5] Vivien Hibbert, *Prophetic Worship—Releasing the Presence of God* [Adoración profética – liberando la presencia de Dios] (Dallas: Cuington Press, 1999), p. 222.

[6] Hibbert p. 44.

[7] J. I. Packer, *Conociendo a Dios* (Tarrassa, Barcelona, Editorial Clie, 1973), p. 20 (del original en inglés).

[8] Charles H. Spurgeon, *Evening by Evening* [Noche tras noche] (Pittsburgh: Whitaker House, 1984), p. 28.

[9] John Stott, *El cristiano contemporáneo* (Bogotá, Colombia: Libros Desafío, 2003), p. 174 (del original en inglés).

[10] Rom Man 'God's Global Purpose', www.firstevan.org/articles.htm, 2001.

[11] A. W. Tozer, *La Búsqueda de Dios* (Camp Hill: Christian Publications, 1993), p. 36 (del original en inglés).

[12] Andrew E. Hill, *Enter His Courts With Praise!* [¡Entren a sus atrios con alabanza!] (Grand Rapids: Baker, 1985), p. 102.

[13] Tozer, 1969, p. i.

[14] Foster, p. 184.

[15] Urbana 2000. Adoración en Urbana 2000, accedido el 7 de julio de 2001 en www.urbana.org/_u2000.cfm.

[16] «God's Global Purpose», p. 1

[17] www.worship-arts-network.com/Vision%20statement.html, accedido el 19 de noviembre de 2002.

Intercesión

JULIET THOMAS

Mi vida está llena de oraciones sin respuesta. Ni siquiera el cincuenta por ciento de mis oraciones se han respondido a lo largo de los años, al menos no hasta ahora. **Me niego a sentir desaliento a causa de esto.**

GEORGE VERWER

El gran clamor de nuestros días es trabajo, trabajo, trabajo, organizar, organizar, organizar. Dennos una nueva sociedad, enséñennos nuevos métodos, ingenien nuevas máquinas... y, sin embargo, la necesidad de nuestra época es la oración, más oración, mejor oración. Dios quiere hablarnos más de lo que nosotros queremos escucharle. Por lo tanto, la oración no es pedirle a Dios que haga algo que Él no quiera hacer. Es sencillamente una comunión del corazón con Dios, un diálogo entre dos personas que se aman. La oración surge de una unión vital con Dios. No oramos porque sea nuestro deber, sino porque queremos hacerlo. El tiempo que pasamos con el Señor nos toca en lo más profundo y nos permite ver a las personas y las circunstancias desde la perspectiva divina.

Mientras predicaba sobre el poder de la oración, Spurgeon clamó:

El acto mismo de la oración es una bendición. Orar es, digamos, bañarse en un fresco arroyo, escapando del calor del sol de verano en la tierra. Orar es montarse sobre las alas de un águila, por encima de las nubes, llegando al cielo, donde vive Dios. Orar es entrar en la casa del tesoro de Dios y enriquecerse con inagotables riquezas. Orar es atrapar el cielo en nuestros brazos, abrazar la deidad dentro del alma y sentir que el cuerpo es un templo para el Espíritu Santo. Conozcan este poder que hay en la oración[1].

Preparación para la oración

Cuando vengamos a adorar a Dios y a orar, confesemos nuestros pecados con sinceridad y franqueza ante Dios. El orgullo, los celos, la rivalidad, la hipocresía, la mentira, el egoísmo, la codicia, la ira, la amargura, la falta de perdón... todo esto hay que resolverlo. Nos engañamos si creemos que podemos acercarnos a un Dios santo con corazones y labios que no son santos. Cuando las cosas salen mal, solemos culpar a otros y, sin embargo, a menudo el problema está en nosotros. No tenemos que pedir: «Señor, cambia a mi esposo y a mis hijos», sino: «Señor, ¡cámbiame!»

> Por tanto, si traes tu ofrenda al altar, y allí te acuerdas de que tu hermano tiene algo contra ti, deja allí tu ofrenda delante del altar, y anda, reconcíliate primero con tu hermano, y entonces ven y presenta tu ofrenda (Mateo 5:23-24).

Son palabras duras, pero ciertas. Mirando hacia atrás encuentro que la amargura y la falta de perdón por las ofensas del pasado han sido una esfera de dificultad en mi vida. Sin embargo, he aprendido que cuando Dios me manda a hacer algo, también me brinda la capacidad de hacerlo. He orado una y otra vez: «¡Señor, llena mi corazón con tu amor y límpiame de toda suciedad de enojo, ofensa y resentimiento!».

El maravilloso espíritu del perdón y la amorosa compasión expresada por Gladys Staines hacia los brutales asesinos de su esposo Graham y sus dos jóvenes hijos ha tocado a la nación de la India. Este radiante testimonio que expresa el amor de Dios en ella ha hecho más por honrar y glorificar a Dios que toda predicación efectuada en su nombre durante estos últimos diez años. Al ver la tradición cristiana del rechazo al odio y la violencia, aun ante la peor provocación, un líder cristiano de la India dijo: «La oración y el servicio desinteresado son nuestras armas de protesta».

Conflicto con el mal

Al orar estamos en un tremendo conflicto entre los dos reinos de Dios y Satanás. Es una batalla integral contra el príncipe de las tinieblas por parte de los que son sus cautivos. La evangelización entonces puede definirse como el rescate de los cautivos del reino de Satanás. «[Dios] nos ha librado de la potestad de las tinieblas, y trasladado al reino de su amado Hijo» (Colosenses 1:13).

«Porque no tenemos lucha contra sangre y carne, sino contra principados, contra potestades, contra los gobernadores de las tinieblas de este siglo, contra huestes espirituales de maldad en las regiones celestes» (Efesios 6:12).

En esta batalla debemos reconocer que «las armas de nuestra milicia no son carnales, sino poderosas en Dios para la destrucción de fortalezas» (2 Corintios 10:4). Éxodo 17:8-13 describe la guerra entre los amalecitas e Israel. ¿Dónde se decidió la batalla? ¿En el valle con Josué? No, en la montaña con Moisés. La victoria en el valle se gana mediante la intercesión en la montaña: cuando Moisés elevó sus manos en oración a Dios, Josué venció a los amalecitas en el valle, al pie de la montaña. Podríamos ganar más batallas en el valle si tuviéramos más intercesores en la montaña, elevando en alto el cayado de Dios, el Nombre de Jesús.

Ronald Dunn, en su libro *Don't Just Stand There: Pray Something*, dice que la oración *es* la guerra[2]. La evangelización entonces no es el intento por ganar la batalla, sino la operación de limpieza. La oración libera el poder de Dios y asegura su protección. Permítanme contarles una historia de la India.

El suegro de mi amiga Ruby era un alto oficial del gobierno. Al ir de inspección a las reservas forestales decidió pasar la noche en una casa de descanso perteneciente a las autoridades. Al llegar, el casero se le acercó corriendo, temblando de miedo. Balbuceó: «Sahib, no puede quedarse aquí. Hay una enorme serpiente pitón en la sala. He cerrado todas las puertas y ventanas».

El Sr. Das tenía un rifle consigo. Se lo dio al casero y le dijo: «Hay una sola bala. ¡Apunta bien y dispárale a la pitón en la cabeza!». Abriendo apenas un poco una de las ventanas, vio a la pitón enrollada en un mueble. Con el aliento entrecortado y dedos nerviosos, disparó la única bala sobre la cabeza de la pitón. La serpiente herida luchó y se estremeció. Moría, pero en su agonía destruyó todos los muebles, las lámparas, las sillas... todo lo que había en la sala. Después de una hora, la pitón murió al fin.

El Sr. Das agregó: «Esa pitón es como Satanás. Cristo le disparó esa única bala en el Calvario con su muerte en la cruz. Así que Satanás está furioso, es violento y destructivo, ¡pero está derrotado! ¡Está muriendo! Su fin se acerca. ¡Tiene poco tiempo! Su hora se termina».

Jesús es el Vencedor. Como le pertenecemos, ya no nos esforzamos por la victoria, sino que luchamos y actuamos desde nuestra posición de vencedores. Cuando acepté e hice propia esta maravillosa verdad en mi vida, entré en una nueva dimensión de oración, alabanza e intercesión.

Pasión y compasión por la gente

Dios debe darnos una carga, la de la gente que necesita conocer a Jesús. Hemos de aprender a esforzarnos en la oración por su salvación. El Espíritu Santo quizá nos ponga encima y de repente una pesada carga de orar por alguien o por una situación. Necesitamos ser obedientes y estar dispuestos para la oración. Dios confía en que oremos por alguien en una situación peligrosa o difícil. Y debemos ser fieles para orar allí mismo, hasta que Él levante esa carga e inunde nuestros corazones con alabanza.

En el sur de la India un hombre tira de un pesado carro al que está atado con unas sogas. Sobre sus hombros hay unas pesas que le dificultan el movimiento. Tiene cosidos en la piel unos cien cordeles. Su lengua está hacia fuera, con un instrumento afilado que le atraviesa y sus mejillas también están atravesadas con otro instrumento afilado. Suda en agonía, mientras tira del carro. Su esposa y sus hijos llevan pesas sobre los hombros también, y le siguen. ¿Por qué? Para cumplir el voto que ha dado por favores recibidos de los «dioses».

La intercesión es nuestro corazón que clama a Dios por la gente que no conoce el Nombre de Jesús, que está esclava, atada, sufriendo. A menos que nuestros corazones sufran la agonía del corazón de esta gente, no sabremos qué es la intercesión.

Un escudo de oración que debemos construir

Los pastores, líderes y misioneros deben orar, y hay que orar por ellos también. Hay hombres y mujeres con liderazgo de alto perfil y ministerios dinámicos y vastos que caen en la trampa de la lujuria, la mala administración de las finanzas y la codicia.

Pablo les pide a las congregaciones y a las personas: «[Oren] por mí, a fin de que al abrir mi boca me sea dada palabra para dar a conocer con denuedo el misterio del evangelio» (Efesios 6:19). Todo obrero cristiano y todo ministerio necesitan de un equipo de oración que los cubra con intercesión.

El tele-evangelista Jimmy Swaggart confesó luego de que su escándalo saliera a luz en 1988: «No encontré la victoria que buscaba, no pedí ayuda a mis hermanos y hermanas en el Señor ... Si hubiera buscado ayuda de quienes me amaban, con la añadidura de su fuerza, mirando hacia atrás ahora sé que la victoria podría haber sido mía».

Pararse en la brecha

Mucho se ha dicho y escrito sobre Abraham, «el amigo de Dios». El Señor estaba a punto de destruir Sodoma y Gomorra. Y entonces en uno de los pasajes más asombrosos de las Escrituras, oímos que el Señor dice: «¿He de ocultar a Abraham lo que voy a hacer?». ¿Por qué se toma Dios la molestia de explicarle a una persona sus acciones, en términos que pueda entender? Abraham era amigo de Dios, compañero de Dios, alguien al que quiere decirle sus planes y preocupaciones.

Esto lleva a la oración y la intercesión a un nuevo nivel. Dios se reúne con Abraham y le expresa su decisión. Ya no están hablando del importante tema del hijo de Abraham, sino del terrible destino de Sodoma. Mientras Abraham con temor y temblor rogaba por la ciudad, no solo era la preocupación por la familia de Lot lo que motivaba su intensidad. Era su gran preocupación por las demas personas en Sodoma. ¿Podría un Dios justo planificar la destrucción de todos? Este es un hombre perplejo que avanza para hablar, confuso ante el aparente horror del juicio de Dios.

«¿Destruirás también al justo con el impío? ... Lejos de ti el hacer tal ... El Juez de toda la tierra, ¿no ha de hacer lo que es justo?» (Génesis 18:23,25). Su fe se veía a punto de caer ante un Dios que hasta ahora le conocían por su justicia y fidelidad. Se debatía entre su terror ante el Dios Todopoderoso y su anhelo por entender que Dios era justo a pesar de lo que pensaba hacer. Aquí el asunto no era el destino de Sodoma, sino el carácter de Dios.

«He aquí ahora que he comenzado a hablar a mi Señor, aunque soy polvo y ceniza» (Génesis 18:27). Abraham estaba dolorosamente al tanto de su pequeñez e insignificancia ante su Dios creador. Con demasiada frecuencia perdemos este sentido del temor en nuestra adoración a Dios.

A través de esta terrible aunque maravillosa experiencia con Dios, mientras intercedía por una ciudad de hombres y mujeres con horrible destino, Abraham «creció, se hizo un hombre más grande ante un extraordinario Dios. El Señor mismo dio fin a la entrevista, dejando a Abraham ante el asombro de su nuevo descubrimiento», concluye John White[3]. Cuando tocamos a Dios al interceder por otras personas, vivimos el toque de Dios en nuestro ser, en lo profundo de nuestra alma.

La intercesión entonces no es solo llevar nuestras cargas ante el trono de gracia, sino crecer en la intimidad con Dios de modo tal que Él nos haga sus confidentes cuando estemos dispuestos para discernir las cargas y preocupaciones de su corazón.

Permanecer vigilantes en oración

La historia registra el modo en que los moravos tomaron las preocupaciones de Dios en sus corazones mediante la oración grupal sostenida. Esto produjo grandes avivamientos. En 1727, la comunidad morava de Herrnhut en Sajonia comenzó una cadena de oración de veinticuatro horas que continuó por más de cien años.

«El 27 de agosto de ese año, veinticuatro hombres y veinticuatro mujeres acordaron pasar una hora cada día en oración programada. Pronto, se anotaron más personas. Durante más de un siglo los miembros de la Iglesia morava participaron de la intercesión por horas. En casa, fuera de casa, en la tierra y en el mar, esta cadena de oración se elevó al Señor sin cesar», dice el historiador A.J. Lewis. Para 1792, unos sesenta y cinco años más tarde, la comunidad de morava había enviado trescientos misioneros a los confines de la tierra[4].

Esa cadena de oración la instituyo por una comunidad de creyentes cuya edad promedio sería probablemente de treinta años. Zinzendorf mismo tenía veintisiete años. La vigilia de oración de Zinzendorf y la comunidad morava les sensibilizó para intentar la inaudita misión de llegar a otros por Cristo.

Una de las consecuencias de este bombardeo de oración y explosión de evangelización fue la conversión de John Wesley. Él mismo dice que su corazón «se entibió extrañamente», y llegó a la fe personal en Cristo cuando asistió a una reunión morava en Londres en 1738, once años después que comenzara la cadena de oración.

Los historiadores de la iglesia miran al siglo dieciocho y se asombran ante el Gran Avivamiento de Inglaterra y Norteamérica, que atrajo a cientos de miles de personas al Reino de Dios. John Wesley figuró en ese poderoso movimiento, y gran parte de la atención se enfoca en él. ¿Es posible que hayamos pasado por alto el lugar que tuvo esa cadena de oración en alcanzar a John Wesley y, a través de él y sus compañeros, alterar el curso de la historia?

Uno se maravilla de lo que puede surgir de un compromiso en Operación Movilización, y en la iglesia en general, para instituir una cadena de oración por la evangelización del mundo, específicamente para llegar a quienes, como dijo Zinzendorf, «no son de interés de nadie».

Lecturas recomendadas

Evelyn Christenson, *Lo que Dios hace cuando las mujeres oran,* (Nashville: Caribe-Betania Editores, 2001).

_____, *Battling the Prince of Darkness,* (Illinois: Victor Books, 1990).

Wesley L. Duewel, *Cambie el mundo a través de la oración* (Nashville: Caribe-Betania Editores, 1988).

_____, *Ardiendo para Dios* (Miami: Editorial Unilit, 1995)

Dick Eastman, *Change the World School of Prayer: A Manual for Leaders.* 1976 National Prayer, Forum, Tiruvalla, India.

_____, *No Easy Road* (Grand Rapids: Baker, 1985).

_____, *La hora que cambia el mundo* (Miami: Editorial Vida, 1983).

Robert J. Morgan, *On This Day,* (Nashville: Thomas Nelson Publishers, 1997).

Scott A. Moreau, (ed.), *Spiritual Conflict in Today's Mission,* (Nairobi: Association of Evangelicals of Africa, 2000).

Andrew Murray, *Andrew Murray on Prayer,* (New Kensington: Whitaker House, 1998).

Francis Schaeffer, *La verdadera espiritualidad* (Miami: Editorial Logoi, 1980).

A. W. Tozer, *El conocimiento del Dios santo,* (Miami: Editorial Vida, 1996).

Juliet Thomas sirvió durante muchos años en Operación Movilización, en la India, como directora de Arpana Women's Ministries, movilizando redes de oración interdenominacionales a través de la India. Es miembro del Comité de Lausana desde 1984, ha sido honrada como Miembro Vitalicio, sirviendo como presidenta del Grupo de Trabajo de Intercesión desde 1990 a 1999. La pasión del corazón de Juliet es por las mujeres, la oración y la misión.

Su esposo Edison es un científico investigador retirado; han sido bendecidos con dos hijos y cuatro nietos.

---

[1] Charles H. Spurgeon, *The Power in Prayer* (New Kensington: Whitaker House, 1996).

[2] Ronald Dunn, *Don't Just Stand There...Pray Something!* (Birmingham: Scripture Press, 1992).

[3] John White, *People in Prayer* (InterVarsity Press, Leicester, 1978).

[4] «The Prayer Meeting that Lasted 100 Years», *Decision*, mayo 1977.

La fidelidad de Dios

DALE RHOTON

Aprópiense de la Gran Comisión como el accionista se apropia de una compañía, y en el cielo serán millonarios espirituales.

GEORGE VERWER

«Los atributos de Dios no están aislados de su carácter, sino que son facetas de su ser unitario. No son características que no se relacionan, sino pensamientos o ideas que podemos tener de Dios, aspectos de un todo perfecto, nombres que damos a lo que conocemos como Dios, porque son sus verdades. Entender como es debido estos atributos es necesario para poder verlos todos como una unidad» (A.W. Tozer).

Al ser perfecto en todo lo que es y todo lo que hace, Dios es perfecto en fidelidad. Los escritores de las Santas Escrituras utilizaban superlativos para describir a Dios en su ser y sus modos. Isaías escribió: «Jehová, tú eres mi Dios; te exaltaré, alabaré tu nombre, porque has hecho maravillas; tus consejos antiguos son verdad y firmeza» (25:1) El salmista adoraba a Dios diciendo: «Jehová, hasta los cielos llega tu misericordia, y tu fidelidad alcanza hasta las nubes» (36:5).

Vemos la fidelidad de Dios en su provisión de seguridad, paz y consuelo para nosotros. También vemos su fidelidad en sus juicios y su

71

misericordia en medio del sufrimiento. Cuando su ciudad fue destruida ante sus ojos, Jeremías se inclinó y proclamó: «Grande es tu fidelidad» (Lamentaciones 3:23).

Durante más de cuarenta años hemos vivido la fidelidad de Dios en Operación Movilización. Ha sido fiel en perdonarnos una incontable cantidad de veces cuando no hemos exhibido los frutos del Espíritu. Ha sido fiel en guiarnos aun cuando malinterpretamos su dirección y corrimos delante de la luz en nuestro camino, o quizá, cuando nos quedábamos atrás. Ha sido fiel al utilizarnos, aun cuando nos apartábamos.

Si Dios está con nosotros...

La fidelidad de Dios abarca todos los aspectos de la vida, incluyendo la provisión financiera para que se cumpla el ministerio al que nos llamó Dios.

El método de recaudación de fondos de OM desde sus inicios muchas veces se ha llamado «liberación de finanzas a través de la oración». La lógica de este método es sencilla: un Dios omnipotente desea utilizar a sus hijos para llevar las Buenas Nuevas a todos los pueblos de la tierra. Si nos sometemos a Él, nos guiará, protegerá y proveerá.

Si bien tenemos la responsabilidad de utilizar nuestras mentes cuando buscamos dirección, protección y finanzas, la carga en última instancia es del Señor mismo. Debemos hacer que nuestros compañeros de oración sepan cómo pueden donar dinero a la organización. Sin embargo, procuramos ser sensibles, y no poner una presión inadecuada para que donen. George Verwer nos ha desafiado muchas veces a no decirles a los compañeros de oración sobre determinadas necesidades. Uno de sus motivos seguramente era que los objetos por los que orábamos no provendrían de la compasión humana, sino como respuesta directa a la oración.

Puedo recordar varias ocasiones en que George tomaba su Biblia y preguntaba: «¿Realmente creen lo que dice este libro?». Encontraba que algunas enseñanzas eran sobrecogedoras. Por ejemplo, las Escrituras enseñan claramente que la salvación solo se encuentra en Cristo. ¿Qué sucede con quienes nunca llegan a oír el evangelio?

¿Nos creó Dios realmente tan importantes como para que nuestra obediencia en verdad dé forma a la eternidad de otra persona, de muchas otras personas? George se hacía eco de las palabras del padre del niño en Marcos 9: «Creo, ayúdame en mi incredulidad». ¿Estaría equivocado George? ¿Enseñaba la Biblia esto realmente? ¿Había entendido mal? Si la pasión por las misiones es hecha por el hombre, lo mejor será que nuestra visión de misión muera de muerte natural. ¡Que Dios no permita que pasemos una vida entera intentando convertir al mundo solo para encontrar que tuvimos más celo por las misiones del que Dios mismo tenía! Al encontrar diversas barreras en nuestra obra misionera, sentimos una seguridad certera cuando permitimos que Dios confirme nuestro llamado o deje que la visión muera.

Durante unas vacaciones de Navidad a fines de la década de 1950, necesitábamos una camioneta para llevar a nuestro pequeño grupo con sus libros a México. Si hubiéramos dado a conocer esta necesidad, lo más probable sería que hubiera gente generosa que diera por compasión. Así que George nos amonestó a no decir nada a nadie.

Nuestra oración de la noche siguió el patrón habitual. Oramos por las naciones de Europa y Asia por nombre. Teníamos mapas cubriendo el suelo. Nos agrupábamos, de rodillas, orando por países de los que sabíamos poco. Hasta haber visto el mapa solo teníamos una vaga idea de dónde estaba cada nación. Orábamos por tierras donde el número de creyentes en la población era de uno en un millón. Orábamos para que las autoridades se arrepintieran y vinieran a Cristo. Orábamos para que se plantaran iglesias. Que hubiera radios con programas cristianos. Que hubiera traductores de la Biblia. Orábamos para que el Señor de la cosecha enviara obreros a la mies.

También le hablamos a nuestro Padre de una camioneta que nos llevara a México. A nadie más le dijimos esto. Unos días más tarde, uno de los estudiantes que había estado en la reunión de oración tuvo el gozo de llevar a un hombre a Cristo en las calles de Chicago. Decidieron reunirse con regularidad para leer la Biblia. Lo harían hasta la Navidad, cuando el estudiante se iría por dos semanas.

—¿Adónde irás? —preguntó el nuevo converso.

—A México. Hay un grupo de estudiantes que vamos a distribuir literatura cristiana y a hablar con los hombres y las mujeres sobre Cristo —respondió el estudiante.

El hombre dudó un instante y luego preguntó:

—Tengo una pregunta un poco tonta. Tengo una camioneta vieja que ya no uso. ¿Les serviría para su viaje?

¡La camioneta resultó ser uno de los típicos vehículos que usa OM, heredados a lo largo de los años! Ya estaba en sus últimas. Solo un Dios omnipotente lograría que hiciera el viaje de ida y vuelta... ¡y así lo hizo! Alabado sea el Señor por su fidelidad al darle a nuestro equipo un buen mecánico también.

¿Qué habría pasado si no hubiera llegado la camioneta? ¿Quién lo sabe? Por cierto, la respuesta a una oración, o la falta de respuesta a una oración, no determinarán la dirección de una vida; esta es la acumulación de respuestas... la obra del Espíritu de Dios en nuestros corazones. Es el poder irresistible de la Palabra de Dios. Es el testimonio de la comunidad cristiana a lo largo de los años. Ese testimonio, observamos, tiene dos caras: la de nuestros defectos y la de la fidelidad de Dios.

Aun en cuestión de elección de miembros de la junta, George evitaba a los ricos y famosos. Siempre su objetivo era evitar arreglar las cosas de manera tal que aun si Dios no interviniera, la misión pudiera seguir. Era mucho mejor aprender desde temprano que Dios no estaba en esto, que jugar a la iglesia o a la misión.

En agosto de 1957 George y Walter Borchard se embarcaron en lo que sería la primera misión de alcance de OM. Salieron de Nueva Jersey en una camioneta, para dirigirse a la Escuela Wheaton, donde me uniría a ellos para ir los tres a México. En la primera parte del viaje, antes de llegar a Wheaton, el motor dijo basta. George llamó por teléfono a un amigo para pedir consejo, un hombre de negocios que lo había alentado en su visión de misión y que luego fue uno de los miembros de la junta original de OM. Le dijo a George que cambiara el motor y siguiera viaje. También hizo los arreglos para pagar el motor nuevo.

¿De qué manera se diferenciaba el modo en que George tenía para manejar sus finanzas de la manera en que lo hacen los profesionales? No le he preguntado esto a George, pero puedo oír su respuesta: «Gran parte de esto es un asunto de semántica». No le gustaba que alguien sugiriera que su método era más espiritual que el de otras personas. En George influían en gran medida la vida y las prácticas de muchas personas y ministerios en la tradición de las «misiones de fe». Los ejemplos más importantes incluyen a George Mueller, Hudson Taylor y William MacDonald.

Las promesas de la oración en la Biblia no dejan lugar a la duda. Dios ansía oír y responder oraciones. ¡Y nos reprende por no pedir más! «Clama a mí, y yo te responderé, y te enseñaré cosas grandes y ocultas que tú no conoces» (Jeremías 33:3). «Pedid, y se os dará; buscad, y hallaréis; llamad, y se os abrirá» (Mateo 7:7). «Si dos de vosotros se pusieren de acuerdo en la tierra acerca de cualquiera cosa que pidieren, les será hecho por mi Padre que está en los cielos» (Mateo 18:19). «Hasta ahora nada habéis pedido en mi nombre; pedid, y recibiréis, para que vuestro gozo sea cumplido» (Juan 16:24).

Para una de nuestras misiones de alcance de Navidad hacia México, cada uno necesitaba ciento veinte dólares. No le dijimos a nadie de esta necesidad, sino que solo mencionamos que iríamos a México en misión de alcance. Diez días antes de que fuera necesario contar con el dinero, no había recibido casi nada. Luego, gradualmente, comenzó a llegar el dinero. Parecía imposible que llegara a reunir la suma requerida. Recuerdo la lucha en oración. Finalmente, un día antes de la fecha límite, tenía ya la mitad de lo que necesitaba, pero sentía que no me hacía falta orar más. Aunque la cantidad que tenía en la mano era desalentadora, de algún modo el Señor me había dado la certeza de que los sesenta dólares restantes llegarían en las siguientes veinticuatro horas.

Desperté a la mañana siguiente con esta paz. Comencé a ofrecerle al Señor una oración de petición y luego me detuve... tenía la respuesta. No precisaba pedirle nada. Solo podía ofrecerle alabanza y gratitud. Dios ya había respondido aunque yo no supiera cómo lo había hecho. Por la mañana fui a la oficina postal de los estudiantes donde recogíamos nuestro correo. Allí vi a un amigo y, justo antes de abrir mi casilla, le dije que habría un cheque por sesenta dólares o más. ¡Y así fue!

Preparación que vale más que el oro

¿Cuántas veces me ha sucedido algo así en la vida? ¡Una sola vez! No es lo típico en la forma de obrar de Dios, pero Él a veces nos da indicaciones especiales para que sepamos que realmente está allí. Nuestra fe se fortalece para confiar en Él con respecto a algo verdaderamente importante.

¿Qué hay de los otros que oraron por los ciento veinte dólares y no los recibieron? Algunos cristianos reciben su «diploma de creyentes» cuando Dios responde con gracia a las oraciones de forma clara (y a veces dramática), y luego van por la «maestría» en los misterios de Dios. No obstante, para otros el camino es a la inversa. Para la mayoría de nosotros es una mezcla a lo largo de todo el camino... un camino semejante a una montaña rusa. ¡Cuántas veces hemos orado junto a mis compañeros de OM sin recibir respuesta alguna!

Aunque en teoría nuestra política de finanzas seguía la línea de «información sin solicitar», nos percatamos de que dar información a alguien a menudo se veía como un indicio para obtener fondos, lo cual era peor aun que solicitarlos directamente. Por eso muchos en OM evitaban toda mención de necesidad de dinero. En la década de 1980 alguien cuestionó nuestra método. ¿No nos enseñan las Escrituras que los personajes bíblicos daban a conocer las necesidades de dinero y claramente apelaban a los creyentes para que les ayudaran a cubrir esas necesidades?

Nos preguntábamos si parte de la razón por la que reaccionábamos negativamente a la recaudación de fondos era que ciertas personas o grupos lo habían hecho de manera desagradable. «Tele-evangelistas» se ha convertido en una palabra sucia en muchos círculos. Hay muchos cristianos sinceros que se forman una imagen de alguien que se interesa más por recaudar dinero que por impartir un ministerio espiritual. Y otros recaudadores podrán ser ministros de la Palabra de Dios, honorables, aunque manipulan emocionalmente a la gente para que dé más, y aun más allá de lo que podría dar.

Estas ideas surgieron en un momento de dificultades financieras en OM. Mirando hacia atrás, a los últimos veinte años, vimos dos claros testimonios en el campo de las finanzas:

Primero, Dios había suplido nuestras necesidades. Si sumábamos todos nuestros gastos y todos nuestros ingresos, encontrábamos que el equilibrio era perfecto. Piense en los miles de personas que han participado en misiones de OM, y los cientos de millones de libros y folletos que se han distribuido. Nuestros donantes están esparcidos en todo el mundo. La mayoría ni siquiera sabe cuánto dan los demás y, aun así, el crédito igualaba al débito.

Segundo, había momentos en que nos atrasábamos con los pagos. Durante la mayor parte de los primeros veinte años de conferencias anuales de OM, teníamos el principio de que no enviaríamos a los equipos anuales de la conferencia hasta haber pagado todas las cuentas. Nuevamente vimos que si Dios no estaba en nuestros esfuerzos, lo mejor era dejar que la misión muriera antes de iniciar un nuevo año. Un consultor que vino en la década de 1980 para ayudarnos en una crisis financiera dijo muchas veces que OM tenía uno de los mejores controles financieros que jamás hubiera visto: cuando se acumulaban las deudas, hacíamos recortes.

Para poner nuestras deudas en perspectiva, jamás recuerdo que hayamos debido dinero a nadie como para hacer que se pusiera en duda nuestro testimonio cristiano. Casi todas las deudas de las que tengo conocimiento eran por literatura. Las editoriales nos tenían mucha comprensión. Veían que gran parte de la dificultad estaba en el hecho de que la gente no compraba libros en las áreas donde en ese momento operaban los barcos de OM. Bajo estas circunstancias, las editoriales preferían que los libros estuvieran en nuestros barcos y no en sus propios estantes. Sabían que finalmente obtendrían su dinero... y siempre era así.

Sin embargo, esto causaba que escudriñáramos nuestras almas. Habíamos pasado sin saberlo siquiera de los cursos de oraciones respondidas hacia los cursos de posgrado en los misterios de Dios. Esto era bueno en muchos aspectos. Y también doloroso. Cuando existe dificultad financiera, hay que elegir entre pagar las cuentas o dar a las familias el dinero que necesitan para vivir como creen que debieran. Las relaciones se ponen a prueba. No siempre pasábamos estas pruebas de forma victoriosa.

Confianza en las pautas bíblicas

Estas dificultades eran un incentivo agregado para volver al Manual de Instrucciones y comprobar si estábamos tratando de ser más espirituales que el Libro mismo. Estudiando las Escrituras nos percatamos de que había un equilibrio bíblico en la recaudación de dinero para causas valederas. Por un lado estaba la intervención de Dios. Aun así, también estaba la responsabilidad del hombre. Dios obra a través de su pueblo en el campo de las finanzas, como lo hace en todas las demás esferas de la vida.

Éxodo 25:1,2 dice: «Jehová habló a Moisés, diciendo: Di a los hijos de Israel que tomen para mí ofrenda; de todo varón que la diere de su voluntad, de corazón, tomaréis mi ofrenda». La respuesta fue «más que suficiente» y finalmente Moisés dio orden de que la gente no trajera más (Éxodo 36:5-7).

Pablo felicitó a los cristianos de Corinto por sus ofrendas y les exhortó a completar los compromisos que habían adquirido: «De manera que exhortamos a Tito para que ... acabe también entre vosotros esta obra de gracia. Por tanto, como en todo abundáis ... abundad también en esta gracia. No hablo como quien manda, sino para poner a prueba, por medio de la diligencia de otros ... Y en esto doy mi consejo; porque esto os conviene a vosotros, que comenzasteis antes, no solo a hacerlo, sino también a quererlo, desde el año pasado. Ahora, pues, llevad también a cabo el hacerlo, para que como estuvisteis prontos a querer, así también lo estéis en cumplir conforme a lo que tengáis» (2 Corintios 8:6-11).

El resultado de nuestro estudio bíblico sobre los recursos de la obra de Dios fue que vimos que había un precedente bíblico para dar a conocer las necesidades específicas. Había también ejemplos en el Antiguo y Nuevo Testamento de pedidos de forma explícita. La petición de Moisés en el Antiguo, y la de Pablo en el Nuevo, trataban a los donantes con dignidad, honrando su libertad de elección. No había manipulación emocional alguna. Se hacía de modo sensible.

Al ponernos en los zapatos de los donantes, todo tenía sentido. Por cierto, si somos responsables al dar, queremos conocer los datos. Es de buena administración averiguar en qué se gasta el dinero. Debemos investigar para ver si el dinero que damos se invierte de forma que valga la pena. Si lo hacemos en el plano secular, ¿cuánto más debemos hacerlo cuando invertimos para la eternidad?

¿Es que Moisés y Pablo tenían menos fe y por eso pedían a la gente que donara? Claro que no. La Biblia no establece correlación entre la cantidad de fe y el método utilizado. La correlación está entre la fe y la obediencia. Lo que importa es la obediencia a Dios.

Cuando cumplimos con cualquier forma de ministerio, combinamos la fe y las obras. La evangelización no ocurre solo porque pasemos el día entero de rodillas. Hace falta que trabajen los pies también. Lo mismo puede decirse de la predicación, la enseñanza, la disciplina, la consejería y la recaudación de fondos.

A lo largo de estas cuatro décadas, algunos de los bienintencionados auspiciantes de OM se han referido a George diciendo que es un gran hombre de fe. Todo aquel que haya conocido a George, que le haya oído hablar o leído sus escritos, sabe que él se considera un luchador. Se ve a sí mismo y a sus compañeros de obra como ejemplos de la verdad de que es mejor poseer una fe débil en el Señor Jesucristo que una fe fuerte en cualquier otra cosa o persona. Agradecemos que la obra de Dios en última instancia dependa de algo mucho mayor que nuestra fe. Depende de su fidelidad.

La historia de OM no es un desfile de sirvientes que han sido fieles, sino la continua experiencia de esta fidelidad, en el pasado y el presente. En cuanto al futuro, anhelamos verle, al Fiel, al Verdadero: «Entonces vi el cielo abierto; y he aquí un caballo blanco, y el que lo montaba se llamaba Fiel y Verdadero, y con justicia juzga y pelea» (Apocalipsis 19:11).

Dale Rhoton ha estado con Operación Movilización desde sus inicios a fines de la década de 1950. Ha liderado equipos de OM en el Oriente Medio y Europa Central. Desde 1978 ha servido en el ministerio de OM Ships [los barcos de OM], quince de esos años como director. Actualmente promueve el ministerio de los barcos en Norteamérica. Dale y Elaine tienen tres hijos adultos.

Sección 2

En el trabajo de misión, lo esencial es el trabajo de la gente

En el trabajo de misión lo esencial es el trabajo de la gente ... amarles, servirles y ayudarles a ser fuertes discípulos de Jesús.

GEORGE VERWER

¿Pueden ser misioneros fructíferos los que sufren?

Allan Adams

La gran fe bíblica que mueve montañas no está libre de dudas, problemas, desaliento y hasta pecado también. Porque está en medio de todas estas cosas. Cuando reclamamos limpieza por medio de la preciosa sangre de Cristo, nos renovamos por medio de la obra del Espíritu Santo, y volvemos a la cruz, Él nos da la capacidad de obedecerle, cumpliendo su comisión de llevar el evangelio a otras personas.

George Verwer

Durante treinta años con las misiones he oído a muchos misioneros y sentido su dolor. Nuestro tema invita a una pregunta inicial: «¿Qué queremos decir con "los que sufren"?». El rango del sufrimiento incluye todo, desde el dolor como parte de vivir en un mundo caído, hasta trastorno psicológico. El sufrimiento es un riesgo laboral en las misiones, y enfrentar el sufrimiento de un mundo necesitado agranda el impacto sobre el misionero.

El dolor es real y tiene consecuencias reales

Las personas que sufren quizá funcionen bien apariencia, aun como líderes, pero tarde o temprano su sufrimiento saldrá a la luz. El sufrimiento relacional o ambiental en su campo de servicio estará cubriendo como un manto los sufrimientos del pasado. Hay quienes eligen los lugares más lejanos y difíciles, esperando escapar de su sufrimiento y encontrar soluciones.

Es conmovedor el modo en que un hombre describió sus frustraciones y desencantos:

> No sabía que estaba sufriendo al ir a las misiones. Unirme a OM era un desafío, un deseo, y me sentía entusiasmado. Sin embargo, me cegó el dolor que una noche surgió sin control en mi interior, disparado por una combinación de cosas, pero esencialmente por una pregunta sincera: «¿Cómo estás?». Sin saber la causa ni el resultado final de este tipo de ataques de sufrimiento, seguí adelante. Y seguí hasta que ya no pude más, lo cual sucedió unos cinco años más tarde. Tiré la toalla. Le eché la culpa a la frustración diaria, a la confusión por el impacto cultural. Sin embargo, durante el segundo término mi familiaridad con la cultura ya no me permitía culpar a este impacto ni a la situación. En general, me sentía más enojado y destructivo, especialmente hacia mi esposa[1].

Algunas de las causas más comunes de sufrimiento entre los candidatos misioneros incluyen: las familias disfuncionales, el abuso infantil (incluyendo abuso sexual), los hijos adultos de padres alcohólicos, los problemas de adopción, divorcio y de identidad sexual, la conducta sexual previa, incluyendo el aborto, o la participación en sectas o ritos demoníacos en el pasado. La frecuencia es similar en las familias cristianas y las no cristianas. El ciclo describe el rango de los efectos.

Saludable – lastimado – disfuncional[2]

Aunque se reconoce que los misioneros de hoy necesitan más ayuda a causa de su historia de quebranto, es demasiado simplista inferir que las generaciones previas eran más fuertes y más inmunes a los efectos del dolor y el sufrimiento.

«Nuestros padres quizá no hayan expresado que necesitaban cuidado, pero el dolor se sentía en las vidas de sus hijos», dijo un líder de misión. Luego habló de su propia familia: su padre es un líder misionero pionero que hizo su mejor esfuerzo por la familia, aunque la sacrificó por el ministerio. Los hijos pagaron el precio, en especial el hijo mayor.

Hay dolor en toda generación desde el mismo principio de la humanidad. El dolor de Adán y Eva resuena a lo largo de las generaciones; el dolor de la maldición de la caída; el dolor de la pelea familiar; el dolor de la trágica pena.

Todos experimentamos el sufrimiento

Entonces la pregunta es: «¿Por qué son fructíferas en su ministerio algunas personas que sufren, en tanto otras son destructivas?». Depende de lo que hagamos con el dolor que acarreamos. Hay quienes viven negando el sufrimiento. Otros viven para acallarlo. Y otras personas prefieren definirse principalmente como víctimas. Muchas viven decididas a no volver a sufrir, y eligen aislarse de los demás porque creen que es la única opción segura. Otros crean un marco teológico que apoya su negación, autoprotección y búsqueda de alivio. Si no se controlan estas respuestas, pueden llevar a una disfunción dañina.

Hay sufrimientos que son más profundos que otros, que penetran más hondo en el alma. Algunos dolores requieren de una fe sobrehumana para exhibirlos, porque amenazan la existencia de la persona. Cuando se revelan, se arriesga la vulnerabilidad ante las opiniones y juicios de los demás, especialmente de los que tienen autoridad.

Nos entusiasman las historias de los obreros que tienen todo tipo de penas y dolores, y que traen gente a Cristo. Con todo, debemos considerar el impacto duradero del misionero que sufre sobre los creyentes.

¿Son réplicas del misionero sufriente, en perspectiva y teología? ¿Es limitado y anémico su entendimiento de Dios? La historia está repleta de ejemplos de iglesias nacionales que han tomado características tanto positivas como negativas de los obreros que las fundaron.

Tristemente es posible que las personas que sufren causen más daño que bien en las misiones. Estas personas debieran primero trabajar para resolver su dolor no resuelto, antes de que las envíen como misioneros.

«El que sufre hace sufrir a la gente»

Esto dice Kelly O'Donnell, psicólogo clínico que trabaja con JuCUM y Mercy Ministries International, copresidente de la Fuerza de Tareas de Cuidado a los Miembros de la Comisión de Misión de la Alianza Evangélica Mundial. Y continúa: «Hace falta identificar los tipos de problemas que afectan a nuestros obreros, y desarrollar un protocolo que permita tratar a los que tienen problemas importantes, utilizando las tres "S"».

Selección: evaluar la madurez integral, los puntos fuertes y débiles; reconocer las condiciones psicológicas, físicas y emocionales de importancia, y saber qué hacer.

Sostén: desarrollar un sistema de sostén para los que forman parte de la organización, una responsabilidad que incluye el apoyo interno adecuado y el trabajo de redes con especialistas externos.

Separación: identificar las condiciones que indiquen la exclusión del trabajo de campo, ayudando a la persona a avanzar hacia la restauración para su posterior reubicación en un lugar adecuado[3].

Kelly resalta lo siguiente: «Creo que cada organización tiene la responsabilidad de desarrollar estructuras y lineamentos para cada una de estas esferas».

Presenta también prioridades definidas con claridad, en cuanto a lo que hace falta y el modo en que puede brindarse ayuda eficaz[4].

Los líderes heridos dañan a las personas. El dolor que no se ha resuelto en la vida de un líder no solo se transmite a su ministerio, sino también a su equipo. El sufrimiento es un factor que puede predisponer a un liderazgo inseguro, donde la vulnerabilidad amenaza y la confianza es condicional, el abuso de poder es cosa común, la identidad se confunde con la posición, la ira se proyecta en otros y los «otros» se convierten en la causa del problema, lo cual resulta en que la «causa» debe eliminarse. El ciclo continúa y produce insatisfacción en el equipo, dañando permanentemente a las personas.

Las personas heridas crean organizaciones que sufren. Nuestros valores esenciales son a menudo aspiraciones de lo que quisiéramos ser, y quizá no describan con exactitud la ética de la organización que influye en la calidad de vida de nuestra gente. Tenemos que ser capaces de ver más allá del nivel individual de los problemas de las personas, y evaluar la disfunción de la organización. Una mirada sincera y correctiva de cómo tratamos a las personas es un requisito previo para la salud de la organización[5].

En nuestro pragmatismo orientado a las tareas, a los hechos, y enfocado a las experiencias (¿ayuda esto a cumplir con el trabajo?), las necesidades de las personas fácilmente ocupan el segundo lugar; en realidad, las personas puede que salgan lastimadas y sintiéndose usadas.

Dios se ocupa de la redención

En muchos pasajes de las Escrituras leemos que Dios utiliza a personas que sufren en un ministerio exitoso y fructífero de su Reino. Pablo tenía una espina en la carne, el pecado de David tuvo consecuencias muy dolorosas, Moisés carecía de confianza en sí mismo, la mujer junto al pozo solo tenía el testimonio de su dolor cuando Jesús le habló, Pedro luchaba contra su incongruencia y legalismo, Abraham era un hombre de fe, pero inclinado a temer, Jonás estaba enojado... y la lista sigue.

Conocer y experimentar al Dios que redime es el asunto común en sus historias. Y los ejemplos también abundan en nuestros días. Una pareja contó en una carta al periódico una historia de vulnerabilidad y dolor ante los desafíos que presentaba un estilo de vida menos que fácil:

> Nuestro regreso a casa fue un tiempo en que la acumulación de muchos años de tensión me llevó a un punto muerto. Al mirar hacia atrás, a los años pasados, podía identificar muchos incidentes y no solo la pelea con la policía que culminó en nuestro arresto. Lentamente mi confianza en que Dios estaba de nuestro lado se había deteriorado.
>
> La tensión de nuestra situación personal, incluyendo el nacimiento de nuestro bebé y su enfermedad que requirió atención médica urgente, desgastó nuestros recursos físicos y emocionales. El lamento de mi corazón y mi amargura se volvían hacia Dios. Todo se derrumbaba. Mis dudas acerca de Dios me llevaron a un punto límite. Hasta me pregunté si existía.
>
> Al volver a casa la situación fue un importante nuevo comienzo para mí. Dios lentamente me mostró lo que había en mi corazón. También me mostró el corazón de Padre que tenía para mí. Dios me dio demostraciones prácticas de su amor por mí. Encontré un nuevo entendimiento de su amor, y en medio de eso pude enfrentar las dificultades de los últimos años. Encontré liberación y sanidad.
>
> Llegué a entender que el ministerio tiene que ver con el hombre interior. ¡El ministerio es lo que resulta de lo que Dios está haciendo en mi vida!

El evangelio se ocupa de nuestras heridas con esperanza

Quienes se atreven a andar el camino de la vulnerabilidad y la transparencia que lleva a la sanidad personal, se cuentan entre los misioneros más fructíferos que conozco. Uno de los misioneros cuyo ministerio da testimonio de su propia sanidad escribió:

> Provenía de un entorno enfermo, y sentía la tentación de pensar que jamás viviría una vida fructífera, una vida piadosa. La necesidad de aceptación y aprobación, agravada por haber sido huérfano y abusado, nublaba la simple verdad de la redención de Dios. El Señor y yo hemos conversado mucho en torno a ciertas preguntas. ¿Dónde estabas? ¿Cuándo? ¿Cómo es que permitiste que sucediera eso? Esforzándome por ver a través de ese vidrio oscuro, una verdad surgió con claridad: Él murió para resolverlo. Los efectos del dolor, el miedo, la pena, el odio y la amargura no van más allá del alcance de la cruz. Lo sé porque lo he vivido en carne propia.

> Al servir en las misiones durante estos últimos veinte años, casi siempre en países donde había guerra civil, he contado mi historia, observando que el simple mensaje llega al corazón de las personas que sufren. He visto esperanza en los ojos del desesperanzado, corazones amargos que se dispusieron a perdonar, y culpables que encontraron el perdón. Y al hablar de esto yo también he recibido, mientras las vidas transformadas me llenan de gozo renovado y esperanza para el futuro.

El dolor nos hace movernos

Imaginen esto: martillan un clavo y el martillo resbala y les da en el dedo. Damos vueltas por la habitación, liberando con toda intención la emoción que evoca ese dolor.

El dolor nos impulsa en una dirección. Muchos elegirán la ira, la amargura, la venganza. Intentamos estimularnos o sedarnos con alguna forma de adicción que nos haga sentir mejor, algo que nos ayude a soportarlo. Muchas adicciones se disfrazan de manera aceptable y hasta despiertan elogio. Trabajar demasiado, la hiperactividad, los viajes y aun el café parecen inocuos, en tanto que otras son más siniestras (alcohol y pornografía)... sí, aun los misioneros son susceptibles.

Un lugar al cual ir

Jesús ocupó nuestro lugar de culpabilidad. Llevó sobre sí el juicio que era para nosotros por nuestro pecado. La cruz es un lugar de sustitución, eso lo entendemos. Sabemos cómo llevar a los pecadores a ese Lugar.

Jesús se identifica con nuestro dolor, ya que sufrió del mismo modo que sufrimos nosotros. Así que podemos decirle a la gente que Él los entiende. Da consuelo el hecho de saber que Él sabe y entiende. Aun así, el dolor necesita más que comprensión e identificación. No es suficiente decirle a alguien que sufre que entiendo su dolor porque estoy en su mismo lugar. ¡Él quiere saber qué hacer al respecto!

El capítulo 53 de Isaías profetiza con palabras poéticas pero profundas que Jesús lleva nuestras penas; lleva nuestro dolor sobre sí. Allí es a donde vamos, al lugar en que sana el dolor. La Cruz es un Lugar de Transferencia para nuestro dolor y quebranto. Sin duda, esto no es algo nuevo ni desconocido. No es un juego de palabras, ni un juego teológico, ni palabrería espiritualizada. Tampoco es una cura instantánea con rayo láser. Jesús se hizo carne y vivió entre nosotros, nos tocó y entró en nuestras vidas. Al llevar sanidad a otros con el mismo toque de encarnación, con la misma unción y dirigidos por el Espíritu Santo, andando el camino de su quebranto con Él, con toda decisión aunque con sensibilidad, estamos llevando al que sufre a ese Lugar.

Una mujer dedicada a quien respeto por su espíritu pionero nos cuenta su historia:

> Sabía que había tenido una infancia carente de afecto, con un padre distante y una madre siempre ocupada. Y sabía que esto podría tener que ver con mi difícil relación con Dios, pero no podía hacer nada con saberlo nada más.
>
> Fui a seminarios, vertí lo que había en mi corazón con la esperanza de encontrar la respuesta. Casi siempre salía segura de que todo estaba bien; era «normal». Con los años me desesperé cada vez más, y me convencí de que había que cambiar algo, y al mismo tiempo parecía cada vez menos probable que algo

cambiara. Esto afectaba mi trabajo; me sentía exhausta y era solo la rutina y mi fuerza de voluntad lo que me mantenía.

Dios me tomó por sorpresa en mi país cuando me invitaron a hablar con un doctor cristiano. Estaba convencida de que mi problema era espiritual y no emocional, pero acepté el ofrecimiento. Dios utilizó esta charla para ponerme en contacto con mi dolor. De repente vi en mi mente a una niña que se había escondido del mundo, dentro de un sótano enorme y oscuro. Sabía que era yo, y enfrenté a esta niña asustada, que inspiraba lástima. Vi a Jesús entrar y tomar a esta niña en sus brazos. Ya no estaba asustada, ni daba lástima. Era una niña linda, rozagante. Y podía oír la risa de Jesús, llena de gozo y amor.

No todos tendremos la misma experiencia. El encuentro con Jesús es algo individual y único para cada persona, aunque los principios subyacentes serán los mismos.

Jesús estableció la prioridad

En la sinagoga de su ciudad, Jesús recibe el rollo de Isaías. Con toda intención lee el capítulo 61:

> El Espíritu de Jehová el Señor está sobre mí, porque me ungió Jehová; me ha enviado a predicar buenas nuevas a los abatidos, a vendar a los quebrantados de corazón, a publicar libertad a los cautivos, y a los presos apertura de la cárcel; a proclamar el año de la buena voluntad de Jehová…

No terminó de leer la oración y envolvió el rollo. Todos los ojos estaban fijos en Él. Con toda sencillez declaró su ministerio personal: «Hoy las Escrituras se cumplen ante ustedes».

Esto es lo que hizo durante los siguientes tres años, a partir del lunes por la mañana cuando «entró en su oficina», y siguió haciéndolo dondequiera que iba. Tocando, sanando, liberando a las personas.

Ayudar a los misioneros que sufren es esencial

Hoy muchas misiones reconocen la necesidad de un ministerio para los misioneros que sufren, aunque la experiencia muestra que estos movimientos no siempre son aceptados ni entendidos. Cansados de ser demasiado introspectivos, hay quienes temen que perderemos de vista el Objetivo. Liberar a la gente para que piensen por sí mismos y puedan establecer sus propios límites es algo que algunos líderes ven como una amenaza. ¿Será una reacción similar a la de los líderes religiosos en la época de Jesús? Sanar a las personas disturba el statu quo.

La exégesis misionera con énfasis en el «ir» y «llegar al mundo» está demasiado desarrollada en comparación con el ocuparse de las necesidades de las personas. Fallamos en la teología práctica, que da respuestas reales al quebranto, con implicaciones también en las personas a las que servimos.

¿Y por qué tanto énfasis en la sanidad? ¿No lleva esto al egocentrismo? A lo largo de los años me he preguntado por qué hay reticencia hacia este tipo de ministerio. Seguramente el propósito de la sanidad no es concentrarse en la experiencia. Porque al sanar somos libres de poder concentrarnos en nuestro propósito, nuestro llamado; somos más capaces de hacer aquello para lo que nos apartaron. Jamás es nuestra intención cambiar la naturaleza de nuestra organización para que sea un tipo de grupo de apoyo como AA, por ejemplo. Nuestro objetivo es tener gente saludable capaz de enfrentar los peligros y dificultades en las líneas del frente.

Desarrollar la capacidad de soportar

«La resistencia es un componente agregado de la salud, esencial para los que viven y se esfuerzan en el ministerio transcultural», dice Laura Mae Garner, coordinadora internacional de Member Care, WBT International y SIL International[6].

Luego describe la resistencia como la capacidad de hacer rebotar, de soportar la dificultad y recuperarse. Es la capacidad creativa de poder vivir en más de un nivel al mismo tiempo. En un mundo donde la desconexión, la dislocación y la desorganización parecen prevalecer, uno necesita ser resistente.

Ella define los bloques de construcción indispensables para asegurar la «edificación y no la destrucción» del misionero en su contexto transcultural, donde a menudo son inevitables los cambios, las pérdidas y los problemas.

- Construir un cimiento de creencias en Dios que pueda soportar el ataque de una crisis y que pueda dar espacio a la injusticia, la enfermedad, el genocidio y otras cosas similares sin empequeñecer su soberanía y bondad.
- Desarrollo deliberado e intencional de capacidades y habilidades relacionales, en especial para las relaciones transculturales, sin abandonar las relaciones del país de origen. Estas relaciones de amplio rango dan perspectiva a la vida y sentido de pertenencia. La soledad es un asesino lento.
- Evaluación precisa de los riesgos: evaluar las posibilidades de enfrentar los cambios y las crisis y hacer planes adecuados para enfrentarlos de manera saludable.
- Evaluar el impacto personal que se calcula y efectuar preparaciones por anticipado para lo inesperado, desagradable o los cambios imprevistos.

Los misioneros cargan con el dolor de los demás

Como elemento inherente a su función de agentes de cambio a través del poder de las Buenas Nuevas, los misioneros estarán sujetos a la presión, la pérdida y el trauma, se enfrentarán a la pobreza, la muerte y la injusticia.

Un doctor en África Occidental comentó: «Recorro el ciclo del dolor cada vez que le digo a un paciente que sufre de SIDA. Y tengo que hacerlo a diario. El dolor forma parte de mi vida cotidiana».

Una carga de dolor, y aun de desesperanza, puede descender sobre ellos cuando se identifican con la necesidad sobrecogedora e interminable.

Este proceso se llama traumatización secundaria, conocido también como traumatización vicaria, fatiga de compasión, y presenta síntomas similares al agotamiento. La condición está generalizada.

Hay tres factores de riesgo:

1. La exposición a las historias (o imágenes) de las víctimas.
2. La sensibilidad del obrero ante el sufrimiento.
3. Los problemas emocionales no resueltos que se relacionan con el sufrimiento observado[7].

Aprender un estilo de vida de «transferencia», con sesiones regulares de conversación y desahogo, junto al manejo práctico de la tensión y la relajación con técnicas adecuadas, son medidas que necesitará tomar el obrero y el liderazgo.

La misión fructífera implica sufrimiento

Aun el entendimiento superficial de la historia de las misiones, comenzando por la experiencia de Pablo, nos llevará a reconocer que el sufrimiento es parte de la vida misionera[8].

Comprometidos con el esfuerzo de la encarnación y la redención, algo esencial para ser fructíferos, se nos exige una entrega plena. Todo dolor que no haya sido resuelto o sanado nos hará sentir la tendencia a ser egocéntricos, autoprotectores, y eso impide la productividad espiritual.

En la sombra de la hora de mayor sufrimiento, Jesús estableció la marca esencial de la obra de manera práctica, sencilla, pero profundamente simbólica.

Hecho hombre está seguro de su identidad, de su destino y relaciones, y convencido de su propósito. Él, que conoce el dolor como nadie más, conoce la fuente de la sanidad.

Avanza, se quita el manto, envuelve una toalla alrededor de su cintura, se agacha y lava los pies de los discípulos. «Les he dado un ejemplo de lo que deben hacer. Hagan lo que yo hice por ustedes»[9].

Entre 1974 y 1988, el Dr. Allan Adams y su esposa, Rhonda, ambos australianos, sirvieron en los barcos Logos *y* Doulos *de OM, incluyendo cinco años como directores en cada uno de ellos. Al mismo tiempo fueron pioneros en el ministerio de OM en Asia Oriental. Allan fue coordinador de área de OM para la región Asia Oriental y el Pacífico, hasta 1995. Desde 1989 hasta 2004 estaban en la base en Alemania para*  *los Barcos de OM. Allan ahora sirve como líder de la misión de su iglesia en Australia, y sigue con su ministerio de consejería y cuidado y atención a misioneros. Allan y Rhonda tienen tres hijos adultos.*

---

[1] Los ejemplos en este artículo provienen en su mayoría de miembros de OM o ex miembros que han dado su permiso para que se usaran sus historias. Los detalles personales se modificaron para preservar el anonimato. El primer hombre que se menciona ya no está en la misma situación hoy. Volvió a su hogar y buscó ayuda. Su familia se ha estabilizado y está considerando la idea de volver al servicio.

[2] Esther Schubert, «Current Issues in Screening and Selection», p. 74, en *Missionary Care*, Kelly O'Donnell, ed., Pasadena: William Carey Library 1992.

[3] Kelly O'Donnell, «Wounded People Wound People», en *Doing Missions Well: Member Care Within and From Africa*, compilado por Kelly O'Donnell para la Asociación de Evangélicos en África, conferencia de Misiones en África, Costa de Marfil, mayo 12-16 de 2000.

[4] Kelly O'Donnell, «Going Global: A Member Care Model for Best Practice», pp. 13-22 en Kelly O'Donnell, ed., *Doing Member Care Well*, Pasadena: William Carey Library, 2002.

[5] Kelly O'Donnell y Michelle Lewis O'Donnell, «Understanding and Managing Stress», p. 110 en *Missionary Care*.

[6] Laura Mae Gardner, «The Making or Breaking of Missionaries: Promoting Resilience on the Field», Pastors to Missionaries Conference, diciembre de 1999.

[7] Véase el sitio Web de David V. Baldwin, www.trauma-pages.com

[8] Véase Colosenses 1:24—2:5

[9] Véase Juan 13:1-17

George y Drena

Los estudiantes del Moody Bible Institute, preparándose
para la misión de alcance en México.

Uno de los dos grupos que partió hacia México.

George Verwer, padre, George y John Stott en 1992.

Coordinadores de Área de OM en 1994. Frente, izquierda a derecha, Dennis Wright, Dale Rhoton, Peter Maiden y George Verwer. Atrás, izquierda a derecha, Rodney Hui, Bertil Engdvist, Mike Wakely, Allan Adams, Joseph D'Souza y Dave Hicks.

George predicando en Incheon, Corea del Sur, en 1997.

George con los ex directores de los barcos, frente al Doulos y el Logos II en 1994. De izquierda a derecha: Peter y Bernice Nicoll, Dale y Elaine Rhoton, George y Drena Verwer, Dave Hicks, Mike Hey, Chacko y Rhada Thomas, Bernd y Margarethe Guelker, Gerda y Manfred Schaller, Mark y Esther Dimond y Allan y Rhonda Adams.

George en la apertura de Urbana 2000.
Fotografía: InterVarsity / Twentyonehundred Productions.

George con Barney Ford, Director de Urbana 2000.

George y Drena dan la bienvenida a uno de los barcos de OM
junto al cofundador Dale Rhoton y su esposa Elaine.

Fotografía: Greg Kernaghan

Sufrimiento y misiones

JONATHAN MCROSTIE

Parece que tenemos una extraña idea del servicio cristiano. Compramos libros, viajamos kilómetros para oír a alguien que habla de bendiciones, pagamos mucho dinero para oír a un grupo que canta las últimas canciones cristianas... pero olvidamos que somos soldados.

GEORGE VERWER

El sufrimiento forma parte del movimiento de misiones cristianas. La Biblia enseña que servir a Dios fielmente aquí en la tierra incluye la adversidad. Los primeros cristianos sufrieron enormemente mientras cumplían el mandato de su Señor. La historia nos muestra que la obra de las misiones siempre ha estado acompañada por el sufrimiento.

Operación Movilización no es una excepción. Quizá a causa de la característica movilidad de OM, los viajes han traído sufrimiento en diversas ocasiones. A partir de mi propia experiencia personal puedo relatar algunas de ellas. Después de mis primeros cuatro años en OM Europa, fui a los Estados Unidos para una breve visita. Al llegar a Nueva York, me recibieron con noticias sobre un accidente. Unos días antes, en Zaventem (cerca de Bruselas), había enviado con una oración a Keith Beckwith, líder de OM para el Reino Unido, y a John Watts,

líder de ministerio de literatura STL. Ambos habían muerto en un accidente de auto en Polonia. De un golpe habíamos perdido a nuestro
liderazgo británico.

En la década de 1960, Yugoslavia tuvo más que su porción de dolor.
Ron y Nan George eran dos de los primeros líderes en Europa y el
Oriente Medio. Al volver desde Irán a Inglaterra en una camioneta
VW, Nan sufrió lesiones en la columna que la dejaron hemipléjica. Su
historia se relata en *Treasure in Jars of Clay*. A pesar de los años de inmo-
vilidad y limitación, Dios ha usado a Ron y a Nan para hacer una obra
pionera en los países musulmanes. Durante los últimos diez años han
liderado un ministerio vital de desarrollo y preparación: World in Need
[Mundo en Necesidad]. Otro accidente de camioneta en la misma
época involucró a seis jóvenes, todos potenciales líderes a largo plazo,
que volvían de la India a Europa. Dios se llevó a cuatro: Chris y Hillevi
Begg, Sharon Brown y Jay Sunanday. Los dos sobrevivientes, Fritz
Schuler y Frank Fortunato, son líderes principales de OM hoy en día.
Yo hablé en el servicio de recordación de Sharon Brown en Montana,
Estados Unidos. Otro hermano y amigo, Tony Packer, sufrió el encar-
celamiento durante unos meses. Ni los hospitales ni las prisiones de
Yugoslavia eran lugares humanos en esos días.

A comienzos de la década de 1970 coordinaba Europa desde Italia,
y no desde las oficinas principales de Zaventem. La tragedia golpeó al
equipo de Zaventem. Margaret O'Mally, graduada universitaria, servía
bien en el equipo del departamento de contabilidad. Una pérdida de
gas causó que se ahogara en el baño. Recuerdo haber hablado en su
funeral, en Liverpool, buscando consolar a sus padres e iglesia.

1982

Estaba en España con mi familia visitando a los equipos durante la
Pascua. Asistí a una conferencia de misiones cerca de Barcelona, centrada en el alcance al mundo musulmán. Recuerdo que les hablé a ex
miembros de OM, y les relaté los sucesos de ese año. En enero, un hermano holandés, Joop, murió en Adana, Turquía, por un ataque cardíaco

(su hermana me dijo que su familia sospechaba que había sido envenenado). En febrero llegaron noticias de Bombay: un incendio había quemado discos, literatura y dañado las instalaciones de OM en la India. En marzo, llegó la noticia de un accidente de camión del hermano suizo Willy, en Sudán del sur. Debido a que el territorio estaba aislado, murió junto a la carretera antes de que pudiera llegar la asistencia médica. Me preguntaba en voz alta, ante mis amigos: ¿Qué sucederá en abril?

Tres días más tarde llegó mi respuesta. Había conducido con Pedro y Trevor para visitar Portugal y nombrar a un representante de OM. En el viaje de regreso a Barcelona tuvimos un accidente cerca de Guadalajara, España. Me rompí el cuello y quedé paralizado. Desde entonces estoy en silla de ruedas. ¡No pregunté lo que sucedería en mayo!

Hay algunos recuerdos que se destacan en torno a ese hecho que Dios usó para ayudarme a seguir. Mientras estaba en terapia intensiva, me vino a visitar el líder de OM en España, Daniel González. Había perdido a su esposa Lily unos meses antes, a causa de la leucemia. Su pregunta a mi esposa Margit fue: «¿Tienen paz?». Pudimos decir: «Sí», porque Dios nos ha dado su paz. Otro líder de OM, Mike Evans de Francia, vino y propuso un servicio de comunión. Margit, Mike y yo recordamos al Señor en mi cama de terapia intensiva. Tuvieron que darme el pan en la boca, y también ayudarme a beber de la copa. ¡Es probable que fuera mi comunión más memorable! Muchas personas nos ayudaron de diversas maneras, y la familia siempre fue increíblemente leal. ¡Cómo apreciamos la preocupación de George Verwer y el modo en que «movió cielo y tierra» para motivar a la oración y acción de manera que pudiera obtener la mejor rehabilitación y atención!

¿Por qué?

Solo Dios en su infinita sabiduría sabe plenamente por qué existe todo tipo de sufrimiento. Mi experiencia tiene que ver con el sufrimiento físico. Sin embargo, gran parte del sufrimiento en la misión se debe a la desilusión con quienes se comprometen con Cristo y luego desisten. Recuerdo que pasé horas con Michael, un compañero francés en el equipo de Zaventem. A pesar de todos los esfuerzos, Michael, que tenía antecedentes penales, terminó en prisión por intento de asesinato. ¡Y hablemos del desarrollo del hombre de fe! Las relaciones rotas pueden causar aun más dolor, lo cual en mi opinión es peor que un cuello roto.

La raíz de todo mal y sufrimiento en el mundo es la caída de la humanidad. ¿Por qué nos creó Dios con la posibilidad de esta caída, influidos por la poderosa tentación de Satanás? Joni Eareckson Tada nos ofrece buenas ideas sobre el tema en su libro, *Diamonds in the Dust.*

¿Será que Dios causa la ceguera o que la permite? ¿Planifica que alguien nazca sordo o lo permite? Es decir, ¿quiere Dios la enfermedad? La clave aquí es cómo usamos la palabra «querer». Dios no quiere que la enfermedad exista porque la disfruta. Odia la enfermedad, del mismo modo que odia cualquier otro resultado del pecado: la muerte, la culpa, el dolor, etc. Sin embargo, Dios quizá quiera que exista la enfermedad en el sentido de que Él decide que exista. Porque si no fuera así, entonces la borraría de inmediato.

Aun así, lo más importante es que Dios demora la caída del velo sobre el sufrimiento hasta tanto haya más personas en el mundo con la oportunidad de oír el evangelio. Porque si Dios borrara hoy toda enfermedad, también tendría que borrar el pecado, causa general de la enfermedad, y esto significaría la destrucción de todas las personas. ¡Es la misericordia de Dios lo que demora su juicio! «Antes si aflige, también se compadece según la multitud de sus misericordias; porque no aflige ni entristece voluntariamente a los hijos de los hombres» (Lamentaciones 3:32-33).

¿Ordena Dios? ¿Permite? ¿Da lugar? El verbo no es tan importante como el sustantivo: Dios. Y Dios es amor[1].

La misión que Cristo nos dio es llevar sus buenas nuevas a toda criatura. Y esta es la mayor respuesta al problema del sufrimiento. Gran parte del sufrimiento no es «por azar». Así puede parecer, pero en su mayor parte lo causan factores humanos. Los edificios que se construyen ahorrando para satisfacer la codicia terminan cayendo en un terremoto, produciendo más muerte y destrucción. La mayor parte de la maldad la causan los seres humanos. Para alguien que tiene lesiones en la columna vertebral, el dolor del rechazo de los amigos y de la familia duele más que la discapacidad misma. Conocí gente así cuando estaba en rehabilitación. El evangelio trae sanidad interior, y nos permite confiar en Dios para hacer avanzar sus propósitos en medio de las dificultades o incapacidades. Nos da su consuelo, sabiendo que Él se ha identificado con nosotros en nuestro sufrimiento. Para seguir el ejemplo de Cristo, nosotros también debemos sufrir, personalmente y en representación de otros. Como servidores sufrientes y consolados podemos entonces ofrecer consuelo a otros.

Cómo responder

Las reacciones negativas producen más dolor y maldad. La amargura y el culpar a los demás, incluso a Dios, envenena nuestras vidas. Hay quien se desalienta al punto de la desesperanza y hasta el suicidio. La manera en que respondemos es más importante que lo que nos sucede en la vida. La historia de las misiones nos da una innumerable cantidad de actitudes positivas frente a la tribulación, lo cual resulta en el avance de la causa de Cristo. ¡Lamentablemente es posible que todos conozcamos también la situación opuesta!

Es mucho mejor ser realista y *aceptar* la adversidad con confianza en Dios, sabiendo que Él es quien tiene el control. Sin embargo, con la aceptación no basta; también debemos *actuar*. En mi caso, esto significó obtener buena atención y terapia. Y también tuve que cooperar, y hacer los ejercicios que me beneficiarían en última instancia. Perdonar y no culpar al conductor que se quedó dormido en ese accidente de España ha contribuido a una relación saludable entre ambos a lo largo de estos años. La acción positiva incluye pensar en los demás y servirles en lugar de nadar y ahogarse en la autocompasión. ¡Tener un propósito dado por Dios en la vida es una gran terapia para un parapléjico! *Aprender* de nuestro sufrimiento requiere que le preguntamos a Dios qué quiere decirnos o enseñarnos. Quizá nos muestre algunos de sus propósitos, pero Él solamente sabe cuánta explicación necesitamos de veras. Una lección que aprendí mediante el sufrimiento es el ser más comprensivo con quienes sufren. De joven, era enérgico y solía pensar que la gripe era solo un resfrío. No podía entender por qué la gente no iba a trabajar. ¡Luego enfermé de gripe! Mi accidente me ha hecho más sensible hacia los que sufren.

Ayudas para seguir

Confianza en que Dios es soberano, sabio por sobre todas las cosas, bueno y justo

Joni lo expresa bien:

> Dios es exaltado como la mente sobre todo: la paz y la guerra integral, la luz y la oscuridad, la salud y la enfermedad, la prosperidad y la calamidad. Alguien dijo una vez que Satanás puede ser quien enciende el motor del barco de la calamidad, pero que Dios es quien comanda el timón para que sirva a sus propósitos. Y cuando se trata de los propósitos de Dios, tenemos su promesa de que no se permitirá nada en nuestras vidas que no sea para nuestro bien, o que no podamos soportar (Romanos 8:28; 1 Corintios 10:13). Sin embargo, cuando decimos que Dios permite que Satanás haga lo que hace, no es que Satanás tuerce el brazo de Dios y Él le da permiso con vacilación. Tampoco debemos imaginar que cuando Dios permite, corre nervioso tras Satán con un equipo de reparación emparchando lo que el diablo ha estropeado. El Señor jamás es arrinconado. El Señor jamás es obligado a estar entre la espada y la pared. Tampoco se frustra ni encuentra obstáculo en los planes y estrategias de Satán, sino que en realidad utiliza sus acciones para hacer avanzar su reino y traer gloria a sí mismo[2].

Contemplación de la compasión de Dios

Meditar en la encarnación de Cristo, en su sufrimiento como ser humano, en sus lágrimas junto a la tumba de Lázaro y en Getsemaní antes de la crucifixión, todo esto da gran consuelo. Dios se ha identificado con nosotros en nuestra debilidad y por eso puede dar consuelo, alentando la fuerza para soportar como lo hizo Él.

Compromiso con nuestro llamado

Como discípulos tenemos el llamado a seguir tanto las instrucciones como el ejemplo del Maestro. La prioridad no es buscar una vida cómoda, sino la obediencia.

Pensar en modelos y mentores

Me estimula leer biografías realistas de misioneros o historias de grupos de misión. ¡Qué aliento es ver cómo Dios utiliza a la gente muy débil! Dios también ha pasado por alto errores, divisiones y pecados de parte de obreros misioneros... ¡incluyéndonos a los de OM! Lideré la obra en Gran Bretaña en 1963 en medio de muchas dudas y dificultades. Y aun así Dios sumó setecientos reclutas, reflejando claramente su gracia al hacer avanzar sus propósitos por medio de personas débiles.

También debemos pensar en los mentores, que por lo general son personas que conocemos. La señorita Jones, una maestra que tenía en la escuela para niños misioneros en África Occidental, es inolvidable. Unos cuarenta años después de haberla visto la llamé por teléfono a su hogar de retiro de Florida. Ese día era mi cumpleaños. Dije: «¿Señorita Jones? Habla Jonathan McRostie». Al instante respondió: «¡Oh Jonathan! ¡Hoy es tu cumpleaños y he estado orando por ti!».

Stephen Hart, que durante muchos años fue contador principal de OM con base en Zaventem, ejemplificó la oración fiel para los equipos de todo el mundo. ¡Cómo se regocijaba cuando veía frutos! También me enseñó a ver lo positivo y no lo negativo en las personas. Cuando alguien comenzaba a criticar una misión u obrero, Steve enseguida enumeraba los puntos fuertes de esa obra o persona.

También pienso en el Dr. Homer Payme que sirvió a Dios en el mundo de habla francesa en Suiza, Francia, Bélgica y Quebec. Él y su esposa han sido de gran ayuda para mí y mi esposa en los primeros días de nuestro matrimonio. Ahora, con noventa y un años, sigue sirviendo fielmente al Señor en la evangelización y el discipulado. Estos modelos y mentores son de inconmensurable ayuda en nuestro peregrinaje.

Comunidad de colegas

¡Qué gran privilegio es formar parte de una comunidad, no solo de compañeros de trabajo, sino también de amigos sinceros! Rindo homenaje a George Verwer por su lealtad, humildad y cuidado de sus compañeros obreros, así como de este mundo que sufre. George es en verdad un gran comunicador: por teléfono, a través de la oración, la conversación, por carta, y su amistad me ha ayudado enormemente. En 1963, durante mi época de grandes dudas con respecto a la veracidad del evangelio, creí que George me enviaría a casa. En cambio, me ayudó con mis dificultades.

Unos años después de mi accidente me sentía muy desalentado a causa de mis frustraciones, mis pensamientos y palabras negativas. Debía visitar el barco *Doulos* de OM en España, pero sentía que era indigno de ir a hablar para Dios allí. En ese momento George me telefoneó desde Inglaterra y me preguntó cómo estaba:

—No muy bien —respondí.

Después de haber explicado mis sentimientos, oí que me preguntaba:

—¿Y quién te está diciendo todas estas cosas?

Claro, vi que no era Dios. Quizá era yo mismo, pero mi mente no solía darme ideas tan desalentadoras. Debía venir de nuestro adversario, el diablo. La respuesta de George fue breve:

—Lo que el diablo dice es mentira.

Como resultado, fui a ministrar en el barco que estaba en Bilbao.

Conclusión

El sufrimiento quizá parezca interrumpir u obstaculizar nuestro progreso para lograr la tarea misionera. Sin embargo, por la gracia de Dios el sufrimiento puede servir para moldear nuestro carácter y hacer más profunda nuestra compasión. Por eso es para nuestro bien. Sin duda alguna, el sufrimiento servirá para mayor gloria de Dios. Él es quien nos dio la comisión y quien cumplirá su obra a través de nosotros ¿Es fácil esto? ¡No! ¿Es posible? ¡Desde luego!

Jonathan McRostie ha estado con OM desde comienzos de la década de 1960. Durante más de veinte años sirvió como coordinador de Europa. Durante los últimos veinte años ha ministrado desde su silla de ruedas a causa de una lesión en la columna luego de un accidente en 1982. Casado con Margit, de Alemania, tienen tres hijos adultos y casados. Dirigió durante veinte años OM World Partners, una comunidad de ex miembros de OM. También trabaja con la Red de Discapacitados Europeos en ministerios cristianos para discapacitados, en el Grupo de Dirección.

---

[1] Joni Eareckson Tada, *Diamonds in the Dust* (London: Marshal Pickering, 1993), p. 51.

[2] Eareckson Tada, p. 52.

Madres en misión

LENNA LIDSTONE

El Espíritu Santo no espera a que nuestro bagaje cultural desaparezca antes de poder utilizarnos de manera poderosa.

GEORGE VERWER

Mi esposo Julyan y yo pasamos quince años en Turquía con Operación Movilización. El trabajo entre los musulmanes que conformaban el 99.9% de la población había comenzado en serio cuando OM envió dos obreros en 1961. Hubo otras agencias de misión, pero cuando llegamos en 1980, solo había cincuenta creyentes de historial musulmán, y una cantidad similar de obreros cristianos.

A pesar de la constitución secular de Turquía, la actividad misionera o «propaganda cristiana», como se la llamaba, era un crimen serio y las autoridades enseguida despedían de su empleo secular y deportaban a cualquiera del que sospecharan que tenían motivos ulteriores. La seguridad era muy estricta y nadie sabía cuánto tiempo podría permanecer allí.

Julyan y yo nos habíamos conocido en Glasgow, en la escuela bíblica, y nos casamos sabiendo que iríamos a Turquía al año siguiente. Nuestra visión era la de participar de la creación de iglesias, y partimos hacia Ankara con gran celo, deseando ser utilizados por Dios y decididos a quedarnos todo el tiempo que Él nos mantuviera allí.

Sin embargo, cuando volvimos a Escocia un año después, para el nacimiento de nuestra hija Emma, recuerdo la sensación de alivio al subir al avión. Parecía que me quitaban de los hombros el peso tangible de la adaptación al idioma y la cultura. Fue un año difícil. No me sentía preparada para encajar en esta sociedad dominada por los hombres, y lamentaba mi aparente falta de inclinación hacia lo doméstico. Quizá en lugar de complementar mi experiencia como maestra con dos años en la escuela bíblica, debía haber estudiado economía del hogar o aprendido a tejer. Mis intentos con la cocina turca fueron tan vergonzosos como el tejido.

Las clases de idioma fueron una pesadilla. Creía que el embarazo no afectaría mi capacidad de aprender, pero casi siempre me sentía muy descompuesta, en especial de camino al curso en un ómnibus lleno de humo y gente, apretada como sardina. Mis vocales escocesas, tan gruesas, siempre provocaban desaprobación en el maestro. La estructura de las oraciones turcas es totalmente al revés. ¡Claro que me daban dolores de cabeza! Tampoco ayudaba el hecho de que estaba en la misma clase que Julyan. Él aprendía con total facilidad, y avanzaba rápidamente, tanto que me sorprendí de mí misma cuando cedí a la fea tentación de garabatear su cuaderno de vocabulario.

Era difícil, pero yo sabía que Dios me había llamado a esto. Aun antes de que Julyan y yo estuviéramos juntos, lo sabía. Me recordaba a mí misma que esta disposición hacia las misiones había sido idea de Dios y decidí permitirle abrazarme con sus brazos de apoyo y aliento, en lugar de sentir una carga impuesta por mí misma.

Mentora a través de la maternidad

La maternidad, sin embargo, trajo nuevos desafíos. Los cortes inesperados de provisión de agua y las fallas eléctricas eran muy molestos cuando había mucha ropa que lavar. Había muchas visitas. Mi papel continuaba siendo el estar concentrada en el hogar, con una gran cantidad de servicio práctico y una continua sensación de no poder con todo.

La vida parecía estar llena de tareas que no hacía demasiado bien. Todos los talentos que me había dado Dios estaban dormidos. Mi debilidad con el idioma significaba que sentía que era solo una fracción de mí misma en mi nueva cultura y que la gente no me conocía de veras. Una amiga turca que hablaba inglés era la única con quien podía conversar, y esto me ayudaba a evitar la desesperación.

En este contexto, que me parecía una muerte personal, vi cómo Dios creaba una iglesia. La gente venía a la fe, y no había edificio de iglesia, ni local adecuado donde pudieran reunirse los creyentes. La iglesia crecía en las casas, incluyendo la mía. Mirando hacia atrás veo que fue un gran privilegio poder utilizar esos primeros años de maternidad cuidando a mis hijos y facilitando la obra de Dios.

No siempre lo vi así. Luchaba con asuntos como la privacidad, el tiempo y el espacio personal que exigían mi espíritu independiente. A veces sentía que vivíamos nuestra vida dentro de una pecera, donde nuestras relaciones estaban expuestas. Me costaba esconder actitudes de pecado. Mis intentos por separar «la familia» del «trabajo», como si fueran llamados separados, me dejaban emocionalmente exhausta.

Durante una época en particular difícil, cuando sentía resentimiento por tener que compartir mi hogar y mi familia con tantas otras personas, recordé el nacimiento de nuestra hija. A los pocos días de nacer tuve que llevarla al hospital con urgencia porque tenía mucha fiebre. Durante tres días soportó dolorosos análisis. Por supuesto que me quedé con ella, orando sin cesar. Dios unió en mi mente los anhelos de una madre por su hijo, y los anhelos de Dios por una iglesia joven. Esto cambió mi perspectiva de la vida en su servicio.

Ese día sentí que el corazón de Dios era como el de una madre, y que el mío era un pálido reflejo del suyo. Vi que Dios utilizaría lo que yo era, y lo que tenía para ofrecer, para los propósitos de su reino. Siendo mujer, esposa y madre en un mundo que parecía solo para hombres, no sería una restricción, sino la puerta de entrada a un ministerio más amplio.

Para nuestros amigos turcos que habían llegado a la fe en Cristo, era esencial que se sintieran bienvenidos a la comunidad cristiana, que se sintieran parte de la familia de Dios. Necesitaban relaciones de afecto cálido, y no solo asistir a reuniones. No teníamos otra opción que tener un hogar abierto. Vi que el verdadero discipulado no proviene de un libro, sino de las vidas que se comparten. Era importante que los hombres y mujeres jóvenes vieran un matrimonio y familia cristianos, modelados por nosotros, imperfectos como somos.

A medida que pasaban los años, la obra crecía y nuestro equipo internacional e interdenominacional en Ankara llegó a ser intercontinental. Habían llegado asiáticos del este, latinos y sudafricanos. Con la familia extranjera en la misión teníamos todos los sabores de persuasión teológica. Dios tenía mucho campo para limar nuestras diferencias y asperezas. ¡A veces parecía que Dios me hubiera virado al revés, con lo interior expuesto, para poder lavarlo con un buen cepillo!

Dios utilizó esta comunidad tan cercana para cambiarnos y enseñarnos cómo debemos amarnos los unos a los otros. Aprendí que la intimidad en las relaciones viene cuando se comparte el sufrimiento. Cuando la policía arrestó a turcos y extranjeros en 1988, se formó un gran vínculo tanto dentro de las celdas como fuera de ellas. Una madre turca y yo nos manteníamos en contacto todos los días, contándonos nuestros miedos, alentándonos con pasajes de la Biblia y oraciones. Las relaciones eran muy ricas. No creo haber vivido una comunión como esa después de ese momento.

A veces era difícil ser madre sin tener a una mujer mayor que yo a quien consultar para buscar consejo. Éramos pioneros, y la mayoría de nosotros tenía entre veinte y cuarenta años de edad. Aun hoy me asombra el modo en que Dios me enviaba gente cuando realmente necesitaba ayuda.

Invitados de Dios

Recuerdo que en una ocasión nos preocupamos porque Emma había comenzado a tartamudear y esto duró unos meses. En el momento justo llegó la madre de un compañero de obra, desde Norteamérica. Era especialista en foniatría y nos dio consejos muy valiosos.

La educación de los niños era siempre un asunto latente, y nunca estaba lejos la cuestión de qué sucedería después. Cuando perdimos nuestros permisos de residencia por acoso policial, supimos que no se nos permitiría el ingreso a la escuela y que la deportación era una posibilidad. Justo en ese momento nos visitó una pareja mayor cuyos hijos habían crecido en una variedad de situaciones misioneras. Nuevamente el sabio consejo maternal de una madre cristiana más madura trajo paz a mi corazón, y pude llevarle mi carga a Dios, confiando en Él para el paso siguiente.

La respuesta a la dificultad escolar estaba en mí. Le recordé a Dios que había dejado de ser maestra de escuela, y que había asistido a la escuela bíblica porque quería enseñar el evangelio, no matemáticas. Aprendí que para las madres en misión la necesidad muchas veces es el llamado, en especial si tiene que ver con nuestros hijos. En ese momento sentí que era una muerte aun más profunda, pero ayudó al inicio de una escuela que creció y se desarrolló aun después de mi partida. Siempre me alegraban las visitas de nuestros líderes de misión. Me veían como parte importante del equipo. Aun estando ocupada con los niños, me alentaban a participar de las reuniones cuando pudiera, y mis ideas y opiniones se tomaban en serio. En un país donde a las mujeres se les considera menos que iguales, esta atención era muy bien recibida. Estos hombres tenían tiempo para nuestros hijos, ¡y hasta para sus mascotas! Eran grandes modelos de liderazgo de servicio, y cuando sus esposas venían de visita junto con ellos, era todavía mejor.

Hemos tenido muchos huéspedes interesantes. Recuerdo al ya fallecido Lionel Gurney, fundador del Equipo de Misión del Mar Rojo, que aun con más de ochenta años seguía viajando por el Oriente Medio. Cuando estuvo en casa nos contó sus vivencias como doctor misionero en Yemen, mientras tomábamos el desayuno. A nuestros hijos Emma y Samim les gustó mucho la historia del niño a quien debieron coserle una herida en la nalga porque lo había mordido un cocodrilo.

Satisfacción del alma

Ahora, con veinte y diecisiete años, recuerdan con alegría su infancia y les gusta mirar los álbumes de fotografías. Disfrutaron de nuestro estilo de vida en un país que no conocía la hora de dormir ni las niñeras. Siempre se sintieron incluidos, ya fuera entre los obreros de la misión como en la iglesia turca local. Para ellos fue fácil hablar turco e hicieron amigos.

Cuando los niños crecieron nos mudamos a Izmir. El papel de liderazgo de Julyan implicaba muchos viajes. A menudo me quedaba sola en casa «cuidando el fuerte». Hubo épocas en que viajé a Escocia sola con los niños. Nunca fue fácil mantenerlos ocupados durante horas en los aeropuertos. Aprendieron la paciencia, sin embargo, y también a entretenerse solos.

En Izmir nuestros hijos Emma y Samim aprendían en casa, y pude viajar con Julyan y los niños a otras ciudades y países donde comenzamos a ministrar juntos. Pasamos los últimos años en Estambul. Allí me pidieron que hablara en un retiro turco y que enseñara un breve curso sobre desarrollo infantil en la escuela bíblica local. Por fin podía transferir mi don de comunicación en el contexto turco. ¡Pero ya era nuestro decimoquinto año y nos preparábamos para volver a Escocia!

A lo largo de los años hubo muchas cosas en mi corazón que quise hacer para Dios sin poder cumplirlas. Dios llamó a otras personas para que las hicieran, y aprendí a regocijarme con los logros de los demás y con el avance de la obra de Dios. Aprendí a pensar como «nosotros» y no como «yo», y a comprometerme con los propósitos de Dios de todo corazón. Encontré que al apoyar a otros en la oración en realidad me convertía en abanderada de la obra de Dios.

Entendí esto a la perfección una vez cuando mis hijos enfermaron de tos convulsa. No pude asistir a un retiro que había ayudado a organizar, y que había estado esperando durante semanas. Dios me ministró a través del Salmo 63, y nuevamente encontré que lo amaba, y Él a mí. Descubrí a un nivel más profundo que Dios quiere más mi corazón que todo lo que pueda hacer por Él. Mi experiencia en casa fue paralela al mensaje del retiro. El Espíritu de Dios no tiene restricción, y no se trató de que me excluyera. En realidad, nunca sucede esto si Dios es el dueño de nuestro corazón.

La dinámica de Débora

No hace falta ser madre físicamente para sentir el corazón de madre de Dios por su pueblo. Hay muchas mujeres solteras y casadas sin hijos que han dado a luz a ministerios, reuniendo a los santos, alimentando a los líderes jóvenes.

Leemos en Jueces 5:7 que Débora se levantó como «madre en Israel». La movía un enojo justo a causa de la opresión del enemigo, y tenía fe en que Dios podía cambiar la situación. Este es un buen ejemplo de madre y misión conciliados. La gente que trabaja con huérfanos y con niños de la calle a menudo arde con una pasión similar.

Quizá sea también un buen modelo para cualquier agencia misionera que quiera ser una presencia profética en un país, y busque llamar a nuestro liderazgo nacional para movilizar una iglesia. Débora, como cualquier madre, quiere ver que encuentren su espacio y que hagan la obra de Dios. Podemos ver cómo su fe inspira y desafía, reprende y alienta. Rebosa de orgullo hacia el pueblo de Dios cuando hacen las cosas bien, y canta en alabanza a Dios por su victoria, dándole toda la gloria.

Para ser «madre en Israel» en lo espiritual, debemos aprender a «sentarnos» bajo la palmera como lo hizo Débora. En la Biblia, las palmeras se relacionan con la victoria. Debemos descansar en la victoriosa obra de Cristo, a fin de que nuestros corazones se sintonicen con el suyo. ¿Dónde está ese lugar?

En Jueces 4:5 la palmera de Débora está entre Ramá y Betel. Estos nombres tienen ricas connotaciones en el Antiguo Testamento.

A Raquel, otra madre en misión, la habían enterrado cerca de Ramá. Jeremías 31:15 dice que el sonido de Raquel llorando por sus hijos se oye en Ramá, el llanto que oyen los exiliados al volver desde Babilonia. Esto se cita en Mateo 2:18 cuando nuevamente se oye llorar a Raquel, esta vez cuando Herodes masacra a los bebés varones cerca de Belén.

Tenemos que vivir con el oído atento a Ramá. A menos que seamos conscientes de que hay gente viviendo en el exilio, muriendo sin Cristo, y que al mismo tiempo vivamos el lloroso corazón de Dios, el de una madre, toda nuestra alabanza será hueca y triunfalista. Sin embargo, necesitamos encontrar nuestra sombra cerca de Betel también. Este es el lugar de los sueños y las visiones. En Génesis 28 encontramos que Dios se reúne con Jacob en un cielo abierto. En Betel promete bendiciones de largo alcance y fruto más allá de lo que podamos imaginar. Sin Betel, claudicaríamos.

Las madres en misión no es algo que hacemos; es algo que llegamos a ser. Es un llamado para la vida dondequiera que estemos. Intercedemos sin retirarnos cuando las cosas se ponen difíciles, sino pujando para dar a luz algo saludable, aun a través del dolor. Alimentamos a través del aliento, siempre creyendo en nuestros hijos. Con los adolescentes el asunto es cuándo y cómo ir soltando las riendas. Estoy aprendiendo sobre la importancia de las relaciones sólidas y de una buena comunicación sincera desarrollada a lo largo de la infancia. Estas lecciones quizá sean vitales para las agencias de misión que trabajan plantando iglesias nacionales. Los adolescentes necesitan la libertad de poder equivocarse.

Las madres no debemos reprimir. Jesús reprendió a su propia madre en Caná, y nos reprende cuando nos volvemos dominantes. María tuvo la sabiduría de humillarse y decirles a los sirvientes: «Hagan todo lo que Él les diga».

Creo que eso es lo que toda madre en misión realmente desea para sí y para sus hijos... corazones que pongan en primer lugar a Dios y obedezcan a Cristo.

Lenna Lidstone conoció a Julyan en la escuela bíblica de Glasgow. Se casaron y en 1980 fueron a Turquía, donde criaron a sus dos hijos, Emma y Samin, y donde participaron con Operación Movilización en la plantación de iglesias hasta 1995. Después de unos años de ministerio pastoral en Escocia, han regresado a Operación Movilización como coordinadores de área para el mundo turco y persa.

Cómo liderar bajo el riesgo del fracaso

Humberto Aragão

Los fracasos para el creyente siempre son temporales. Dios los ama y me ama tanto que permitirá casi cualquier fracaso si el resultado final es que seamos más parecidos a Jesús.

George Verwer

Quienes quieren llegar a la cima de la montaña deben asumir los riesgos que implica todo esto. Los latinos, sin embargo, prefieren evitar la incertidumbre, el riesgo y el fracaso en especial. Expresan su incomodidad con la incertidumbre a través de la expresión emocional como un medio de aceptación, el trabajo duro para ahorrar para el futuro y la necesidad de leyes y reglas.

Al mismo tiempo, los latinos admiran y siguen a quienes muestran integridad arriesgándose por el bien de una causa. La gente exitosa en la sociedad, sin importar cuál sea el campo de su misión, es diferente a la gente promedio. Sus vidas están marcadas por la disciplina y el compromiso con su visión y sus sueños, por sobre todo lo demás. Sus convicciones se relacionan con objetivos que por lo general han establecido temprano en la vida. Adquieren conocimiento y capacitación en relación con estos objetivos. Y conocen bien los riesgos que implican sus decisiones, en tanto van hacia la meta.

115

George Verwer ha sido un gran ejemplo de alguien que corre riesgos. Ha mostrado al mundo que el poder de una visión dada por Dios puede actuar en las vidas de las personas. Fue, y sigue siendo, un riesgo establecer un ministerio dependiendo solo de la convicción de que Dios quiere usar a la gente joven en todo el mundo en una nueva ola de empuje misionero. Todo el tiempo y esfuerzo dedicado a la oración, al pensamiento, la estrategia y la implementación le ha causado dolor, pena y pérdidas, pero sus convicciones internas tanto con respecto a las necesidades de este mundo como en cuanto a los valores impresos por Dios en su alma y su corazón le han mantenido firme.

En el ministerio misionero el riesgo del fracaso siempre estará presente. Una vez que Dios le confirma una visión espiritual a un líder, este debe iniciar el riesgo de la implementación práctica de esas verdades que gobiernan su alma y su mente. Invariablemente esto producirá presión, estrés y dolor más allá de lo imaginable. Solo entonces el conocimiento y la capacitación del líder, junto con la convicción interna de la visión de Dios, podrán determinar la calidad de los resultados.

En momentos de tremendo estrés y crisis nuestras convicciones, integridad, lealtad, determinación, seguridad y capacidad de sufrimiento serán puestas a prueba. Estas pruebas revelarán quiénes somos en realidad, y si estamos listos para asumir el riesgo de implementar una nueva visión, ministerio o tarea. Los elementos externos de la visión de un líder: la estrategia, los objetivos y los programas, sufrirán todo tipo de críticas, celos y envidia. Necesitaremos explicar cada uno de los pasos en el camino hacia nuestros objetivos. La madurez con la que recibamos la crítica construirá un suelo sólido para unas relaciones crecientes.

Para muchos líderes la implementación de una visión ha sido costosa. Algunos de los miembros de mi familia rechazaban firmemente mi forma de vida y el hecho de que me involucrara con Dios cuando inicié mi ministerio con Operación Movilización. Algunas personas que eran muy especiales para mí se separaron de nuestro círculo de amigos a causa de nuestro compromiso con la realidad y el alto precio que esto implicaba. Sin embargo, si no desmayamos, más gente se contagiará de nuestro ejemplo.

El riesgo del fracaso

Mi primer ministerio como pastor de una iglesia pequeña estuvo marcado por los fracasos. Fallé en el modo en que me comunicaba con el liderazgo. Pensaba que yo podía ser la respuesta a los problemas de la iglesia. No entendía por qué los diáconos y ancianos hacían preguntas sobre mi carácter. ¿No estaban dando resultados los objetivos que tenía para la iglesia? Causé amargura, rompí relaciones y perdí gente muy valiosa para nuestro ministerio. Era legalista en mi modo de ver a los otros y sus ministerios. Mi visión de los demás tenía la medida de lo que yo haría. Mi concepto del compromiso se medía según mi propia capacidad de aferrarme a un resultado esperado. Fallé en mi entendimiento de Dios al no admitir su misericordia y gracia para quienes cometen errores. Pensaba que la madurez vendría con la conversión, y que la gente aprendería la transformación por medio del poder de Dios, sin demasiada autodisciplina.

Me llevó un buen tiempo de aprendizaje a través de experiencias dolorosas, hasta que Dios comenzó a trabajar profundamente en mi vida para restaurar lo que había perdido. Un nuevo entendimiento de mi humanidad y del amor, misericordia y gracia de Dios llegó a mi corazón y mi alma. Descubrir a un Dios mayor que mis fracasos fue la gran revelación de mi vida. Ver a los otros no como fuente de problemas, sino por su potencial en las manos de Dios, se convirtió en una prioridad en mi vida. Todos vivimos con diversos miedos, pero ninguno nos incapacita tanto como el miedo al fracaso.

Riesgo de fracasar con Dios

Cuando decidí unirme al barco *Doulos* de OM en 1979, dejé una buena profesión como químico en una gran compañía metalúrgica. Durante dos años estaría ausente de los símbolos culturales que me identificaban como persona. Tenía que hablar otro idioma sin conocimiento previo del mismo. Tuve que reemplazar mi empleo como químico que trabajaba con un espectrómetro de rayos X por pelar cebollas para la tripulación en la cocina del barco. Las oportunidades de fracaso en mi nueva posición eran mayores que las de mi empleo anterior.

Muchas de mis lecciones más importantes no se aprendieron formal-
mente en la escuela, ni en un manual de discipulado de la iglesia.

Llegó el día en que la lección fue tan dura que mi vieja naturaleza
pecaminosa, al parecer muerta y crucificada con Cristo, estaba lista
para bajarse de la cruz y pegarle una trompada en la nariz a mi líder.
Tenía que limpiar debajo de la cocina en un lugar grasiento, pegajoso
y apretado. En el idioma de este líder no existía la expresión «por favor»
en ninguna conversación, lo cual me era muy difícil, porque soy latino.
Me enfurecía, peleando contra mis convicciones internas y mis deseos.
Se ponían a prueba y estremecían mis convicciones en cuanto a ser un
hombre de Dios ante un mundo sin Dios. A través de esas crisis evalué
mis motivos y convicciones en relación con los objetivos que había
establecido antes de unirme a ese bendito barco.

Cuando nos enfrentamos con tales situaciones, nuestros corazones no
pueden entender qué esta sucediendo realmente. Es fácil perder el rumbo
y no percibir las preciosas lecciones prácticas que esperan que aprendamos. En ese punto el riesgo del fracaso estará golpeando a la puerta.

Riesgo de fracasar con la familia y los parientes

Muchos hombres de negocios de hoy cambian sus hogares por sus
empleos. Obligados a elegir entre sus cónyuges, familias y su empleo,
cada día y en términos prácticos, suele ganar la carrera o la profesión.
Aun en el ministerio podemos perder preciosas relaciones a causa de las
débiles convicciones internas con referencia al plan de Dios para las
prioridades familiares. Recuerdo que muchas veces en mi juventud hice
sufrir a mis padres a causa de mi celo necio y mal ubicado. Podía hacer
que la gente se sintiera fuera de la voluntad de Dios si se oponían a mi
pensamiento. Era difícil pensar en un error, especialmente en público.
Mi ministerio me cegaba a los motivos de los demás, a su amor por mí
de diferentes maneras y a sus preocupaciones por el reino de Dios. En
realidad tenían razón en muchos aspectos, y yo estaba equivocado en
mis percepciones.

La buena noticia es que mucha gente a quien Dios ha utilizado come-
tió errores y le falló a su familia. Abraham mintió dos veces, afirmando

que Sara era su hermana, por miedo al rey. Durmió con la sierva de su esposa para ayudar a Dios a proveerle un heredero. Noé bebió tanto que avergonzó a sus hijos con su desnudez. David falló ante Dios porque asesinó a un hombre. Marcos falló con su tío Bernabé, al volver a casa dejando el ministerio. Todos estos hombres le fallaron a Dios, pero Él no los abandonó. Cuando respondieron en arrepentimiento, Dios les restauró. El fracaso no es el problema principal, sino qué hago con mis fracasos. ¿Qué lecciones me enseñan los fracasos?

Riesgo de fracasar con los amigos

La amistad es muy especial para los latinos. Nos gusta mucho hacer amistades de largo plazo, y dondequiera que vamos, irá la hospitalidad. Los amigos jamás tendrán horario para visitar; siempre están allí, el uno para el otro. A los latinos les gusta vivir junto a la gente, tocarla, abrazarla. Aprenden a vivir y trabajar para sí mismos, pero también para sus seres queridos. Hay amigos que son más cercanos que un hermano o hermana. Fallarle a un amigo dañará toda la atmósfera en el lugar de ministerio, trabajo o estudio.

Este valor cultural de los amigos hace que a los latinos les sea más fácil adaptarse a culturas con una perspectiva similar. En lo que se refiere a amistades, se llevan muy bien con los centroeuropeos, asiáticos, la gente del Oriente Medio y los africanos. Sin embargo, no importa cuán buena sea la amistad, el riesgo de fallar con los amigos sigue allí. La mayoría de los líderes a quienes Dios ha utilizado en la historia fracasaron ante sus amigos cuando estaba en juego su visión de Dios. Al elegir a su equipo, Pablo tuvo una horrible discusión con Bernabé con respecto a Juan Marcos, y su relación se vio afectada.

Sin embargo, ¿a cuántos amigos podemos alejar de nosotros y del Señor a causa del celo sin sabiduría, o por hablar directamente sin amor ni gracia? Recuerdo ocasiones en que me defendía en lugar de reconocer mis errores, dejando que otros me ayudaran a descansar en el Señor. Dios tuvo que obrar en mi vida a través de las adversidades para mostrarme mi dependencia de Él y de los demás.

Al ser humanos y pecadores, tendremos momentos de fracaso con los amigos. La buena noticia es que Dios puede perdonar y restaurar nuestras relaciones. Cuando Abraham reconoció su pecado y fracaso ante el Señor Dios, fue restaurado. Cuando David reconoció su pecado en contra de Dios y del hombre, Dios le restauró. Cuando Marcos reconoció su pecado en contra de Dios y el hombre, Dios le trajo de vuelta al ministerio. Cuando Pablo desarrolló su vida espiritual mediante dolorosas experiencias, Dios le restauró a un ministerio perdurable con Bernabé y Juan Marcos. El riesgo de fracasar con los amigos forma parte del desarrollo de un buen líder.

He conocido líderes que tienen dificultad en reconocer a la gente que les rodea porque todavía deben tratar con sus propias debilidades y con la gracia de Dios. Otros líderes están a punto de perder a sus familias a causa de su celo por el ministerio. Sus esposas no pueden entender a un Dios como este, y están dispuestas a dejar la relación. Algunos líderes van de un lado a otro porque sus esposas no quieren oír las críticas que se acumulan sobre sus maridos. Recordemos que Dios está arriesgándose al darnos nuestro ministerio. Él es quien más interesado está en restaurar nuestros fracasos con nuestros hermanos y hermanas.

El riesgo de la soledad en el ministerio

Los latinos vivimos cerca de nuestros padres, parientes y amigos, y por eso tememos a la soledad. Nuestra cultura existe para el grupo colectivo. Nos sentimos emocionalmente exhaustos si trabajamos con gente que no da importancia a la amistad. Cuando me uní a OM en la India, era joven, estaba lleno de dinamismo y energía para predicar el evangelio; como persona estaba lleno de oportunidades para crecer bajo presión. Tuve la oportunidad de aprender sobre la cultura, la vida social, las costumbres, los vestidos, las artes y la música de la India. Me hubiera gustado tener entonces la mente que tengo hoy, porque habría aprovechado más mis preciosos momentos en la India, los cuales, cuando miro hacia atrás, fueron los mejores meses en mi vida de ministerio. Durante ese año lloraba a solas en mi cuarto, extrañando a mis seres queridos, las bromas de mis amigos, los lugares que frecuentaba en mi país. Inicialmente, todo en la India era nuevo y emocionante para mí. Luego la realidad de quedarme allí durante casi un año me pegó fuerte, y los valores que tenía impresos en el alma me bombardearon. La falta de cartas de aquellos que decían amarme. La falta de dinero de parte de quienes me habían dicho: «Ve, y te sostendremos desde aquí». La falta de sólidas disciplinas que me sostuvieran en momentos de angustia. Toda mi capacitación, todos los seminarios formales, no servían de nada para aliviar mi soledad.

En mi primer ministerio como pastor en una iglesia pequeña tuve una de las experiencias más dolorosas de mi vida cristiana. Un problema moral que involucraba a personas del liderazgo a quienes yo apreciaba mucho causó una gran tensión espiritual. No pude dormir varias noches, llorando a solas y con el Señor. Parecía que había perdido toda mi fuerza. Todo mi conocimiento en cuanto a resolver problemas, lo que había aprendido en el seminario, nada de eso me ayudaba para salir de la soledad. Parecía que Dios estaba decidido a mantenerse en silencio conmigo. Me sentía una víctima, llamada a sufrir por el ministerio de esa iglesia. Y, sin embargo, paso a paso Dios formó su equipo. Y este equipo, junto conmigo, resolvió la situación sin destruir familias ni causar división en la iglesia. Los que tenían madurez y sensibilidad para trabajar con la gente se reunían en oración y ayuno, pidiendo a Dios su parecer sobre estos problemas. Viví la belleza del Cuerpo de Cristo en momentos de crisis.

¡Vale la pena el riesgo!

Hay momentos en que debido a las dificultades, la falta de dinero, la falta de infraestructura o la falta de recursos perdemos buenos soldados. Momentos en que parece que uno está solo, peleando una guerra que no puede ganarse con un solo soldado. Momentos en que tenemos solo la cruz y el corazón para encontrar respuestas para continuar. Estos momentos pueden llevarnos a la desesperación. En el movimiento en el que sirvo, me gozo en sentarme con líderes de campos políticamente

resistentes. Me cuentan sus penas, experiencias, dolores y problemas...
pero también su gozo y felicidad al ver que la gente llega a conocer al
Señor Jesucristo. Su resistencia y disposición a pagar el precio, a correr
el riesgo y volver aun después de fracasar, vale la pena por el eterno gozo
que trae.

*Humberto Aragão comenzó su carrera de
misionero con el barco de OM,* Doulos, *en
1979. Después de estudiar en el Seminario
Teológico Bautista del Sur en São Pablo,
sirvió durante un año con OM India.
Desde 1993 hasta 2004 fue director nacional de OM Brasil, sirviendo también como
pastor en la Primera Iglesia Bautista de
Jardín Morumbí en São José dos Campos.
Autor de dos libros sobre el liderazgo, tam-
bién enseña en el Instituto de Liderazgo Haggai. En la actualidad es el
Coordinador de Área para América Latina de OM.*

Preparación de líderes para el año 2020

DR. VIVIAN THOMAS

¿Puedes imaginarte al apóstol Pablo con un teléfono celular?
GEORGE VERWER

George Verwer, desde que lo conozco, siempre ha estado comprometido con el desarrollo del liderazgo. Durante los últimos cuarenta años ha utilizado todos los recursos disponibles para alentar y ocasionalmente empujar a sus compañeros líderes de OM hacia el desarrollo del liderazgo. El proyecto ha sido exitoso en muchos aspectos, ya que hay líderes en todo el mundo que están en deuda gracias a la contribución de George en sus vidas. Sin embargo, sus pensamientos sobre el liderazgo siempre han estado dentro del contexto de hacer discípulos. Para George, la calificación primaria de un líder es ser discípulo de Jesús. La medida de los buenos líderes para él es la de su camino con Dios, y no principalmente sus dones, su carisma, ambición o influencia.

No hay duda de que los deseos de George en este aspecto han estado en lo cierto, pero las preguntas sobre qué tipo de líderes se necesitan para el futuro, y cómo desarrollarlos, es una pregunta abierta porque las variables son muchas. Las épocas diferentes requieren diferentes tipos de líderes; lo que se ve como gran liderazgo bajo ciertas condiciones puede no serlo para otras. Tenemos que mirar muy bien cómo preparamos a los líderes, porque en última instancia el liderazgo es poder. Los estilos de liderazgo que se promovían y desarrollaban en occidente

123

en la década de 1940 no funcionarán bien en este nuevo siglo en una organización transcultural. Uno no puede poner líderes canadienses en el norte de la India y decirles nada más que lideren. Tampoco podemos hacer esto con líderes de la India enviados a Canadá. El desarrollo del liderazgo debe seguir avanzando, en particular con todos los desafíos que se nos ofrecen a través de la tecnología, la globalización y el posmodernismo. Nuestra tarea no es fácil y debemos trabajar con coraje, imaginación, sensibilidad cultural y sabiduría.

Modelos que se vuelven callejones ciegos

Antes de responder qué tipo de líderes necesitamos preparar, vale la pena echar una mirada a algunos callejones que los evangélicos de hoy recorren en busca de buenos líderes. El primero es el que llamo *Conservador-Evangélico.* Todo lo que necesitan saber los líderes es la Biblia; cuanto más sepan de la Biblia, mejores líderes serán. Es una idea buena, aunque inadecuada, porque el conocimiento de la Biblia no implica conocimiento de Dios, aun si uno puede hacer una buena exposición del texto bíblico y llamarse evangélico.

El segundo callejón es el que llamo *Carismático-Profético.* Aquí el liderazgo tiene que ver con los sentimientos asociados con el movimiento del Espíritu. Los líderes «guiados por el Espíritu» conocen la mente de Dios y a través de sus sentimientos o una impresión en cuanto a lo que Dios está diciendo tendrán la capacidad de liderar. También es bueno esto, pero los peligros son la autoindulgencia, la tendencia hacia el totalitarismo y la falta de disciplina.

El tercer callejón es lo que llamo modelo *Contemporáneo-Cultural.* Aquí el énfasis está en lo cultural y la comunicación. Es una vergüenza quedarse atrás en lo cultural y, por lo tanto, ser irrelevante. Los líderes son ante todo comunicadores. De esto surge otro conjunto de problemas. Porque si uno solo se enfoca en la cultura y la relevancia, flaquea en el acercamiento. Uno no tiene sustancia porque el punto del mensaje es la *comunicación* y no el mensaje mismo. La imagen triunfa por sobre la sustancia, y todo lo que queda es una cáscara vacía y hueca como liderazgo.

Aprender a entender y enseñar las Escrituras, a oír la voz del Espíritu y ser contemporáneos en nuestra comunicación son aspectos importantes para un líder. Aun así buscar cada uno de estos aspectos en sí mismo causa innecesaria estrechez de visión y llevará a un liderazgo pobre. A la larga, el resultado será una iglesia y organización deformadas.

En cambio, necesitamos líderes que tengan una relación con Dios, que cumplan su tarea con capacidad y compromiso, y que tengan relaciones saludables consigo mismo y con los demás: espiritualidad, tarea y comunidad.

Espiritualidad: Relación con Dios

El liderazgo trata sobre la relación con Dios. Sin este entendimiento, el líder cristiano es el *Titanic* que avanza hacia el témpano de hielo en la oscuridad de la noche. Uno puede relacionarse con Dios con gozo, enojo, frustración, humor, alabanza y silencio, pero hace falta relacionarse con Él. Sin embargo, para que a uno le vaya bien en esto, encontrará primero que no hay atajo ni camino «eficaz» hacia una vida de relación con Dios. Muchos han aprendido todos los versículos bíblicos que corresponden, y todos los principios, pero han desarrollado muy poco su entendimiento de Dios o su madurez personal.

Segundo, uno aprende que Dios es quien tiene el control. A las personas tipo líder les gusta controlar, construir, tener visión. Es difícil aceptar ese liderazgo cristiano que tiene que ver con no ser exactamente uno el que lidera. Esto nos diferencia de nuestros hermanos o hermanas seculares contemporáneos, que comienzan con el potencial humano en tanto nosotros comenzamos siendo inadecuados para ver qué es lo que Dios hará con nuestra incapacidad.

Tercero, uno puede ponerse en el camino de Dios a través de las disciplinas básicas de la vida cristiana. No podemos controlar a Dios, pero sí estar dispuestos ante sus iniciativas.

Cuarto, desarrollar el conocimiento de uno mismo. Juan Calvino dijo que los dos temas cruciales eran el conocimiento de Dios y el conocimiento de nosotros mismos[1]. A menudo hemos vivido con la fantasía de que podemos conocer a Dios sin conocernos nosotros. Esto es particularmente peligroso para los seguidores de líderes que no tienen conocimiento de sí mismos. El liderazgo no tiene que ver solo con conocer a Dios, sino con saber quiénes somos. Son dos caras de la misma moneda.

Tarea: Hacer bien lo que hacemos

El liderazgo organizativo tiene que ver con los cambios: la transformación de algo en algo más. Los líderes deben distinguirse mediante la influencia o el impacto al comprometerse en tareas que producirán cambios. Pueden ser a corto o largo plazo, pero el cambio es lo que importa, sin que interese cuánto tiempo lleve.

Es sorprendente lo que pueden aprender las personas si realmente quieren. Muchas habilidades y destrezas pueden aprenderse: cómo hacer lo que debemos hacer; cómo contribuir a un cambio que ayude; cómo tratar adecuadamente la Biblia para enseñar, sin perderle el respeto; cómo desarrollar un plan estratégico; cómo motivar a las personas y darles poder; cómo integrar nuevas tecnologías a las estructuras de liderazgo para poder trabajar más fácilmente y mantenernos al día. Es esencial que desarrollemos culturas organizativas de aprendizaje de vida, para crecer y adaptarnos a cada nueva situación.

También podemos aprender a desarrollar la característica más central del liderazgo: la visión. No todos los líderes son necesariamente visionarios, pero todo líder necesita tener algo de visión. Esto puede aprenderse mediante una adecuada exposición a Dios, al mundo en que vivimos y a la suma de ambos.

Aquí está el peligro para el líder cristiano. El buscar completar las tareas puede conducir a un mundo de control. Y puede ser tal el enfoque y concentración en la tarea como para consumir todo de nosotros, porque hay que terminarla a toda costa. Si los líderes solo se comprometen con Dios y sus propias destrezas, pueden tropezar con fantasías de poder e ideas que son de raíces totalitarias. Esto sucede muchas veces sin que se den cuenta ni del proceso ni del resultado. ¿Cómo podemos evitar este peligro tantas veces observado? ¿Cómo evitar que la adicción a la tarea domine a todos en nombre de Dios, causando considerables daños? La respuesta no está en hacer la tarea nada más, sino en comprometer a la comunidad.

Comunidad: Vivir con los amigos

Aquí es donde hace falta que ocurra un gran cambio para tener el tipo de líderes que necesitamos en la década que viene y conectarnos con las generaciones de líderes futuras. Esto es especialmente cierto para líderes que crecieron con una perspectiva occidental.

Estaba almorzando con un grupo de líderes cristianos, y uno de ellos preguntó: «¿Cuál dirías que es la característica principal de los que son líderes?». Les respondí: «La capacidad de hacer amigos y mantener relaciones de afecto».

La respuesta no impresionó a los demás comensales, y mientras la decía, tampoco me impresionó a mí. Porque los líderes deben recorrer el planeta creando organizaciones y culturas dinámicas, ¿verdad? Hacer amigos y mantener relaciones de afecto suena débil en presencia de las ideas contemporáneas de liderazgo. Sin embargo, estoy convencido de que va directo al corazón del liderazgo, debido a la misma naturaleza de Dios.

Dios representa una comunidad: tres en uno y uno en tres. Su poder y autoridad para producir creación y redención provienen de un Dios que no es un «uno» aislado, distante y sin relaciones. Él es el Padre, el Hijo y el Espíritu, en amor eterno y mutuo consigo mismo. Si los líderes van a reflejar la imagen de Dios en lo que son y hacen, deben reflejar esto en sus relaciones. Un líder que no puede desarrollar y mantener amistades en comunión amorosa con los demás puede llegar a ser destructivo.

Carácter, como construyendo con bloques

¿Cómo podemos preparar líderes espiritualmente maduros, que hagan bien lo que tienen que hacer y que mantengan en el tiempo relaciones afectuosas con los demás? Podemos observar cuatro esferas clave para los líderes en preparación.

Primero, *debemos ver la formación del liderazgo a través de la lente de la formación espiritual.* No basta con tomar modelos de liderazgo secular, bautizarlos con entusiasmo y vocabulario cristiano, y luego soltarlos en una iglesia que nada sospecha. El resultado será un desastre. Eugene Peterson observó el problema de los líderes cristianos que simplemente toman los valores y objetivos del liderazgo secular, y luego van a liderar. Los valores del consumismo convierten a la iglesia y sus organizaciones auxiliares en «una compañía de tenderos»[2], que abandonan su llamado y «mientras duermen sueñan el tipo de éxito que capte la atención de los periodistas».

Tener formación espiritual significa que los líderes están en proceso de volverse plenamente humanos, creciendo en todo lo que Dios tiene pensado que sean en las diversas dimensiones de la vida. Dinero, sexo, oración, emoción, cultura, disciplina, política, visión y muchas esferas más encajan en esta idea de formación espiritual. Nuestro error en el pasado ha sido el de concentrarnos solo en la espiritualidad de los sentimientos elevados de bondad y sensibilidad piadosa, lo cual ha llevado a un rechazo de la realidad material de nuestras vidas organizativas, y ha causado un sinfín de problemas continuos y de confusión. El liderazgo debe enfocarse en la formación espiritual de todo lo que somos ante nosotros mismos y el mundo con relación al amor de Dios expresado a través de su Palabra. Luego podemos ir y tomar modelos de liderazgo de los demás, pero poniéndolos en el contexto de lo que los mismos hacen a nuestra formación espiritual y a la formación de los que lideramos.

Segundo, *necesitamos ver el desarrollo de líderes capaces de escuchar.* El liderazgo a menudo se ve desde la perspectiva del poder de un líder que sabe comunicar tan bien que las personas saben cómo dialogar con los líderes que eligen seguir. Sin embargo, la clave del buen comunicador es saber escuchar aun mejor de lo que sabe hablar. Debe saber escuchar los muchos mensajes a su alrededor. Desarrollar líderes significará enseñar una serie de preguntas que han de ser continuas y para toda la vida. ¿Qué me dice Dios por medio de mis amigos, o por medio de las personas que percibo como enemigos? ¿Qué hay debajo de la superficie de esta persona u organización? ¿Por qué estoy haciendo lo que estoy haciendo? Escuchar a Dios a través de la Escritura revelada, escuchar a su propio corazón, escuchar a los amigos y a la cultura en la que estamos, y escuchar la voz del Espíritu a través de todo esto está en el centro de la preparación del líder. Los grandes líderes son grandes escuchadores.

Tercero, *debemos comprometernos a una vida sincera de vulnerabilidad y evitar la preocupación por la imagen.* El liderazgo está rodeado del mito del superhéroe que desafía todos los obstáculos en las circunstancias más extremas, no solo sobreviviendo. sino floreciendo y recibiendo la aprobación de un público que le adora. Sin embargo, esto no es real. Los superhéroes no son modelos de realidad de liderazgo y los hacedores de mitos de Hollywood y de la industria cinematográfica lo saben mejor que nosotros.

El liderazgo proviene de humanos que interactúan apropiadamente con su mundo. Miran el mundo en el que han sido llamados a vivir y procuran vivir para Dios en ese contexto. Los líderes que guían bien se comprometen con la realidad, entrando en un mundo sucio y ensuciándose al hacerlo. Los líderes que se preparan y que saben cómo ser vulnerables en la realidad de su propia vida son elementales para la iglesia.

Ligado a esto está *la imagen.* En nuestra creciente obsesión con la imagen, a menudo pasamos por alto la realidad o la entendemos como lo que se ve que somos, y no como lo que somos en verdad. No hace falta arrepentimiento en un mundo en el que domina la imagen; una nueva superficie reemplaza a la vieja y desteñida, y de repente ya somos libres. Sí, la imagen es importante, una de las claves para preparar líderes es la creación de la imagen adecuada: no una serie de máscaras ni caras para públicos diferentes, sino una respuesta a la imagen de Dios que se nos ofrece mediante la creación y redención que se cumplió a través de la cruz. Esto exige vulnerabilidad y apertura para dejar que la imagen la haga Dios, y no nosotros. No hay problema con la imagen si refleja la realidad de lo que hay dentro.

Cuatro, *debemos preparar líderes que sean generosos.* El liderazgo tiene que ver con la generosidad, con la capacidad de dar y seguir dando. Esto logrará llevarlos a creer en las personas. Si un líder no cree en la gente a la que le llaman a liderar, se pierde mucho. Nos volvemos simples funcionarios de la vida de una organización. Esta característica de la generosidad no siempre se toma en cuenta y, sin embargo, es fundamental para el entendimiento cristiano del liderazgo. Hay que enseñar a los líderes en desarrollo a darse a sí mismos y a dar de su tiempo y recursos. Los líderes que ven la iglesia como una serie de tribus que compiten y trabajan dentro de un estrecho marco sectario tenderán a ser avaros. Esto es lo opuesto al amor y la generosidad que se nos ofrece en Cristo por medio del Espíritu Santo.

En conclusión, somos llamados a desarrollar líderes que conozcan a Dios, que puedan hacer bien su trabajo y estar en continua interacción con la comunidad. El líder debe estar bien formado espiritualmente para ser humano por completo, como Dios quiere. Debe poder escuchar a Dios, a sí mismo y al mundo, debe ser capaz de vivir con sus propias debilidades y procesarlas bien sin correr a buscar refugio en una imagen ilusoria. Los líderes deben ser generosos para poder liderar bien. No es una visión imposible, sino que está a nuestro alcance si encontramos a Dios a través de su Palabra y escuchamos al Espíritu. Solo después de esto podemos seguir con los cursos de capacitación, los programas de mentores, los retiros de liderazgo, los horarios de lecturas, los objetivos difíciles y toda la decoración de la preparación del líder.

El Dr. Vivian Thomas es consultor de liderazgo y autor de Future Leader *y* Second Choice. *Recorre el mundo dando charlas sobre liderazgo y espiritualidad, y es disertante invitado en All Nations Christian College, en Inglaterra, y en el Seminario Biercrest, de Canadá. Fue miembro del Equipo Coordinador Internacional de OM durante dieciocho años. Viv, que vive en Londres con su esposa Sheila, recibió su título de doctorado del King's College en Londres. Puede comunicarse con Vivian en su sitio Web: www.vivianthomas.com*

---

[1]   Juan Calvino, *Institutes of Christian Religion*, Henry Beveridge, trans. (Grand Rapids: Eerdmans, 1989), p. 37.

[2]   Eugene Peterson, *Working the Angles* (Grand Rapids: Eerdmans, 1987), p. 2.

Sección 3

Los grandes movimientos misioneros en la historia

El mayor movimiento de misiones en la historia está teniendo lugar ahora mismo. Hay que ser tonto para pensar que esto no es emocionante.

GEORGE VERWER

Misiones globales y el papel de la iglesia en el «Mundo de las Dos Terceras Partes»[1]

Dr. Joseph D'Souza

Estoy seguro de que Dios ya está usando a muchos de ustedes más de lo que pueden darse cuenta. Estén al tanto de la sutileza de subestimarse de manera no bíblica, como estoy seguro de que están al tanto de cuidarse de no sobreestimarse demasiado. Sepan que Dios está haciendo grandes cosas en el mundo hoy. Está obrando a través de iglesias más antiguas, iglesias nuevas, agencias ya existentes y nuevas agencias de manera emocionante.

George Verwer

La iglesia global está en medio de una nueva era

Hoy por primera vez en la historia la iglesia tiene un rostro global. Sea en los ochenta millones de cristianos en China, en las masas de criptocristianos en la India, en la presencia dominante de la iglesia en el continente africano o en el explosivo crecimiento en América Latina, la iglesia está viva, fuerte y creciendo en las dos terceras partes del mundo. Esto sucede en una época en que, lamentablemente, la iglesia en la mayor parte de las naciones occidentales está en avanzado estado de decadencia. Hoy, numéricamente, más del sesenta por ciento de la iglesia global está en las dos terceras partes del mundo. Dada su población y el ritmo de crecimiento de la iglesia, no pasará mucho tiempo antes de que la mayor parte de la iglesia no sea occidental.

De manera similar, la mayoría de los obreros involucrados en la evangelización y las misiones que trabajan con quienes no conocen el evangelio provienen de las dos terceras partes del mundo. Las realidades poscoloniales de independencia y propiedad nacional de las instituciones nacionales han obligado a las iglesias en cada lugar a asumir la responsabilidad de ellas mismas y de la evangelización de su entorno.

Es imposible tener una imagen exacta de la cantidad de obreros en misión en las dos terceras partes del mundo. La más reciente edición de *Operación Mundo* dice que hay unos cuarenta y cuatro mil misioneros indios en la India[2]. Sin embargo, el crecimiento ha sido tan rápido que hay casi cien mil obreros presentando el evangelio en la India en este momento.

Otro ejemplo es el de los obreros inmigrantes de «misión evangelística» de las dos terceras partes del mundo que se encuentran en el Oriente Medio, Europa, Estados Unidos y Asia Central. Una gran cantidad de filipinos, indios, chinos, coreanos y latinoamericanos están trabajando entre los no evangelizados. Son obreros migrantes que tienen gran celo y compromiso por la evangelización. Esto no es diferente al patrón de crecimiento de los primeros tres siglos, cuando los creyentes dispersos llevaban el evangelio de la calle (predicación en público) al hogar (iglesias-casas) y al palacio (criptocristianos en lugares de autoridad)[3]. La persecución y las oportunidades de trabajo fueron dos de las razones por las que los cristianos se dispersaron en todas las secciones de la población. Michael Green nos dice que aun en los días de Pablo el evangelio había llegado a los gobernantes[4].

Una de las dificultades en la literatura de las misiones ha sido que las organizaciones misioneras de tipo occidental han sido la plataforma principal de donde proviene la mayor parte del pensamiento e iniciativas de las misiones evangélicas. Aunque la iglesia misma debe ser un vehículo directo de las misiones, se han concentrado en la teología y no en la misiología. Esto es una debilidad inherente, porque la iglesia no es en realidad el agente primario de las misiones.

Sin embargo, hoy los movimientos misioneros de las iglesias en las dos terceras partes del mundo son la plataforma de donde vendrán la mayoría de las iniciativas y reflexiones actuales para las misiones. Estos movimientos en China o Corea[5] (un buen ejemplo de que la iglesia juega su papel, y no las organizaciones), los movimientos de la iglesia pentecostal y no pentecostal de América Latina, las iglesias independientes africanas, o los subestimados movimientos pentecostales y evangélicos independientes de la iglesia de la India, son ejemplos de esta realidad. Este cambio de paradigma es enorme y bienvenido, porque siempre es la iglesia la que debe ser el vehículo primario para llevar a cabo la misión de Dios en la tierra.

La iglesia de las dos terceras partes del mundo y su contexto de misión

La mayor contribución del Movimiento AD 2000 quizá haya sido la difusión y énfasis en el desafío masivo de la Ventana 10/40. El prisma del «grupo de personas no alcanzadas» se ha utilizado extensamente como recurso estratégico. Sin embargo, esta descripción puede resultar «exótica» porque tiende a disfrazar los contextos duros y las realidades cambiantes en que vive la gente y donde se realiza la evangelización.

El hecho crucial es que la iglesia de las dos terceras partes del mundo no está ubicada dentro del porcentaje mayor de personas no evangelizadas, sino que enfrenta los desafíos más complejos y difíciles en cuestión de misión mundial. No se ha prestado suficiente atención a estas duras realidades. Factores como la explosión masiva en materia poblacional y las realidades sociopolíticas en las dos terceras partes del mundo hacen que la tarea sea un desafío mayor en estos tiempos. Necesitamos tomar en cuenta algunos contextos principales.

Hostilidad

Una de las muchas formas de hostilidad que enfrentan las misiones se basa en que el *cristianismo está conectado con el colonialismo*[6]. Para la gente de Asia, África e incluso de América Latina, el cristianismo hoy sigue siendo sinónimo de colonialismo, aun cuando han habido muchos misioneros evangélicos en diversas naciones que fueron promotores principales de la independencia nacional[7]. La impresión de que occidente era cristiano cuando colonizó el mundo y que sigue siendo cristiano no ha cambiado.

El surgimiento del fundamentalismo religioso, la atmósfera política global de hoy y la gran discusión en los medios sobre el choque de civilizaciones solo refuerza el prejuicio común. Esto se agranda con los aspectos negativos de la globalización, en especial con la creciente disparidad económica entre el occidente rico y los pobres de las dos terceras partes del mundo, lo cual se ve como una forma de colonización económica por parte del occidente cristiano.

Aun con el crecimiento numérico de la iglesia en las dos terceras partes del mundo, la misma no está demasiado activa en la sociedad como para contrarrestar la percepción común de que *occidente es cristiano, así que los cristianos tienen que ser como son los occidentales.*

Este desafío solo pueden enfrentarlo las iglesias evangélicas de occidente y la iglesia de las dos terceras partes del mundo en sus sociedades respectivas, contrarrestando la percepción de que los males de la cultura occidental se deben a su cristianismo. Sin duda, si el islamismo puede lanzar una defensiva mundial de que los extremistas islámicos no representan al verdadero islamismo, ¡el llamado a cambiar la percepción común del cristianismo no es solo una fantasía!

Otro aspecto de la hostilidad es que doscientos ochenta millones de cristianos viven bajo persecución donde la libertad religiosa es constantemente pisoteada y la gente es martirizada por su fe. Nigeria, Sudán, China, Birmania, India, Tíbet e Indonesia son lugares donde la iglesia contiende con la persecución religiosa y la eliminación de las libertades religiosas. En las naciones de la Comunidad de Estados Independientes (CEI) o antigua Unión Soviética sucede algo parecido.

La religión como forma de vida integral

Las grandes religiones del mundo: el hinduismo, el islamismo, el budismo, el taoísmo, el sikismo, florecen en las dos terceras partes del mundo allí donde la religión se vive como modo fundamental de vida. La religión les da a las sociedades sus raíces, su cohesión y sentido de la comunidad. Ha ayudado a la gente a sobrevivir a la opresión y el gobierno colonial. La religión les provee de una identidad, de sentido de pertenencia y de ricas culturas que preservan a la estructura familiar de la decadencia en la moral sexual que se ve en occidente.

También es cierto, sin embargo, que la religión ha contribuido a los males del sistema de castas, a la idolatría, a la opresión de las mujeres, al infanticidio, a la superstición, la prostitución en templos, la circuncisión femenina, el agnosticismo y otras fuerzas destructivas.

La crítica occidental hacia las religiones asiáticas ha visto a la religión como un conjunto de creencias y no como un conjunto de culturas. La gente de Asia puede estar dispuesta a la crítica de sus creencias en materia de modernidad u otros contextos cambiantes, pero la oferta de la cultura occidental actual jamás les ha atraído como alternativa ante la propia.

Es principalmente a causa de esto que la iglesia cristiana no ve respuesta. No tenemos a mano la oferta de una religión visible, demostrable y alternativa como modo de vida, sino simples interpretaciones culturales occidentales de la fe cristiana y modelos de iglesia basados en el racionalismo occidental, altamente dualista y privatizado. Solo en las últimas décadas se ha dedicado el esfuerzo y la acción para crear comunidades de creyentes dentro del conjunto existente de culturas, en vista de que un nuevo conjunto de culturas no es una opción válida.

Pobreza extrema y sus consecuencias

Sea en África, América Latina o Asia, la mayoría de las personas vive en un nivel de pobreza increíble, afrontando las consecuencias de ello. Los pobres son tanto los pecadores como las víctimas de los pecados de los demás. El analfabetismo, el desempleo, las drogas, la prostitución, el SIDA, el hambre, la desesperanza, el crimen y los movimientos políticos violentos hacen estragos entre los pobres del mundo.

Esta pobreza es suelo fértil para el fundamentalismo religioso y el terrorismo, los flagelos del mundo de hoy. Si la colosal cantidad de dinero que se ha gastado en la guerra contra el terrorismo en estos últimos veinte años o más se hubiera empleado en cambio en mejorar la calidad de vida de los pobres en las áreas donde ha florecido el terrorismo, quizá el mundo no hubiera sido empujado al abismo creado por los terroristas. Últimamente el mundo ha visto que las condiciones que dan lugar a la fácil manipulación y lavado de cerebros a manos de figuras como Osama bin Laden han de enfrentarse y corregirse si queremos combatir el terrorismo religioso.

Las misiones en las dos terceras partes del mundo han entendido que la única forma de mantener la integridad y credibilidad del evangelio y la evangelización es a través de un acercamiento holístico, pero la obra entre los pobres es difícil. El llamado a discipular a los pobres tomará en consideración todas las áreas de sus vidas que deben ser redimidas por el evangelio, dándoles incluso las herramientas y recursos para vivir con dignidad como seres humanos creados a imagen de Dios. La pobreza degradante y deshumanizante entre los cristianos no glorifica a Dios, y es un manchón en el Cuerpo de Cristo global.

Disturbios sociales y civiles masivos

Las misiones en las dos terceras partes del mundo se enfrentan en muchos lugares con disturbios sociales masivos provocados por la religión, las guerras étnicas, el colapso económico, la opresión de las mujeres, la injusticia social y la opresión política. Las iglesias y misiones nacionales en esos países no pueden ser mudos espectadores. Los ciudadanos cristianos tienen el desafío de ser la luz y la sal en la sociedad para tener relevancia dentro de sus naciones.

Tomemos por ejemplo los disturbios masivos de las castas en la India, donde cientos de millones de personas Dalit (consideradas debajo de las castas) y demás castas bajas quieren romper las cadenas de una estructura social que los ha deshumanizado. Los Dalit no tienen acceso al templo ni a Dios, y se les ha dicho que su condición actual en la vida se debe al castigo de Dios por pecados cometidos en vidas anteriores. Es decir, que Dios no los ama.

Lo que más se necesita hoy son afirmaciones proféticas claras del evangelio tanto en palabra como en acción por parte de la iglesia y las misiones en la esfera pública (en oposición a las reuniones cristianas a puertas cerradas), que articulen cómo el evangelio de Jesucristo ve a estas personas. Esto tendrá un gran impacto en las decisiones de cientos de millones de personas en materia de fe.

O tomemos el ejemplo de los conflictos étnicos entre diversos grupos étnicos cristianos. ¿Tiene algo que decir o hacer la iglesia para detener este genocidio? Dondequiera que tienen lugar estos sucesos, el impacto es sobre la evangelización y la relevancia y credibilidad de los cristianos a largo plazo.

La iglesia de las dos terceras partes del mundo y la cooperación de las misiones globales: Temas esenciales

La globalización, para bien o para mal, impacta en el mundo[8] en lo referente a la educación, la tecnología, los viajes, la economía, la información y los medios de comunicación. Las culturas chocan y se asimilan simultáneamente. El movimiento de personal, información y tecnología en todo el mundo pone increíble presión sobre todas las culturas para el cambio y la adaptación.

Dos hechos contrastantes captan algunos de los puntos críticos en el nuevo mundo. El primero fue *la caída de la Cortina de Hierro y el colapso del imperio comunista soviético.* Las naciones tuvieron que llegar a entenderse con un mundo unipolar, donde los Estados Unidos eran el poder global predominante. El triunfo del capitalismo occidental trajo profundos cambios en el plano económico y en el acceso abierto a occidente en cuanto a economía, empleo y tecnología.

El segundo hecho fue tanto barbárico como deplorable: *el ataque a los Estados Unidos el 11 de septiembre.* Aquí el mensaje fue igualmente claro: los sectores extremistas del mundo islámico no están igualmente dispuestos para todas las cosas de occidente, en especial para cualquier acción social o política conectada con su religión.

En un mundo unipolar y abierto hay secciones de la vida en las que el poderoso occidente no debe interferir ni liderar. En otras palabras, hay secciones de la vida que están fuera de los límites para toda persona ajena a este mundo.

Los asuntos esenciales que deben tomar en cuenta las misiones globales y las dos terceras partes del mundo sufrirán el impacto de las fuerzas en conflicto que están activas en nuestro mundo: es redundante debatir sobre el fin de la era misionera y los obreros occidentales en misión. Con la presencia de iglesias y misiones maduras en las dos terceras partes del mundo se necesitan nuevos paradigmas para la participación y cooperación global. Hoy es la iglesia en el mundo de las dos terceras partes, la que mejor equipada está, en cooperación con la iglesia global, para llevar a cabo la tarea de la evangelización mundial. Es crucial que el liderazgo de la fe cristiana y las iniciativas de evangelización entre los no evangelizados esté en manos del liderazgo de las dos terceras partes del mundo.

El mundo abierto de hoy permitirá a los obreros occidentales que quieran adaptarse y funcionar en el nuevo concepto, no como misioneros, sino como estudiantes, profesionales, hombres de negocios, etc. Así como hay dispersión del trabajo en los dos tercios del mundo entre las personas no evangelizadas, hay una dispersión de obreros de occidente. Los líderes de las iglesias de occidente deben estar al tanto del potencial de esta vía de evangelización y misiones. Allí donde todavía se otorgan visas misioneras, el concepto clave será trabajar con las iglesias y los obreros nacionales y por medio de ellos. Allí donde no hay iglesia local se impone el mismo principio dinámico. Hasta el primer grupo de nuevos creyentes que llega a Cristo en un grupo no evangelizado puede convertirse en la base del trabajo nacional. La obra de la misión necesita liderar a las iglesias locales ubicadas en la sociedad para que cumplan su misión. La evangelización debe llevarse a cabo desde el seno de la sociedad.

El rápido crecimiento y disponibilidad de obreros nacionales en muchos países de los dos tercios del mundo nos dicen que debemos invertir recursos, tiempo y dinero para reclutar, preparar y enviar obreros nacionales a través de sus iglesias locales y grupos de misión. El apoyo nacional o internacional a estos obreros no es una opción. Se necesita apoyarlos si se toma en serio la evangelización del mundo en la generación actual. Las iglesias y líderes de las dos terceras partes del mundo deben decidir qué porción del apoyo local o nacional se requiere en cada momento para que la obra pueda continuar aun cuando no dispongan de ayuda extranjera.

Esta es una decisión de la iglesia y las misiones de las dos terceras partes del mundo y no de quienes están fuera. La campaña deliberada de algunos en occidente para dejar de apoyar a los líderes locales es tan destructiva a la causa de las misiones mundiales (si no más) como decir que los occidentales no debieran involucrarse en las misiones en el extranjero. La cooperación global para financiar, reclutar y enviar obreros de las dos terceras partes del mundo a las naciones en áreas no evangelizadas ya está pasada de fecha. Es vergonzoso que miles de misioneros latinos no puedan mudarse a Europa, Asia Central y aun el Oriente Medio porque sus economías locales no puedan enfrentar el costo de misiones transculturales.

¿De qué modo encuentra responsable la iglesia global al cristianismo de occidente por sus actos de omisión y comisión en relación con la obra de la misión mundial? La era de la informática ha reducido al mundo al tamaño de una computadora. Las acciones públicas escandalosas, la mala actitud hacia personas de otras culturas, las terminologías inapropiadas y el lenguaje «militar» en la esfera pública en la expansión de la religión ya no pueden confinarse. La comunicación instantánea global al acceso de todos es parte de un nuevo orden mundial. Esto podría dar como resultado ataques importantes contra los cristianos en lugares donde son minoría, o causar enormes tropiezos en la evangelización o en proyectos de misión, cuyos resultados durarían décadas.

El movimiento de misiones de iglesias de los dos tercios del mundo necesita movilizar más recursos económicos dentro de sus naciones para la evangelización mundial. El autoabastecimiento es un objetivo negativo en nuestra época. En muchos lugares hay grupos e iglesias que están satisfechos porque se autoabastecen, y allí termina su programa de misiones. La creación y movilización de recursos para la evangelización de las masas que les rodean no entra en su pensamiento. Hay iglesias que han visto el inicio y la operación de negocios como un medio de apoyar la evangelización.

El creciente redescubrimiento y aplicación de las dimensiones plenas del evangelio en la iglesia de las dos terceras partes del mundo necesita de continuo estudio y análisis, y luego dede comunicarse a propósito a la iglesia global. Las misiones de las dos terceras partes del mundo tienen que ver con el evangelio como ofrecimiento de «comunión» con

Dios mediante el perdón de los pecados en Cristo; con invitar a la «comunión» en la sociedad a través de la expresión local de la iglesia; con ofrecer el «poder de Dios» para sanidad del cuerpo, liberación de malos espíritus y solución de crisis; brindar liberación de la ignorancia y deshumanización causada por la pobreza; ofrecer un «desafío profético» a todo lo que es malo en medio de los disturbios sociales.

Conclusión

La iglesia de los dos tercios del mundo necesita volver a la iglesia de los tres primeros siglos para encontrar respuestas a algunos de los más serios problemas que enfrenta. Hay muchos paralelos, como el de ser una iglesia minoritaria, una iglesia bajo estructuras opresivas, una iglesia de teología propia, una iglesia en crecimiento, una iglesia con futuro incierto, una iglesia que debe enfrentar los escándalos en la historia de la iglesia en los cuales ella no ha tenido parte.

No hay duda de que la iglesia y las misiones de los dos tercios del mundo están en problemas. Son problemas de crecimiento, de movimiento, de vida. Hay algo de sincretismo, de problemas con el estilo y la sucesión de los líderes, las negociaciones y el coraje excepcional, y los fracasos aun durante el desarrollo, todo esto existe en esta sección del Cuerpo de Cristo. Entonces, ¿cómo puede la estructura y el estilo de liderazgo de una teología propia servir para las culturas anfitrionas, y la redención del evangelio en la comunidad y la sociedad ocurrir sin que haya errores y sin que tome tiempo?

Los movimientos nacionales de oración apoyan a los movimientos de misión en los dos tercios del mundo. Con la oración como cimiento principal del crecimiento de la iglesia en esos países, Dios cuidará de la iglesia a medida que enfrente los problemas.

El Dr. Joseph D'Souza se unió a los barcos de OM en 1973 y al regresar a la India en 1976 se unió a los equipos de campo de OM India como director estatal de Uttar Pradesh. En 1981, Joseph fue nombrado director de capacitación de OM India, y en 1989, Coordinador de Área de OM para la India. Durante los últimos trece años en su papel como coordinador de área, las principales funciones de Joseph han incluido proveer liderazgo integral para el movimiento en la India, con visión por la obra y atención pastoral a sus líderes principales en este país. En la actualidad sirve como uno de los Coordinadores Internacionales Adjunto de OM. Él y su esposa, Mariam, tienen un hijo y una hija.

---

[1] El término «tercer mundo» ha caído en desuso hoy. En primera instancia, su significado era peyorativo. Segundo, con el colapso del así llamado «segundo mundo» (el mundo comunista), perdió sentido. El término «Sur» es utilizado a veces para describir a las personas del hemisferio sur, pero la definición geográfica no abarca todas las iglesias y misiones que surgen en las naciones del mundo. El término «dos terceras partes del mundo» incluye en cambio a todas esas naciones sin tener connotaciones peyorativas.

[2] Patrick Johnstone y Jason Mandryk, *Operation World: 21ᵗ Century Edition* (Carlisle, UK: Paternoster, 200), pp. 2-6.

[3] J. Herbert Kane, *A Concise History of the Christian World Mission* (Grand Rapids: Baker, 1978), pp. 3-35. Véase también Stephen Neill, *A History of Christian Mission*, Penguin Books, 1964, p. 35.

[4] Michael Green, *Evangelism in the Early Church* (Grand Rapids, Eerdmans, 1971), pp. 142-143.

[5] El 25 de mayo de 1995 la iglesia del sur de Corea dedicó a 105.000 jóvenes para el servicio misionero durante al menos dos años. Esto es un ejemplo de cómo la iglesia asume la responsabilidad de las misiones.

[6] Arun Shourie habla largamente sobre este aspecto en su libro *Missionaries in India: Continuities, Changes and Dilemmas*. Afirma que la obra de los gobernantes y misioneros británicos y los estudiosos orientales es un esfuerzo conjunto «por civilizar a la India, asegurarla para el Imperio Británico, y reunirla como una rica cosecha para la iglesia como resultado de un esfuerzo conjunto: los empleados públicos ayudaron a través de diversos métodos, incluyendo "la neutralidad religiosa"; "los soldados de la

Cruz, reforzando mutuamente sus esfuerzos"; y los estudiosos ayudaron trabajando para "minar" y "encerrar", preparando de esta forma el camino para "los soldados de la Cruz" y así "finalmente caer como tormenta" sobre "las fortalezas del brahmanismo"».

[7] M. M. Thomas, *The Acknowledged Christ of Indian Renaissance* (Madras CLS, 1970), p. 243. Thomas menciona el papel de C.F. Andrews con Mahatma Gandhi en el nacionalismo de la India.

[8] Hay cantidad de artículos escritos sobre este tema. Por ejemplo: M.P. Joseph, "Denying Life: Theological Meaning of Globalization", *National Council of Churches Review* CXVI, No. 6, julio de 1996, pp. 453-68. Según Joseph, la globalización promueve la negación radical de Dios, una forma de ateísmo institucionalizado que erige falsas imágenes como Dios, racionalizando la muerte de muchos para comodidad y lujo de pocos. Como respuesta de por qué la globalización, María Mies, la famosa ambientalista alemana, dijo recientemente que si la globalización debe elevar la calidad de vida de todos los habitantes de esta tierra al nivel de los estadounidenses y los alemanes, los recursos de la tierra son suficientes solo para diecinueve días. Si el ritmo de consumo de todos fuera elevado al nivel del rico hemisferio norte, haciéndolo equitativo, necesitamos siete planetas más para vivir. K.C. Abraham escribe que la globalización en el tercer mundo lleva a la invasión cultural, a la crisis ecológica y en el proceso los más afectados son los pobres, los indefensos, las mujeres, los niños y la gente de las tribus. Por favor, véase: «A Search for the role of YMCA Amidst Globalization: Towards Building a Just, Participatory and Sustainable Society», *National Council of Churches Review*, Vol. CXIX, No. 9, octubre de 1999, pp. 787-800.

Misión desde la pobreza y bajo presión

BAGUS SURJANTORO

Lo que necesitamos son tareas en las que podamos ver una combinación de lo «posible» y lo «imposible». Queremos llenarnos de fe y ser realistas. Si se sienten desalentados por su «humanidad» ante la Gran Comisión, sobrecogidos y paralizados por el tamaño del desafío, piensen por un momento en cómo Pablo habló de su debilidad en 2 Corintios 12:8-10. Solemos olvidar que por más llenos del Espíritu que estemos, el factor humano sigue estando allí. Somos personas comunes que luchan, que cometemos errores, que tenemos defectos y debilidades. Cada vez estoy más convencido de que Dios llena y utiliza a distintos tipos de personas, de las cuales muchas no se ven demasiado prometedoras según los parámetros usuales.

GEORGE VERWER

Dios no bendice a las naciones usando un solo método rígido en particular, sino cuatro mecanismos de misión diferentes: (1) los que van voluntariamente, (2) los que van sin intención misionera (involuntariamente), (3) los que vienen voluntariamente, y (4) los que vienen involuntariamente (como los gentiles obligados a establecerse en Israel; 2 Reyes 17)[1]. Esto nos muestra que para Dios su misión es cosa seria; no depende de las circunstancias ni de nuestro bienestar económico, político o social.

En mi experiencia como cristiano de un país en desarrollo y, mientras escribo este artículo, en el ministerio en el barco de OM *Logos II* en el

Caribe, he encontrado cristianos que tienen una perspectiva diferente. Esta ética sostiene que la misión debe provenir de una nación civilizada, rica, establecida, o que la misión debe ser tarea de iglesias y cristianos ricos, fuertes, poderosos en dinero. Por lo tanto, en términos reales, consideran que la misión es tarea de los occidentales. Esta perspectiva es errónea.

Bendecido para ser bendición

Todo creyente es bendecido. La mayor bendición es la salvación por medio de Jesucristo. Solo cuando los creyentes reconocen que están bendecidos entienden plenamente la misión de Dios cuando le dijo a Abram: «Te bendeciré … y serás bendición … y serán benditas en ti todas las familias de la tierra» (Génesis 12:2,3).

Nuestro Dios no es un Dios cruel que solo manda que le sirvamos a Él. En cambio, Dios nos bendice para que seamos bendición. Su bendición se convierte en recurso para que le sirvamos. Solo quienes se dan cuenta de que son bendecidos pueden ser una bendición para las naciones. El reconocer las bendiciones de Dios cambia nuestra actitud, y dejamos de preguntarnos: «¿Qué obtendremos?», para preguntar: «¿Qué podemos dar?», lo que nos lleva a ser bendición para nuestra Jerusalén, nuestra Judea, Samaria y los confines de la tierra. Esta comisión a cada creyente, la de ser bendición a las naciones, no se basa en condiciones económicas, políticas o sociales, sino en el hecho de que Dios derrama su bendición sobre sus hijos.

Enviados o echados

Jesús habló con mucha cautela sobre las misiones. Lucas 10:1 dice que el Señor envió a los setenta, de dos en dos, usando la palabra *apostelo*, y en Lucas 10:2, Jesús destaca la necesidad de enviar obreros a su mies, usando la palabra *ekbalo*. Estas dos palabras en griego, *apostelo* y *ekbalo*, se traducen como *enviar* y *enviar para fuera*. En verdad, tienen dos significados distintos. La primera palabra, *apostelo* (de la que deriva *apóstol*), significa «enviar, enviar para servicio, o con una comisión». Es ser enviado oficialmente como mensajero con autoridad. La segunda palabra, *ekbalo*, significa «arrojar fuera»[2].

Jesús tenía la intención de enviar a los discípulos al mundo, y que fueran voluntariamente, una vez bendecidos con toda bendición espiritual. Si este método no daba resultados, Jesús tiene otro método de movilización... echar a los obreros. Cuando «la cosecha es mucha, y los obreros son pocos» (Lucas 10:2), Dios utiliza el segundo método para bendecir a otras naciones. En el Antiguo Testamento, Daniel, Sadrac, Mesac, Abednego y otros más estaban en el exilio para ser sus luces en el mundo.

El comienzo de la misión en la primera iglesia: Sin excusas siquiera por causa de la pobreza y la presión

En el libro de los Hechos, Lucas, el autor del Evangelio, describe un increíble escenario de misión en la historia de la iglesia. Pensemos en el contexto de la época y en las circunstancias en que se dio este mandato literal de misión.

Era un oscuro período en la historia de Israel. Nabucodonosor, rey de Babilonia, había vencido a Judea y capturado Jerusalén en 597 a.C., terminando con la independencia del estado judío[3]. Habían pasado casi cuatrocientos años desde que Ptolomeo había invadido esta tierra, capturando Jerusalén en 320 a.C. Israel había estado casi siempre bajo el gobierno extranjero durante cuatro siglos. Los últimos cien años de colonialismo romano fueron un tiempo de disturbio para el pueblo de Israel, ya que las circunstancias cambiaban según los diferentes líderes romanos[4]. Si uno viene de una nación con historia de colonialismo, puede entender la situación. La gente vivía bajo presión económica, con disturbios sociales y sin libertad política. Además, la primera iglesia era muy pequeña (Hechos 1:12-14). No tenían edificio ni templo para servicios de adoración a Dios.

Era comprensible que en esas circunstancias los discípulos le pidieran a Jesús que restaurara la gloria del Reino de Israel (Hechos 1:6). Sin embargo, la preocupación de Dios no siempre es la misma que la que tenemos los humanos. Mientras los discípulos se preocupaban y oraban por la libertad y la independencia, Jesús dijo: «No os toca a vosotros saber los tiempos o las sazones, que el Padre puso en su sola potestad» (Hechos 1:7). No fue que Él no oyera sus oraciones. En realidad, Dios les dio independencia más de mil novecientos años después de la oración de los discípulos (1947).

Jesús con una palabra, «pero», dio vuelta a la conversación hacia un tema de más importancia que la independencia política o la restauración económica. La tarea de la misión de Dios, conocida como la Gran Comisión, se anuncia: «Pero recibiréis poder, cuando haya venido sobre vosotros el Espíritu Santo, y me seréis testigos en Jerusalén, en toda Judea, en Samaria, y hasta lo último de la tierra» (Hechos 1:8). La palabra *testigos* habla de algo más que un ser humano que testifica y da testimonio[5]. No se trata solo de hablar y dar testimonio verbal en una reunión de la iglesia. Un testigo es una presencia en el mundo como agente de Dios y evidencia de sus actos. Ser un testigo de Él implica la existencia entera.

La afirmación de Jesús no se refería a las circunstancias, sino solo a la condición: «cuando haya venido sobre vosotros el Espíritu Santo» (Hechos 1:8). No se requería otra condición para hacer su voluntad. Humanamente hablando la iglesia tenía limitaciones: era pobre, con pocos miembros y no era materialmente rica. Jesús les dijo a sus discípulos que cuando el Espíritu Santo viniera sobre ellos serían sus testigos en Jerusalén *y* en toda Judea *y* Samaria, *y* hasta lo último de tierra. Esto no significaba que el testigo iría al siguiente nivel de distancia geográfica una vez completado el nivel anterior. La palabra *kai* (traducida como «y»), significa *«a la vez»*. La tarea de misión mundial ha de llevarse a cabo *a la vez* hasta lo último de tierra.

Existe el concepto erróneo en muchos lugares del mundo de que la tarea de la misión mundial solo se llevará a cabo cuando hayan llegado a su propia «Jerusalén». Por eso, las misiones transculturales son más lentas o se detienen, porque la iglesia nunca ve que su Jerusalén se mantenga lo suficientemente bien como para dar el paso de fe que trascienda su cultura.

Otras excusas que pasan por alto la Gran Comisión

La misión de los apóstoles comenzó a partir de Hechos 1; ellos no esperaron a que la iglesia creciera y se enriqueciera. Cuando descendió el

Espíritu Santo (Hechos 2), Pedro y los apóstoles comenzaron su poderoso ministerio, que dio como resultado la suma de tres mil personas a su reino (Hechos 2:41). La cantidad de creyentes aumentaba con rapidez. También creció la demanda de obreros y el ministerio. Había que hacer muchas cosas para mantener y cuidar a la congregación. Era comprensible que la palabra de Jesús en Hechos 1:8 se hubiera pasado por alto; sin embargo, Dios jamás cambió su mandato a ser sus testigos hasta lo último de la tierra. En Mateo 28:19 Jesús dice: «Vayan ... enseñen *panta ta ethne*» (a todas las naciones). Este mandato es para *todas* las naciones, no solo para *algunas* o *varias*. Los creyentes no debían estar satisfechos solo con llegar a la nación, la cultura o la comunidad a la que pertenecían y quedarse cómodos allí. Es un claro imperativo que el evangelio debe predicarse hasta los rincones más lejanos.

Dios toma muy en serio su misión. Cuando el modo *apostelo* (ser enviado de buena manera) no resulta, Él puede usar el modo *ekbalo* (ser echado).

Hechos 8 informa de una gran persecución en contra del pueblo de Dios. Con excepción de los apóstoles, estaban dispersos como refugiados en toda Judea y Samaria (Hechos 8:1). ¿Por qué no protegió Dios a su pueblo, evitando la tragedia? ¿Era cruel al permitir que le sucediera esto a su pueblo? ¿No era el mismo Dios que había prometido que tenía «pensamientos de paz, y no de mal, para daros el fin que esperáis»? (Jeremías 29:11).

En su soberanía, Dios permitió la persecución para que los creyentes cumplieran su mandato. Porque la persecución mantenía a los creyentes libres de la rutina diaria de las ocupaciones, y así podían cuidar de los que ya conocían a Jesús.

Los creyentes estaban *dispersos* (la palabra *diáspora* era utilizada por el agricultor que plantaba semillas) en todos los lugares que se mencionan en Hechos 1:8. En lugar de caer en la autocompasión a causa de la persecución y el sufrimiento, los creyentes predicaban el evangelio, las buenas nuevas. Esto solo podía suceder si no estaban concentrados en su problema. En cambio, los primeros creyentes veían la imagen más amplia del plan de Dios y la de su bondad, a pesar de la presión y las dificultades. El gozo de la salvación era la fuerza que predicaban y difundían entre las personas en aquellos lugares donde estaban dispersos. Lucas informa del resultado en Hechos 8:8: «Había gran gozo en aquella ciudad».

La misión en la primera iglesia no fluía de la estabilidad económica y social, sino que se basaba en la Palabra de Dios y la unción del Espíritu Santo. Comenzó con las palabras de Jesús a un pequeño grupo de creyentes que vivían bajo presión y sin templo edificado.

Lecciones que aprendimos

Es hora de que los cristianos en los países en desarrollo cambiemos la ética de la *misión* y el *misionero*. Aunque enviamos cada vez más misioneros desde los países en desarrollo, sigue habiendo una ética errónea de que *misión* es una palabra que solo se aplica a los cristianos occidentales. Sin embargo, Dios es coherente en su plan para este mundo y en el modo en que utiliza a la iglesia para llevar a cabo su designio de salvación para las naciones. El Señor Jesús dijo: «Y será predicado este evangelio del reino en todo el mundo, para testimonio a todas las naciones; y entonces vendrá el fin» (Mateo 24:14). Entender y obedecer su Palabra es la calificación más importante para cumplir con este mandato.

Ejemplo indonesio

El evangelio llegó a las islas indonesias a través de misioneros nestorianos en el siglo siete. Hoy las iglesias indonesias son fruto de un largo proceso de ministros del evangelio que siguieron a la llegada de los portugueses en el siglo dieciséis. Los holandeses que llegaron en el siglo diecisiete introdujeron la fe protestante.

A lo largo de la historia, luego de la crisis monetaria de 1997 y de los disturbios, la desesperanza y la frustración crecen en los corazones de muchos. Es el *kairos* (momento justo) de Dios para la apertura al evangelio. Con el aumento de la persecución en los últimos años, los cristianos indonesios viven mayor unidad en aspectos como los movimientos de oración. La dulzura de la *koinonia* cristiana se vive entre las iglesias, en especial en momentos y lugares de sufrimiento. El resultado alentador de este movimiento hacia la unidad lleva a sinergias en diferentes aspectos de los ministerios cristianos, sobre todo en la misión.

Llegar a los grupos de población de Indonesia, y llegar más allá de las fronteras culturales, es algo que está cumpliéndose paulatinamente.

¡El otro lado de la persecución y el sufrimiento puede ser el juicio! La purificación debe comenzar en la casa de Dios (1 Pedro 4:17) y puede servir como recordatorio de Dios, enfatizando el significado más fuerte del envío (*ekbalo*) de las personas para la misión.

Ventajas de los misioneros de países en desarrollo

Sé vivir humildemente, y sé tener abundancia; en todo y por todo estoy enseñado, así para estar saciado como para tener hambre, así para tener abundancia como para padecer necesidad. Todo lo puedo en Cristo que me fortalece (Filipenses 4:12,13).

Cuando Jesús estaba en la tierra como hombre, se identificó con la gente a quien ministraba (Filipenses 2:2-10). Una lectura cuidadosa de los cuatro Evangelios nos dice que la mayor parte del tiempo Jesús iba a los pobres y los despreciados, en tanto que los ricos se acercaban a Él. Necesitamos identificarnos con las personas a quienes ministramos antes de que nuestro mensaje pueda ser aceptado.

Estilo de vida simple

Muchas de las personas en los países en desarrollo están acostumbradas a ver y vivir la pobreza y la presión. Esto lleva a un estilo de vida simple que provee la capacidad de vivir con lo mínimo. Las condiciones de vida en los campos de misión son a veces distintas que en el país de origen. Vivir con los no alcanzados por el evangelio significa identificarse con ellos. Y la mayoría de estas personas son pobres. Cuando nos acostumbramos a vivir en una comunidad simple, es más fácil entender la mentalidad de la gente a quienes servimos. Es más fácil vivir como ellos sin verlo como «un gran sacrificio». Es más fácil comer lo mismo que comen ellos. Es más fácil llegar a estas personas, mezclarnos con la gente sin temer a la suciedad ni las enfermedades; por eso es más fácil identificarnos con ellos. Una niña en una aldea de Indonesia es feliz aunque tenga una sola muñeca; la muñeca es su juguete favorito. Una niña en una gran ciudad, que tiene muchos juguetes, se vuelve disconforme y siempre quiere más.

Complejidad de idioma y cultura

La gente que creció en el mundo en desarrollo está acostumbrada al encuentro directo con idiomas y culturas distintas. No les cuesta tanto adaptarse a una nueva cultura. Además de la preparación formal, lograrán acercarse con mayor facilidad a la cultura local.

Contacto con diferentes religiones y creencias

Cuando se crece en una comunidad multi-religiosa se tiene una perspectiva y experiencia práctica diferente al encontrar a personas que tienen creencias distintas a las propias. No es solo conocimiento teórico, sino experiencia práctica aprendida por haber vivido en una comunidad con gente de otras religiones. Las actitudes hacia los que tienen otras creencias son distintas cuando esto ya forma parte de la propia experiencia de vida.

Expectativas de las personas a quienes servimos

Uno de los peligros en el campo de la misión es que la gente cree que el misionero es rico. Venimos de un lugar mejor. Vivimos en mejores condiciones. Esta suposición será mayor al saber que venimos de un país «rico». Cuando la gente sabe que venimos de un país en desarrollo dejarán de esperar dinero de nosotros. Somos como ellos; nos traemos a nosotros mismos, y eso es todo lo que tenemos.

Depender de Dios

Por naturaleza, cuando estamos en necesidad, dependemos más de Dios que cuando tenemos abundancia. Mientras la gente rica adquiere riqueza con facilidad, hace falta gran fe y milagros para que los pobres puedan obtener recursos similares.

Desventajas

Nada de esto implica que los misioneros de los países en desarrollo sean mejores que los occidentales. El propósito de este artículo es el de alentar a los cristianos de los países en desarrollo, que viven en un entorno de pobreza y presión, para que vean que la misión no le pertenece solo a occidente. Pero aun así también hay desventajas para los misioneros de los países en desarrollo.

Sentimiento de inferioridad

La historia de colonialismo, el poder del dinero y el atraso en la civilización han creado un complejo de inferioridad en las personas del mundo en desarrollo. Ven a occidente como algo superior en todos los aspectos. Los sentimientos de inferioridad causan una mentalidad de «necesito ayuda» o «no puedo hacerlo», con la idea de que la misión no es para ellos.

Apoyo económico

La Biblia establece claramente que el dinero no es un prerrequisito primario para la misión. Aun así la realidad de la necesidad de apoyo económico se vuelve una razón importante por la que no se pueden enviar muchos misioneros desde los países en desarrollo, aunque tengan pleno apoyo de parte de los cristianos de su país.

Cosas para hacer

Cuando Dios nos pide que hagamos algo, es porque sabe que podremos hacerlo. Jamás nos pide algo que no nos haya dado ya. La misión es el corazón de Dios. Mandó a cada creyente a cumplir su misión. Se requiere creatividad para comunicar la visión, y sumar el apoyo y la sabiduría de Dios para poder cumplirla.

Pensar más allá

Hay gente que siente que es más fácil «pensar más allá» porque pueden ver fuera de sus fronteras. Esto es más difícil para quienes el «aquí» ha sido su seguridad. Hay que escapar de la caja del pensamiento estrecho para poder ver la realidad global y la necesidad de misión. Necesitamos los ojos de Dios para ver más allá de esta caja, más allá de la capacidad y habilidad, en el poder de su Nombre.

Ayuda del hermano más fuerte

El hermano más fuerte debe ayudar al más débil, sea en conocimiento, autoestima o recursos financieros. La ayuda genuina significa ver resultados a largo plazo que no creen dependencia (imperialismo misionero), sino una *interdependencia* mutua. La ayuda que necesitan los hermanos y hermanas más débiles es la de entender su capacidad y crecer y madurar para cumplir el propósito de Dios para este mundo.

> Porque somos hechura suya, creados en Cristo Jesús para buenas obras, las cuales Dios preparó de antemano para que anduviésemos en ellas (Efesios 2:10).

Bagus Surjantoro se unió al barco Logos *de OM en 1986. En 1991 llegó a ser director nacional de OM Indonesia, sirviendo también como pastor y miembro de la Red Nacional de Investigación de Indonesia. Después de cuatro años en comisión del equipo de entrenamiento del barco* Logos II, *él y su esposa Delores y tres hijos regresaron a un ministerio en su país nativo.*

---

[1] Ralph D. Winter, «The Kingdom Strikes Back», en R. Winter y S. Hawthorne (eds) *Perspectives on The World Christian Movement* (Pasadena: William Carey Library, 1999³), pp. 195-213.

[2] W.E. Vine, *Vine: Diccionario Expositivo de palabras del Antiguo y del Nuevo Testamento Exhaustivo* (Nasvhille: Caribe-Betania Editores, 1999), pp. 333-334.

[3] Merrill C. Tenney, *New Testament Survey* (Grand Rapids: Eerdmans, 1985) p. 19.

[4] Tenney, pp. 25-36.

[5] Vine, pp. 894-895.

El lugar de las redes en la evangelización del mundo

Perspectiva sudafricana

Peter Tarantal

El movilizador de misiones es un cristiano que no solo quiere involucrarse en la evangelización y el trabajo de las misiones, sino que además quiere involucrar a otras personas.

George Verwer

Uno de los objetivos del Movimiento AD 2000 fue «una iglesia para cada pueblo y el evangelio para cada persona para el año 2000». Una de las estrategias empleadas para lograr esto fue la formación de grupos que unían a los interesados en la movilización misionera, la preparación, la adoración, los asuntos de las mujeres y otros intereses.

A comienzos de la década de 1990 las organizaciones de misión y los líderes de iglesia lanzaron una iniciativa llamada *Amor por África del Sur* (LSA: Love Southern Africa), el capítulo sudafricano del Movimiento AD 2000, cuya meta fundamental era la de lograr el objetivo del movimiento principal dentro del sur de África. Una de las estrategias fue una conferencia anual inicialmente dirigida por una organización misionera que luego se delegaría en las iglesias locales.

Las conferencias no solo tenían como propósito inspirar a los sudafricanos para las misiones del mundo, sino también brindarles exposición práctica mediante la organización de jornadas de corto plazo en todo el subcontinente. Además de las sesiones plenarias, se alentaba a los participantes a reunirse en los diversos grupos del movimiento internacional.

En 1993 se realizó la primera actividad Amor por África del Sur en Wellington (cerca de Ciudad de El Cabo), organizado por Operación Movilización Sudáfrica. Aproximadamente mil cuatrocientos participantes de todo el país vivieron el entusiasmo por la evangelización del mundo, escuchando a personas de Operación Movilización, como George Verwer y Panay Baba, director de la Sociedad Misionera Evangélica de Nigeria. Para la fraternidad de Sudáfrica, este fue el comienzo de grupos, luego llamados «redes», las cuales el diccionario define simplemente como «un grupo de personas interconectadas».

En 1995 la Evangelical Fellowship of South Africa (EFSA) [Comunidad Evangélica de Sudáfrica] y The Concerned Evangelicals [Evangélicos preocupados], junto con otros grupos que no formaban parte de ninguno de estos dos cuerpos, formaron The Evangelical Alliance of South Africa (TEASA) [La Alianza Evangélica de Sudáfrica]. Hasta este momento EFSA representaba mayormente a los grupos de cristianos blancos, en tanto que Concerned Evangelicals agrupaba a los cristianos de color. TEASA se convirtió en el capítulo Sudafricano de la Alianza Evangélica Mundial. El brazo de misión de TEASA, conocido como la Comisión de Misiones, se centró en movilizar para la misión mundial a iglesias afiliadas a TEASA. Hacia finales de la década de 1990, cuando el mandato de LSA estaba llegando a su fin, los líderes de LSA y TEASA se unieron para orar por una nueva estrategia de movilización de misiones en Sudáfrica. Hubo gran acuerdo en que estos dos cuerpos combinaran sus esfuerzos en una iniciativa llamada WENSA (World Evangelization Network of South Africa). El propósito principal de WENSA era el de dar poder y aliento a las redes existentes como participantes en el cumplimento de la Gran Comisión.

La historia turbulenta de Sudáfrica, con la influencia de las políticas de *apartheid* del gobierno anterior, dejó su marca en los esfuerzos de la evangelización mundial. Las personas de distintas culturas no estaban acostumbradas a reunirse en un mismo lugar. Y no solo se mantenían aparte a causa de las leyes de segregación, sino que había en el país un fuerte sentido denominacional. Las redes buscaban franquear las barreras culturales y denominacionales. A fin de ayudar a su éxito, investigué una cierta cantidad de estas redes y aquí presento algunos de mis hallazgos[1].

1. Metas y objetivos

Para todas las redes estudiadas, el principal objetivo era el de contribuir hacia la visión de Habacuc 2:14: «La tierra será llena del conocimiento de la gloria de Jehová, como las aguas cubren el mar».

Una de las tendencias positivas en los últimos años ha sido la de una visión mayor del Reino, desarrollada entre líderes de un amplio espectro de la sociedad sudafricana, la cual dio como resultado la voluntad de trabajar en conjunto. La mayoría de los líderes de redes valoraban la oportunidad de compartir recursos y contar experiencias. Otros objetivos incluían la unión de personas de ideas similares para promover y alentar a la comunidad, y ayudar a los miembros de la red que tuvieran dificultades prácticas, como la preparación y el intercambio de ideas. Otro de los objetivos era el de alentarse mutuamente hacia la adopción de un código de prácticas adecuadas.

2. Cómo contribuyen las redes a la Gran Comisión

El principal objetivo de *Prayer Network* [Red de Oración] es la movilización de doscientos mil intercesores para que oren por el avivamiento y la evangelización mundial. A comienzos de mayo de 2002, una iniciativa llamada *Turn the Tide* [Cambiar la marea], coordinada por Caminata Bíblica con Bruce Wilkinson como orador principal, realizó una conferencia en Johannesburgo. Esto brindó la oportunidad para que la red de oración se vinculara con iglesias y organizaciones de todo el sur de África en oración a través de trescientos sitios satelitales. El Concierto de Oración organizado por la red un domingo por la noche y al que asistieron cientos de personas, dio como resultado la oración no solo por el continente, sino por las naciones. Una de las presentaciones especiales fueron seis jóvenes del barco *Doulos* de OM que representaban a seis países diferentes, y que expresaron peticiones de oración por sus naciones. Los africanos, que a veces suelen concentrarse demasiado en lo interno, participaron de la oración por las naciones. Una cantidad de ellos luego dijeron que esta actividad había tenido gran impacto en su forma de ver al resto del mundo.

El objetivo de *Training Network* [Red de Capacitación] era la preparación del pueblo de Dios para ocupar su lugar correspondiente dentro de la evangelización mundial.

El objetivo de *Poor and Needy Network* [Red de Pobres y Necesitados] era el cuidado de los pobres en el mundo, y hacer que la iglesia prestara atención a las necesidades del orbe.

El objetivo de *Missions Mobilisers Network* [Red de Movilizadores de Misiones] es el de movilizar a una nueva generación de misioneros. Mediante diversas reuniones se ha observado ya un significativo decrecimiento en la duplicación y un espíritu de competencia.

En la GCOWE '95 (Global Consultation on World Evangelization [Consulta Global sobre Evangelización Mundial]), en Seúl, Corea del Sur, Judy Mbugua se dirigió a los líderes de África representados en esa conferencia a partir del pasaje de Lucas 19:28-34. Su tema era: «Los hombres de África deben liberar a los burros». Su desafío era para los líderes de las iglesias, en un continente donde las mujeres suelen ser subestimadas, consideradas de menor valor, de manera que les otorgaran a las mujeres el lugar que les correspondía. Habló del valor de las mujeres y de su contribución. Judy, que viene de Kenia, es la líder internacional de PACWA (Pan African Christian Women's Alliance [Alianza Panafricana de Mujeres Cristianas]).

La versión sudafricana de PACWA es el vehículo para la movilización de las redes de mujeres. Es alentador ver un aumento en la movilización de mujeres para orar por las personas más alejadas del mundo. Están muy comprometidas en capacitar al sector femenino en la oración y la evangelización. La visión de los líderes es la de facultar a las mujeres sudafricanas enseñándoles habilidades prácticas, como coser o tejer. Los cursos de desarrollo de liderazgo también se realizan con regularidad.

3. Beneficios de las redes

Hay mayor sinergia entre los participantes de diversas redes. Uno de los líderes lo describió como «alentarse los unos a los otros en un mayor entusiasmo por nuestra obra colectiva». Hay intercambio de ideas. Uno de los pilares de las redes son las relaciones sólidas que se forman en este proceso, que son «reales y significativas». Los participantes se alientan mutuamente, expresan ideas y aprenden los unos de los otros. El líder de la red de capacitación ha visto un aumento en los expertos de un campo que reciben oportunidad de relacionarse con instituciones que carecen de los recursos necesarios. Uno de los participantes declaró que es como «mantenerse afilado gracias a la interacción con los demás en una red en particular». Ya hemos visto más trabajo en común en plataformas donde las personas ya no sospechan de los demás, y confían más los unos en los otros. Están cayendo las barreras culturales, raciales y denominacionales.

4. Impedimentos u obstáculos de las redes

El mayor impedimento parece ser el dinero. Como las redes son nacionales, la gente a veces debe viajar largas distancias para asistir a las reuniones. También los miembros de las redes suelen tener programas ya organizados, y es muy difícil conciliar la agenda de todos para que puedan participar. A los líderes de las redes les gustaría ver una infraestructura que sirviera mejor a las mismas. Por su misma naturaleza, las redes se coordinan a medio tiempo por líderes que ya tienen responsabilidades significativas dentro de sus propias organizaciones o iglesias. Asegurar la participación de la gente de comunidades anteriormente en desventaja sigue siendo un desafío. Algunos líderes ven con sospecha todo lo que no se les haya consultado desde el principio. Por supuesto, los años de aislamiento contribuyen a esta sensación. La buena noticia, sin embargo, es que esta actitud está cambiando con bastante rapidez.

5. Ejemplos prácticos del valor de las redes

En 2001, los líderes de Cruzada Estudiantil y Profesional para Cristo les contaron a los líderes de las redes su visión de una iniciativa llamada *Operación Amanecer África*, conocida también como visión 50-50-50: evangelizar cincuenta ciudades en África del Sur y del Este, en cincuenta días, para llegar a cincuenta millones de personas, comenzando el 1 de julio de 2002. A medida que los líderes abrían su corazón por llegar a los perdidos en las áreas mencionadas, crecía el entusiasmo en el salón. La idea principal de todos los que estaban presentes era: «¿Cómo podremos trabajar juntos para que esto suceda?».

Mientras los líderes de Cruzada Estudiantil y Profesional presentaban la iniciativa, su actitud indicaba que este era un proyecto para el Cuerpo de Cristo en general. La cooperación de las diversas redes sería esencial para el éxito del proyecto. Es grandioso ver cómo responden las distintas redes. Como parte de la Red de Movilizadores de Misión, Operación Movilización ha movilizado a cientos de jóvenes en misiones de corto plazo con treinta iglesias para llegar con el evangelio a la ciudad de Durban. Los jóvenes, junto con sus líderes y pastores de juventud, vienen desde todos los rincones del país. Y el beneficio es por partida doble: el evangelio se predica ante miles, y esta exposición práctica a las misiones tendrá gran impacto en las vidas de los participantes. La red de emisores también planeó saturar el subcontinente con programas de radio evangelizadores.

Yula Franke, esposa de un pastor y madre de tres niños, creció en Ciudad de El Cabo. Su historia ilustra de manera personal el impacto de las redes.

Esme Bowers, líder de PACWA-Sudáfrica, intentó involucrar a Yula en su red. A pesar de las numerosas invitaciones, no estaba interesada. Prefería observar a la distancia. Sospechaba en cuanto a la eficacia de las redes. Pensaba que la gente en las redes hablaba demasiado, sin que sucediera mucho. Su interés despertó, sin embargo, cuando vio que las mujeres de la red iban a los lugares más pobres y se ensuciaban las manos. Estaban consiguiendo mujeres líderes en esas comunidades para proyectos comunitarios. También enseñaban a las mujeres a ser mejores madres, dándoles valor en un país donde por la discriminación sexual o racial su valor había sido erosionado en gran medida.

Curiosa, cuando Esme la invitó otra vez a una conferencia en Botswana, accedió a ir. Yula quería ver con sus propios ojos qué era lo que hacía PACWA. Su asistencia a la conferencia terminó con muchas de sus ideas preconcebidas. Cientos de mujeres de cincuenta países africanos asistieron a esta conferencia. Se trataron temas como los problemas tribales y la opresión de las mujeres. Una de las presentaciones especiales fue el modo en que las mujeres puedan protestar contra la circuncisión femenina en el continente de África. Lo que impresionó a Yula fue la disposición de las mujeres a llamar «al pan, pan y al vino, vino». Esa exposición y experiencia transcultural tuvo gran impacto en Yula, quien según su relato, había tenido la tendencia a vivir dentro de su propio capullo hasta entonces.

Volvió a Sudáfrica con un profundo deseo de involucrarse más con su comunidad y con una mayor visión de fortalecer a otros. Yula participa de las actividades de la red PACWA en la actualidad. También ha comenzado a asistir a la escuela bíblica en el año 2002 para equiparse mejor y así ministrar en comunidades locales alrededor de Ciudad de El Cabo.

6. Cómo puede ayudar un cuerpo coordinador como WENSA

La mayoría de los líderes de redes creen que WENSA, como cuerpo coordinador central, puede ayudar a ampliar el alcance de las redes. WENSA crea oportunidades para que las redes entren en contacto entre sí, y se comuniquen. WENSA puede brindar una plataforma para expresar ideas, investigación e información.

Conclusión

Uno de los desarrollos positivos dentro de la escena de las misiones sudafricanas en los últimos quince años es que se han construido muchas relaciones sólidas, en especial entre diversos grupos raciales y culturales. Para mí es en especial alentador el mayor grado de visión del

Reino que tiene hoy Sudáfrica. Las redes de misión y los líderes de iglesias y organizaciones tienen un papel importante no solo en la creación
de conciencia de misión en Sudáfrica, sino también en brindar a los
sudafricanos formas prácticas de participar en la Gran Comisión, lo
cual nos llevan más allá de lo que podríamos cumplir trabajando solos.

Peter Tarantal se unió a OM en 1987, pen-
sando embarcarse en el barco Logos, *de OM.*
En cambio, respondió al desafío de movilizar
a la iglesia sudafricana, que hasta entonces
había enviado muy pocos misioneros al exte-
rior. En 1995 Peter fue nombrado director
nacional de OM Sudáfrica. Actualmente es
uno de los coordinadores de WENSA (World
Evangelization Network of South Africa
[Red de Evangelización Mundial de Sudáfrica]). También ha servido
durante cinco años como miembro ejecutivo nacional de la Alianza
Evangélica de Sudáfrica. Él y su esposa Kathi tienen un hijo y una hija.

---

[1] En la investigación participaron las siguientes redes: The Pan African Christian
Women's Alliance (PACWA) [Alianza Panafricana de Mujeres Cristianas], Mission
Mobilisers Network (MMN) [Red de movilizadores de misión], Caring for the Poor
and Needy Resource Network (CPNRN) [Red de recursos para cuidar de los pobres
y necesitados], South African Missions Training Forum (SAMTF) [Foro sudafricano
de Capacitación de Misiones], Association of Christian Broadcasters (ACB)
[Asociación de emisoras cristianas], y Jericho Walls International Prayer Network
(anteriormente NUPSA) [Red de oración internacional Murallas de Jericó].

El desarrollo de la ética de hacer tiendas en Operación Movilización

Dr. Howard Norrish

Dios puede usarte, no importa si fabricas zapatos o microchips.
George Verwer

Después de cuarenta años de historia en Operación Movilización, tenemos ahora una ética de ministerio holístico: que la gente encuentre su pleno potencial en Jesucristo a fin de vivir con gozo y dignidad en comunidades transformadas. Creo que esta ética surgió de nuestros valores centrales desde el inicio del ministerio de OM en el mundo musulmán. Comenzamos a hacer tiendas en Turquía (1961), el mundo árabe (1962), en Irán (1964) y Afganistán (1968).

Estos países estaban sin evangelizar porque era imposible entrar con visa de misionero. Por lo general, se ingresaba como turista. Y muchos se anotaban en la universidad para aprender el idioma. Esto otorgaba la visa de turista y permitía una estadía de un par de años. Los que se quedaban a largo plazo comenzaron a hacer tiendas, como cristianos que trabajaban en otra cultura, reconocidos por la cultura local como algo más que un «profesional religioso», y aun así en llamado, compromiso, motivación y capacitación, misioneros con todas las letras.

Hay una escala que usamos comúnmente y que define tres categorías para hacer tiendas:

1. Los que toman empleos (T2), obtienen empleo y se les paga según un contrato que otorga visa de residencia.
2. Los que crean empleos (T3 y T4), que están registrados, validados por el gobierno y con visa. T3 significa un empleo independiente o unas pocas personas que inician un pequeño negocio. T4 significa un trabajo de desarrollo con una ONG local o internacional.
3. Los que simulan empleos ponen una fachada de negocio o desarrollo, pero no tienen intención de trabajar. Hacen lo mínimo para obtener una visa. ¡En OM no hay lugar para los simuladores de empleo!

Tanto si el hacedor de tiendas está en trabajo de desarrollo (T4), en la creación de empleo (T3) o en servicio a la comunidad (T2), el objetivo siempre será el ministerio holístico.

Turquía en la década de 1960: Campo pionero en el mundo musulmán

Dale Rhoton y Roger Malstead fueron los primeros miembros de OM en entrar a Turquía en 1961. Roger era estudiante y Dale maestro de inglés (T2). Sus esposas enseñaban inglés. La mayoría de los miembros de OM en Turquía en la década de 1960 tenían el inglés como lengua materna. Conseguir empleos como maestros de inglés era algo relativamente fácil. Los miembros de OM eran hacedores de tiendas por razones pragmáticas: necesitaban visas. ¿Por qué fue tan fácil la transición?

Los «cinco pilares del hacedor de tiendas»

Para que el hacer tiendas sea eficaz se requieren cinco «pilares». Son las raíces bíblicas de un ministerio exitoso. Esto se debe a que permiten una síntesis entre trabajo y testimonio. Dios, en su gracia para con nosotros en OM, nos dio los cinco pilares desde un principio.

Señorío y soberanía de Jesucristo sobre todas las esferas de nuestras vidas

No hay ocupación que esté fuera de su señorío. Todo lo que hagamos tiene igual valor porque la gloria de Dios puede mostrarse en cada esferas de nuestra vida. Enseñar o investigar son tan sagrados como el estudio bíblico y la oración. El desarrollo o el negocio es tan santo como la evangelización y la enseñanza de la Biblia ¡El trabajo diario del hacedor de tiendas es tan sagrado como liderar un estudio bíblico!

La organización exacta, la sanidad diligente y la enseñanza efectiva son ofrendas de alabanza. Los cimientos de lo que es la persona bíblica los estableció William MacDonald en *El Verdadero discipulado*.

En 1966, Francis Schaeffer nos ayudó a pensar en las implicaciones de esto, y se fortaleció la ética de hacer tiendas en OM. El señorío de Jesucristo integra la dicotomía de la iglesia frente al mundo; lo sagrado frente a lo secular.

El laicismo y el sacerdocio de todos los creyentes

El Nuevo Testamento pone énfasis en el sacerdocio de cada creyente (Efesios 4). Todos tienen igual dignidad, independientemente de la tarea que realicen. Es un triste hecho que el «misterio» del sacerdocio haya congelado al laicismo en enormes secciones de la iglesia a lo largo de los siglos. Si vamos a evangelizar al mundo, esta parte congelada de la iglesia deberá descongelarse mediante una enorme infusión de energía redentora. Una de las maldiciones de la evangelización moderna es que cree imitar, en pequeña escala y a medio tiempo, la tarea del pastor, el ministro o el evangelista. Consideran que su trabajo secular carece de significado espiritual, y piensan que las personas en verdad espirituales se dedican a la obra cristiana a tiempo completo. Esto niega que la iglesia debe glorificar a Dios ante un mundo incrédulo como Dios quiso que viviéramos. El concepto de que los laicos tienen un papel importante en las misiones, y específicamente en la plantación de iglesias, le fue dado a OM por Dios a través de nuestras raíces en la Hermandad. Este «pilar» se construyó con solidez en Turquía. Muchos obreros allí provenían de la Hermandad.

Vocación y llamado

En la Biblia hay un gran énfasis en la vocación, un llamado de Dios a todos los hijos de la alianza y la gracia para que formen parte de su pueblo, viviendo con fidelidad y declarando su reino (2 Timoteo 1:8-9; Romanos 8:28-30; Efesios 4:1).

En las sociedades occidentales dividimos nuestras vidas en papeles: padre, empleado, ciudadano, jugador de fútbol, miembro de la iglesia. Nuestra «vocación» es nuestra forma de ganarnos la vida. Nuestro llamado espiritual es algo totalmente distinto. Desde el punto de vista bíblico, esta es una falsa dicotomía. La vocación y el llamado deben sintetizarse con toda intención en una perspectiva bíblica.

El concepto de hacer tiendas expresa la verdad bíblica de que todos los creyentes tienen el llamado a ministrar y dar testimonio; nadie está exento. El Nuevo Testamento pone énfasis en un solo llamado: el llamado a servir a Cristo.

El énfasis de OM en la década de 1960 era el discipulado radical del Nuevo Testamento: todos los cristianos, dondequiera que estuvieran, debían seguir de forma literal la guía del Nuevo Testamento. Había también un llamado específico a ocupar funciones en particular (bibliotecario, mecánico, etc.) o a ir a lugares específicos (India, Turquía, Francia). Era el «llamado misionero». Enseñamos que todos tenemos un llamado a ser misioneros. Debemos movilizar a la iglesia. La visión y el despertar no son suficientes. Debemos preparar a las personas y mantenerlas en movimiento hasta que encuentren su lugar en la evangelización del mundo.

Este pilar facilita la transición hacia el hacer tiendas porque se basa en una visión holística de la enseñanza bíblica, y no en el pensamiento occidental de dicotomía. George Verwer enseñó este principio desde el inicio, y sigue siendo un asunto principal en su predicación.

Teología de trabajo

Nuestra visión del trabajo está determinada por nuestra visión del mundo físico. Si lo que vemos es fundamentalmente malo, no querremos tener nada que ver con ello, y nuestra espiritualidad y favor con Dios vendrán de un retiro a la «vida monástica». Sin embargo, Jesús enseñó que el mal está en el hombre (Marcos 7:20). El hombre es un ser espiritual, puesto en la tierra para cumplir los propósitos de Dios. Uno de los propósitos primarios es desarrollar, proteger y administrar los recursos naturales que Dios le dio al mundo. Demostramos a los no creyentes la naturaleza y el propósito de Dios mediante la obediencia a su mandato. La comisión que le dio a Adán, también se la dio a Noé (Génesis 9:1,2). David la reafirma (Ejemplo: Salmo 8:3-6).

Como cristianos rechazamos tres explicaciones comunes de lo que es el trabajo: juicio de Dios por nuestra caída (su represalia a causa de nuestra rebelión); supervivencia (ganarse la vida), y lugar para evangelizar.

Nuevamente fue la influencia de Schaeffer la que estableció en nuestra ética este pilar de la teología del trabajo. Uno de los programas más innovadores de OM fue Operación Universidad (OU). La OU envió personas a L'Abri durante unos meses, y luego las puso en equipos de evangelización en universidades de Europa. La influencia de Schaeffer en el mundo musulmán fue considerable por su enseñanza de una visión mundial favorable para hacer tiendas. Esto sucedió porque muchos de los miembros de OM en las universidades de Turquía habían estado en OU.

Trabajamos por tres razones:

Nos sentimos satisfechos como seres creativos hechos a imagen de Dios: Dios es un trabajador creativo que planifica, diseña, supervisa (Génesis 1). No descansó hasta que terminó su trabajo. Sigue manteniendo todas las cosas por la palabra de su poder (Hebreos 1:3). Jesús dijo: «Mi Padre hasta ahora trabaja, y yo trabajo» (Juan 5:17).

El hombre a imagen de Dios también es un trabajador creativo. El trabajo nos hace más humanos en verdad. Sin embargo, el clímax de la creación, el sábado, no ve al hombre trabajando, sino descansando para adorar. Nuestra humanidad y satisfacción en el trabajo debe estar en relación no solamente con la creación, sino también con nuestro Creador. La adoración y no el trabajo es la cima de la actividad del hombre y, sin embargo, el trabajo es parte vital del ser humano. Cuando el trabajo no está ligado a la adoración, domina su carácter quebrantado, así que se convierte en un medio para un fin y en un poder controlador.

Mediante el trabajo los seres humanos sirven a la comunidad:
Las comunidades son interdependientes. La prioridad del trabajo no es
la ganancia, sino el servicio por el bien de la comunidad. Cuando el
ministerio de los barcos de OM se inició en 1970, todos los que estaban a bordo trabajaban ocho horas al día sirviendo a la comunidad del
barco. Esto era pragmático en parte, pero refleja este pilar establecido
en OM en la década de 1960.

A través del trabajo cooperamos con Dios:
La sociedad con Dios es la cumbre del ser humano. Lo social, lo natural y lo espiritual son la materia prima que nos ha dado Dios. La Biblia
ve al hombre en sociedad con Dios: creando, conservando, cultivando
y desarrollando el potencial pleno de la materia prima. Esta es nuestra
Gran Comisión. Y encuentra su más plena expresión en la colaboración
divina-humana.

Schaeffer nos enseñó a evitar los dos extremos:

- El trabajo es una maldición y en última instancia está la comunidad sin trabajo, donde otros proveen para nosotros.
- El trabajo es un ídolo, la fuente de nuestro sentido e identidad.

Ver el trabajo como ministerio es fruto de la fe. Como todo lo demás,
el trabajo no tiene sentido si está apartado de la fe en Dios. Puede ser
terapéutico (ya que fue dado antes de la caída), pero debe ser redimido
de su vanidad (Eclesiastés 2:17-26). En parte a causa de esto, los primeros equipos de OM se mantenían mediante la venta de libros. Era nuestro *modus operandi*. No trabajábamos solo para ganarnos el sustento,
sino que además establecimos obreros nacionales en lo que esperábamos
fueran negocios que se autoabastecieran; por lo general, librerías cristianas. Intentamos ayudarles a ser autosuficientes y no dependientes de un
financiamiento externo. Este es un buen principio de desarrollo.

Ministerio de encarnación

El ministerio de encarnación es el pilar final para hacer tiendas. «Como
me envió el Padre [al mundo], así también yo os envío [al mundo]»

(Juan 20:21). El ministerio de encarnación busca la profunda identificación con las personas en su cultura y su dolor, su frustración y tribulación. Implica, en cuanto sea posible, ser «uno con ellos»; llegar «en forma de sirviente»... un sirviente desinteresado, despojado de egoísmos, sacrificado, cuya vida se entrega a los demás. George nos enseñó lo que es vivir una vida en el *camino del Calvario*. El resultado fue el compromiso con un estilo de vida simple. Queríamos «sentarnos donde ellos se sientan» para identificarnos con las personas, así como Jesús se identificó con nosotros. Trabajó durante muchos años haciendo tiendas en la categoría T3.

Hacia una síntesis de trabajo y testimonio forjada en la década de 1960

Estos pilares bíblicos proveen la base de hacer tiendas como una forma válida de misión. Y son lo suficientemente amplios como para permitir una diversidad de modelos:

- El modelo T3 para hacer tiendas.
- El modelo ELE (Exhibición de Libros Educativos, originalmente establecido en Nepal como T3 a fines de la década del sesenta).
- El modelo de los barcos de OM, extensión del modelo ELE.

Así que los hacedores de tiendas, por el poder del Espíritu Santo, pueden celebrar el hecho de que con su trabajo sirven a Dios y aceleran la venida de su Reino. Saben que la ayuda del Espíritu Santo está en su trabajo, como lo sabían los trabajadores del tabernáculo en Éxodo 31 y 35.

Operación Islam y el Libro de los Hechos

En la década de 1960, el trabajo de OM en el mundo árabe, en Turquía y en Irán, se llamó Operación Islam. Fue enorme la influencia de Dale Rhoton. Dale y Elaine proveyeron el modelo de cómo evangelizar a los musulmanes, cómo pensar acerca de la cultura, la importancia de vivir sin miedo y otras claves para el ministerio eficaz. Dale nos enseñó principios bíblicos, especialmente métodos paulinos de misión.

De forma consciente intentamos seguir el ejemplo de Pablo. Gran parte de la enseñanza se centraba en el sufrimiento, la prisión y la expulsión, vistos como norma. Pablo eligió trabajar con sus manos. Fue su mayor estrategia en los tres viajes misioneros (1 Corintios 9). Él da cuatro razones para trabajar con sus manos (como hacedor de tiendas): credibilidad, identificación, modelo y facilidad de reproducción.

Credibilidad

Los motivos de Pablo al predicar el evangelio están exentos de reproche. Trabajaba con sus manos para evitar «poner obstáculo en el camino del evangelio». Quería que se viera que no ganaba dinero con la evangelización. La credibilidad de su mensaje era crucial. Quería destacarla. En el mundo musulmán es muy importante la credibilidad de los miembros de OM. Porque la credibilidad de los misioneros es extremadamente baja. Dale siempre nos enseñó a preguntarnos: «¿Lo que hago o digo aumenta la credibilidad del evangelio o desacredita al Reino?». Muchos nos hicimos hacedores de tiendas por este motivo.

Identificación

Pablo se adaptó a la cultura para ganar más personas. A fin de llegar a los trabajadores se hizo trabajador. Tomó un trabajo de baja categoría porque la mayoría de la gente es pobre. Esta identificación no era fingida. Pablo vivía de lo que ganaba trabajando. Trabajaba duro. Era un servicio de encarnación costoso.

El ministerio de encarnación es un «tema» en la misiología del siglo veintiuno. Fue algo que aprendimos en las enseñanzas de Dale y de los debates en nuestros equipos con respecto a la implementación de estos principios a partir de la vida y el ministerio de Pablo.

Modelo

Pablo dice: «Trabajamos con afán y fatiga día y noche, para no ser gravosos a ninguno de vosotros; no porque no tuviésemos derecho, sino por daros nosotros mismos un ejemplo para que nos imitaseis» (2 Tesalonicenses 3:8,9). Pablo quería demostrar una vida de santidad y obediencia a Dios en su lugar de trabajo. No trabajar no es opción para quien sigue a Jesús, como tampoco lo es retirarse del mundo. Es posible vivir una vida agitada, haciendo un trabajo poco importante, y estar lleno del Espíritu Santo, llamado a un ministerio apostólico. Pablo muestra cómo todo creyente puede ser un evangelista y fundador de iglesias sin paga.

Es crucial el modelo para la formación de los discípulos. Porque los discípulos no se forman solo a través de cursos o del entendimiento cognitivo de la verdad cristiana. La clave del discipulado consiste en reemplazar hábitos negativos por virtudes cristianas. Y esto solo se puede lograr a través de los modelos.

¡Los misioneros pagos son solo buenos modelos para los obreros cristianos a tiempo completo! Los nuevos creyentes en situaciones pioneras necesitan que los hacedores de tiendas presenten un modelo de lo que es ser discípulo de Jesucristo. Necesitan ver cómo ser testigos de Cristo en el mundo en que viven. Es vital que permanezcan dentro de sus comunidades y que no sean extraídos de su entorno cultural.

Facilidad de reproducción

Pablo tenía por objetivo plantar iglesias que se reprodujeran rápidamente, lo cual resultó en un movimiento de fundación de iglesias en cada lugar, la única forma en que pueden evangelizarse grupos poblacionales enteros. Toda iglesia recién formada se veía involucrada en la evangelización laica y en la fundación de iglesias tan pronto como fuera posible. Se autoabastecían desde el principio y no dependían de recursos, personal ni dinero provenientes de otros lugares. Las necesidades de estas comunidades hogareñas se mantenían lo más simples como fuera posible. Se reunían en las casas y todos trabajaban. Pablo y su pequeño equipo eran modelos de comunidad, unión, autoabastecimiento, interdependencia espiritual y autopropagación.

Al trabajar entre los pobres, Pablo llegaba a las clases más bajas que hablaban el griego y las lenguas o dialectos provinciales en las regiones suburbanas. De este modo logró llegar a provincias enteras con el evangelio. Si Pablo hubiera ido a las clases más altas, solo habría llegado a la élite en las ciudades.

Pablo no se quedaba durante mucho tiempo en las iglesias que fundaba. Las equipaba para evangelizar y discipular. Enseguida les hacía conocer su responsabilidad misionera. Se ocupaba de que esto alentara el crecimiento a la madurez espiritual. Estos nuevos creyentes no podían decirle a Pablo: «Tú encárgate de evangelizar. Nosotros estamos demasiado ocupados trabajando. Tienes más tiempo que nosotros». Los hacedores de tiendas no alientan la división clérigo/laico.

¿Da resultados la estrategia de Pablo? ¡Evidentemente sí da resultados! Él pasa unos meses en algún pueblo de Galacia, y la región entera es evangelizada. Pasa un tiempo en Filipos, en Tesalónica y en Berea, y toda Macedonia es evangelizada. Pasa un año y medio en Corinto y toda Acaya recibe el evangelio. Pasa tres años en Éfeso y la provincia romana de Asia en su totalidad oye el evangelio. En menos de diez años, cuatro provincias romanas: Galacia, Macedonia, Acaya y Asia, son totalmente evangelizadas a pesar de las grandes dificultades y la oposición.

Mediante el poder del Espíritu Santo, los evangelistas laicos y la reproducible fundación de iglesias le darán a la iglesia un crecimiento exponencial. Los evangelistas de Pablo no eran expertos teólogos ni misionólogos. Eran nuevos creyentes, pobres, sin educación, que provenían de hogares paganos. La diferencia está en que tenían un modelo... ¡un patrón a seguir!

En el Nuevo Testamento el hacer tiendas es la estrategia preferida para ser pioneros en países donde se requiere «acceso creativo». Las Escrituras no proveen otro modelo. Los datos empíricos muestran que los hacedores de tiendas pueden iniciar iglesias que se autoabastezcan, se autogobiernen y se reproduzcan a sí mismas para llegar a las personas con el evangelio más rápidamente que los misioneros que reciben paga por su obra a tiempo completo.

Desarrollo en las décadas del setenta y ochenta en Turquía, Irán y el mundo árabe

Había dos tipos de obreros de OM en Turquía: los que planeaban estar allí dos años para luego seguir, enfocados en llegar a las masas principalmente a través de la literatura, y los «fanáticos de Turquía» que querían pasar su vida allí evangelizando y plantando iglesias. Estos hacedores de tiendas tenían un compromiso de por vida. Esperaban ver el comienzo de un movimiento de fundación de iglesias. Se ocupaban de diversas tareas: traducción del Nuevo Testamento al turco moderno; cursos bíblicos por correspondencia; escribir libros cristianos en turco; traducir libros al turco; programas de radio; discipulado de creyentes de proveniencia musulmana; iniciación de iglesias; desarrollo de líderes. Establecieron los cimientos para la iglesia en Turquía, sobre los cuales otros están construyendo hoy.

En Irán se siguió el «modelo Turquía» hasta 1979, cuando llegó al poder el Ayatolá Jomeini y se fueron los miembros de OM. Una pareja norteamericana lideraba un equipo de hacedores de tiendas en Shiraz. Seguían el ejemplo de los hacedores de tiendas que estaban trabajando en Irán y Afganistán. En Afganistán, bajo Christy Wilson, el hacer tiendas era una estrategia muy bien ingeniada.

OM comenzó a trabajar en Afganistán en 1968. En 1980 fuimos precursores con OM al iniciar el proceso de hacer tiendas T4 trabajando entre los refugiados afganos. Esto fue el inicio de otras agencias de desarrollo asociadas a OM.

En 1979 se lanzó la Operación Hacedor de Tiendas. Era un programa de capacitación en Londres que invitaba a estudiantes y profesionales a ir al mundo musulmán como hacedores de tiendas. Este programa proveía capacitación en la evangelización de islámicos y musulmanes, incluyendo el acercamiento a los estudiantes en Londres. No todos los que participaban del programa eran de OM. La iniciativa concluyó luego de dos años.

En el mundo árabe el desarrollo de hacer tiendas fue más lento porque el enfoque primario era el de llegar a las masas a través de la literatura de evangelización. Un líder se mudó de Turquía a Beirut, y reintrodujo el concepto de hacer tiendas junto con la fundación de iglesias como estrategia de OM.

En Turquía, para 1988, había ya libertad religiosa, con lo que se hizo posible aumentar la cantidad de obreros, de veinte a noventa y cinco. Muchos eran hacedores de tiendas. En el mundo árabe, la estrategia de hacer tiendas con el objetivo de fundar iglesias contribuyó a aumentar su cantidad de cincuenta a comienzos de la década del ochenta, hasta doscientas cincuenta en el año 2002.

En la década del noventa hubo crecimiento de la categoría T4 con el inicio de diversas agencias de desarrollo con raíces en OM. Más miembros de OM exploraban la posibilidad de iniciar y mantener plataformas de negocios (T3).

En la década de 1980 surgió un cambio importante con la llegada de los hacerdores de tiendas del mundo no occidental, las «nuevas naciones» que enviaban misioneros. Ellos trajeron consigo muchas nuevas ventajas:

- No se les ve como imperialistas; no tienen historia de colonialismo, ni despiertan sospechas.
- Hablan varios idiomas y aprenden idiomas nuevos con facilidad.
- Las culturas de los dos tercios del mundo no son individualistas, sino de conciencia comunitaria.
- Entienden lo que es la guerra espiritual, porque muchos provienen de lugares del «mundo del espíritu».
- Muchos vienen de iglesias nuevas y tienen una buena noción de lo que es plantar iglesias.
- Los musulmanes no los ven como «cristianos». Esto despierta curiosidad y facilita la evangelización.

Esperamos ver muchos más hacerdores de tiendas provenientes del mundo de las dos terceras partes en la OM del siglo veintiuno.

El futuro papel de hacer tiendas en OM

Hacer tiendas es el método principal para llegar al mundo musulmán, hindú y budista. La implicación de esto es que OM debe poner el concepto de hacer tiendas en el corazón de su ministerio, pensando más de manera misional y teológica en este sentido. Debemos fortalecer los Cinco Pilares de hacer Tiendas, y los principios misiológicos de la estrategia paulina. Tenemos la estructura necesaria en el Servicio Global de OM, como puerta de entrada para los hacerdores de tiendas. También necesitamos intencionalidad en el modo en que reclutamos y capacitamos a los hacerdores de tiendas.

Esperamos ver mejoras en T3 a medida que los pequeños grupos inicien negocios en conjunto. La mayoría de estos miembros de OM provendrán de nuevas naciones misioneras. Y más miembros de OM se involucrarán en el desarrollo de ONG.

Los hacedores de tiendas deben coordinar con los ministerios de los medios de comunicación masivos. En OM siempre ha habido una división entre los que llegan a las masas y los que «hacen discípulos» mediante la plantación de iglesias. La realidad indica que la eficiencia óptima viene cuando nos enfocamos en ambas cosas con buena coordinación.

Conclusión

Hacer tiendas es una estrategia misiológica para la fundación de iglesias y la evangelización de regiones enteras. Ayudar a las iglesias a autopropagarse, autogobernarse y autoabastecerse hará que esta iniciativa prospere y avance. Los movimientos de plantación de iglesias se inician de esta manera. Es la única estrategia del Nuevo Testamento y tiene principios bíblicos como «pilares».

Por la gracia de Dios muchos han buscado en OM un modelo de ministerio. El hacer tiendas estuvo en el corazón de nuestra estrategia inicial. Para que OM siga liderando en el siglo veintiuno, nuestro principal enfoque no debe estar en el reclutamiento y envío de personas, sino en la eficacia en el campo.

Toda la evidencia actual muestra que los hacedores de tiendas plantan iglesias de «reproducción de cultura» con más éxito que los obreros cristianos a tiempo completo con visas misioneras. Estas son las iglesias que liderarán con más facilidad los movimientos de fundación de iglesias.

*El Dr. Howard Norrish se unió a OM en
1963. Conoció a su esposa Nora en 1965 en
un equipo que trabajaba entre árabes nora-
fricanos en los asentamientos más pobres de
París. Entre 1967 y 1983 Howard y Nora
vivieron en Jordania, Líbano y Arabia
Saudí, donde Howard enseñaba bioquímica
en la universidad de medicina. Desde 1983,
y hasta 1991, Howard trabajó con base en la
oficina administrativa del Equipo del Mundo Árabe de OM en Chipre,
como líder de campo a partir de 1986. Desde 1992 Howard y Nora han
formado parte del Equipo de Coordinación Internacional de OM en
Londres, con especial atención a la obra de OM en el mundo musulmán.
Tienen tres hijos adultos y tres nietos.*

Redescubramos la revolución del amor

Un ruego por el trabajo holístico en el siglo veintiuno

Bertil Engqvist

Lo que de veras encuentro difícil es cuando a la gente no le importa.
George Verwer

«¿Tienes un traje?», le preguntó George al pastor mexicano después de la reunión. Cuando el pastor respondió con una negativa, George inmediatamente dijo: «Yo tengo mucha ropa».

Un rato después le dijo: «Aquí tienes», dándole un traje a través de la ventanilla del auto antes de partir. El agradecido pastor no tenía idea de que era el mismo traje que George había estado usando durante la reunión[1]. George Verwer fue un revolucionario. Fue uno de esos jóvenes que había conocido al Maestro Resucitado, quien tocó sus vidas y puso de cabeza su visión del mundo. Ahora veían las cosas como las veía Cristo. Ya no era una cuestión de: «¿Qué puedo obtener de esto?», sino en cambio de: «¿Qué puedo hacer por ti?». George vivió lo que enseñó. Amar a tu prójimo no quiere decir nada más predicarle tu fe, sino vivirla.

Este incidente en México en 1957 era típico en George, aunque no solamente en él. La gente profundamente enamorada del Señor Jesucristo

cambia. No ven como propias las cosas que poseen, sino como perte-
nencias comunes. La iglesia es un tipo de comunidad diferente, donde
el interés por los demás es la pasión. Esta es la verdadera revolución del
amor. Y es más, como señaló el Dr. Francis Schaeffer: «Dios le ha dado
al mundo el mandato de juzgar a la iglesia por el amor que allí sienten
los unos por los otros».

> Y sobrevino temor a toda persona; y muchas maravillas y señales
> eran hechas por los apóstoles. Todos los que habían creído estaban
> juntos, y tenían en común todas las cosas. (Hechos 2:43-45).

Lo ideal sería que todos los creyentes tuvieran este estilo de vida
holístico. Sin embargo, la iglesia ha pasado por una dicotomía entre la
proclamación verbal y la demostración práctica del amor de Dios. Una
separación teológica de espíritu y cuerpo ha relegado el ministerio de la
compasión a aquellos para quienes la infalibilidad de la Palabra de Dios
es cuestión secundaria. Para George, el ministerio holístico jamás fue
cuestión teológica; simplemente veía a un hermano en necesidad. La
respuesta natural que viene de una relación con el Dios de amor viviente es ayudar al que está necesitado. El buen árbol dará buen fruto
(Mateo 7:16-20).

Prueba visible de lo invisible

Además de la comunicación verbal, la fe siempre se expresa en alguna
manifestación física. Las palabras pueden expresar fe, pero se miden
por la acción. Cristo mismo indicó que aunque uno quizá no creyera
en sus palabras, debía creer a causa de sus obras. Las acciones de amor
pueden ser el más fuerte poder de choque contra las fuerzas de la oscuridad o la indiferencia.

Santiago, que ha de haber visto a los primeros cristianos en acción,
señaló el dilema. Las palabras podían ser baratas incluso si el valor de
su contenido fuera grande. Por eso, es difícil creer en las palabras. Ve el
problema de la declaración de la fe sin implicaciones prácticas.

Hermanos míos, ¿de qué aprovechará si alguno dice que tiene fe, y no tiene obras? ¿Podrá la fe salvarle? Y si un hermano o una hermana están desnudos, y tienen necesidad del mantenimiento de cada día, y alguno de vosotros les dice: Id en paz, calentaos y saciaos, pero no les dais las cosas que son necesarias para el cuerpo, ¿de qué aprovecha? Así también la fe, si no tiene obras, es muerta en sí misma. Pero alguno dirá: Tú tienes fe, y yo tengo obras. Muéstrame tu fe sin tus obras, y yo te mostraré mi fe por mis obras ... ¿Mas quieres saber, hombre vano, que la fe sin obras es muerta? ... Vosotros veis, pues, que el hombre es justificado por las obras, y no solamente por la fe ... Porque como el cuerpo sin espíritu está muerto, así también la fe sin obras está muerta (Santiago 2:14-18,20,24,26).

La fe por naturaleza es una demostración activa de que el Reino de Dios ha llegado entre los hombres. Dios ha elegido en particular hacerse conocer por medio de los que han sido tocados por su amor. Significa que el mundo con su limitado entendimiento del destino, la valía propia o el propósito, podría ver y oír que Dios íntimamente se interesa por él a través de su pueblo. Por eso el mandamiento de Jesús: «Así alumbre vuestra luz delante de los hombres, para que vean vuestras buenas obras, y glorifiquen a vuestro Padre que está en los cielos» (Mateo 5:16).

El amor de Dios y su cuidado jamás han sido una simple expresión verbal. El pueblo elegido de Dios vio la poderosa mano del Señor rescatándoles una y otra vez. Él envió la ley escrita, los profetas dinámicos y los valientes evangelistas, pero siempre se ha movido en el mundo físico. Sus palabras y acciones van juntas. Dios dijo... y así fue. Habló y las cosas sucedieron. Aun si no hablara seguiría manteniendo a su creación y cuidando del gorrión. Dios creó por amor, y mantiene a su creación por amor. El precio de su amor se ve en una cruz de madera... no solo en el mero pensamiento o idea de una cruz.

Por cuanto agradó al Padre que en él habitase toda plenitud, y por medio de él reconciliar consigo todas las cosas, así las que están en la tierra como las que están en los cielos, haciendo la paz mediante la sangre de su cruz. Y a vosotros también, que erais en otro tiempo extraños y enemigos en vuestra mente, haciendo malas obras, ahora os ha reconciliado en su cuerpo de carne, por medio de la muerte, para presentaros santos y sin mancha e irreprensibles delante de él (Colosenses 1:19-22).

El valor del amor tiene un costo

Dios no excluye a su iglesia de las dificultades del mundo, sino que les guía hacia la salida. En el sufrimiento y las dificultades encontramos al Varón de Dolores, y aprendemos a vivir y expresar la naturaleza del Dios viviente. Mateo 24 y 25 tratan sobre la responsabilidad de la iglesia hacia un mundo en sufrimiento masivo... ¡lo que no es nada menos que una estrategia para la misión en el mundo! ¿Cómo respondemos ante los terremotos, las hambrunas, las persecuciones, las guerras y demás? Cristo afirma: «Fui extraño, tuve hambre, tuve sed, estuve enfermo, estuve en prisión, estuve desnudo...». Las Escrituras implican que esas acciones humanitarias de respuesta se hacen hacia Él sin que importe su envergadura. Es especialmente en esas circunstancias que la iglesia mostrará su brillo. El llamado es a un ministerio holístico y por eso es necesario que encontremos formas de expresar el amor incondicional de Dios a los que sufren.

Una mendiga palestina solía venir con regularidad a pedirnos alimento. Había perdido a su esposo en la guerra de 1967. Al principio, solo quería dinero. Como no teníamos mucho, le dábamos algo de ropa de nuestros hijos. Estaba muy agradecida. Con el tiempo, comenzamos a intercambiar mercancía. «Hoy tengo muchos tomates», le decía a mi esposa. «¿Tienen huevos ustedes?» También comenzó a contarnos sobre sus hijos y sus preocupaciones. Orábamos con ella. Hacia los últimos días de nuestro tiempo en ese país, solo venía para tomar té y orar.

Puede ser gratificante ayudar a las personas. Uno se siente importante y necesitado, casi como si controlara el destino de los demás. Sin embargo, dicha motivación puede ser muy egoísta. Y trabajar con las tragedias humanas también puede ser desalentador. A veces uno se esfuerza por mostrar genuina compasión y todo lo que recibe a cambio son maldiciones u hostilidad. Es humillante estar del lado de quien recibe, y esto parece declarar dependencia. Y aunque «es más bendición dar que recibir», no es algo tan sencillo. Los benefactores pueden llegar a identificarse tanto con las necesidades y tragedias que ya no pueden vivir sin tensión. Como dice Tony Vaux:

> El idealismo fracasado puede convertirse fácilmente en amargura. Puede resultar útil reconocer que estos problemas surgen de profundas contradicciones en la noción de la humanidad, lo cual es en un sentido un deseo egoísta de acallar nuestros sentimientos de compasión por los que están en necesidad, además del deseo de ser altruistas. Implica una combinación de emociones personales y normas sociales ... En otras palabras, la angustia y el sufrimiento son el resultado de la obra de ayuda, así como su inspiración[2].

El ministerio de Operación Misericordia se basa en la convicción de que Dios ha mandado a su iglesia no solo a predicar el evangelio, sino a amar incondicionalmente a los pueblos de este mundo. Adoptamos el llamado de San Francisco de Asís a «predicar el evangelio en todo momento; usando palabras cuando sea necesario». Debemos cuidarnos de no exagerar la Gran Comisión, olvidando la «Gran Compasión», como lo expresa el Dr. Peter Kuzmic. Al actuar con integridad, siendo lo que somos y haciendo lo que decimos, la gente nos da el derecho a hablar. Charles Swindoll nos recuerda: «No me importa cuánto sepas hasta saber cuánto te importa»[3].

«Si hubiera sido hace dos meses, lo habría roto en pedazos», dijo el joven curdo mostrando en su mano el Nuevo Testamento que acababa de recibir. Esto ocurrió después de la Guerra del Golfo, en 1991. Miles habían tenido que correr hacia las montañas de Turquía. Habíamos visto que el amor cristiano hacia él y su gente pudo cambiarlo todo. El Señor siente amor incondicional e imparcial por todas las personas. Y lo asombroso es que Dios no ama a causa de nuestra respuesta. Un día, cuando Len, que trabajaba en el Oriente Medio, caminaba por la calle con su querido amigo Hassan, este se detuvo repentinamente y preguntó: «Len, ¿me amarías incluso si jamás llegara a ser cristiano?».

El imperativo lógico y moral de la compasión

El acercamiento holístico da lugar especial al don de Dios para su iglesia. Hay una tendencia a poner énfasis en los dones verbales, como por
ejemplo la predicación, la enseñanza y la profecía, en tanto otros dones
quedan en segunda categoría, como la contribución a las necesidades de
los demás o el mostrar misericordia. Dios ha bendecido a la iglesia con
los dones de la compasión a fin de proveer una plataforma para su verdad y su amor en la tierra. La credibilidad de la iglesia, por lo tanto,
depende también de la utilización de los dones que Dios nos dio.

Es imperativo que la iglesia en el siglo veintiuno se involucre en
acciones sociales si va a ocupar un lugar relevante en la sociedad. Sea
cual fuere el entorno económico y social, debemos participar en la satisfacción de las necesidades de los marginados del mundo. Al hacerlo,
recuperamos el derecho a tener parte activa en la formación de la sociedad del futuro. Un acercamiento holístico a las necesidades humanas
trae esperanza en medio de la desesperanza. Las obras de compasión
genuina y de amor tapizan el camino para que se establezca el Reino
dondequiera que sea, porque como exhorta George Verwer: «Para el
amor no hay fronteras cerradas».

El ministerio holístico se enfoca en traer a toda la humanidad a la
libertad y dignidad que hay en el valor que Dios da a cada persona, sin
que importe la capacidad física o mental, su raza, su extracción social o
geográfica. Busca ayudar al necesitado y hablar en representación del
oprimido. Se niega a aceptar que solo un pequeño porcentaje del
mundo enriquezca y tenga más salud, a costa del sufrimiento de otros.
Rechaza la parcialidad, el dinero y el poder como base de la «verdad».

Amartya Sen, ganador del premio Nobel de Ciencias Económicas
en 1998, declara que el supremo propósito del desarrollo es la libertad
de la humanidad. La «falta de libertades» del presente impiden la decisión de los individuos y ahogan el progreso económico. La antítesis
para esta «falta de libertades» es el desarrollo.

El desarrollo requiere que se eliminen las mayores causas de la
falta de libertad: la pobreza y la tiranía, las escasas oportunidades económicas y la privación social sistemática, la negligencia

de los servicios e instalaciones públicas y la tolerancia o la actividad excesiva de los estados represivos[4].

Una vez le preguntaron a Bertrand Russell, siendo un firme ateo, qué haría si al morir encontrara que a fin de cuentas sí había un Dios. Si Dios le preguntara por qué no había creído, Russell dijo que su respuesta sería: «No había evidencia suficiente, Dios. ¡No había evidencia suficiente!»[5].

Por cierto, el mundo sufriente en que vivimos no parece, al menos en la superficie, un lugar en el que gobierne la todopoderosa benevolencia. Es difícil entender cómo un orden mundial de compasión podría incluir a tanta gente afligida por la extrema pobreza, el hambre y la desesperación o la privación, o por qué tantos millones de niños inocentes mueren año tras año a causa de la desnutrición o la falta de atención médica o social. Sen continúa:

> El argumento de que Dios tiene razones por las que quiere que nos ocupemos de estos asuntos ha sido apoyado intelectualmente. Como persona no religiosa, no estoy en posición de evaluar los méritos teológicos de este argumento. Aunque sí puedo apreciar la fuerza de la afirmación de que la gente misma debe responsabilizarse del desarrollo y del cambio del mundo en que vive. Uno no necesita ser devoto ni no devoto para reconocer esta conexión básica. Como personas que vivimos juntas, en un sentido amplio, no podemos escapar a la idea de que las cosas terribles que vemos alrededor de nosotros son en su quintaesencia nuestros problemas. Son nuestra responsabilidad ... incluso si además son responsabilidad de alguien más[6].

Si hay alguien que podría estar motivado para cambiar este mundo y eliminar su falta de libertades deberían ser los seguidores de Cristo, quienes no solo tienen la razón, sino también el poder para actuar por medio del Espíritu Santo. Es hora de que haya una revolución en contra de las injusticias y la maldad, contra la pobreza y la corrupción, contra el egoísmo y el materialismo, contra el abuso infantil y la apatía hacia las víctimas de VIH/SIDA, contra la contaminación y la destrucción del ambiente. No podemos seguir como espectadores, sino que debemos hacernos cargo y cambiar este mundo. ¡Es hora de redescubrir la revolución del amor!

«Es solo en la misteriosa ecuación del amor que puede encontrarse una razón lógica»[7].

«Lo que vale es la fe que actúa mediante el amor» (NVI)[8].

Bertil Engqvist, nacido en Suecia en 1942, es artista y maestro de arte. Poco después de su conversión en la década de 1960, él y su familia se mudaron al Oriente Medio con Operación Movilización. Más tarde fue nombrado Coordinador de Área de OM para esa región, liderando y supervisando ministerios de OM en el Cáucaso y Asia Central hasta el año 2002. Bertil ha sido Director Internacional de Operación Misericordia desde sus inicios en 1991. Bertil y Gunnel tienen tres hijos adultos y nueve nietos.

---

[1] Según lo relata Dale Rhoton en las palabras preliminares a George Verwer en *Out of the Comfort Zone* (OM Publishing, Carlisle, Inglaterra, y Wynesboro, GA, USA: 2000), y online en www.georgeverwer.com)

[2] Tony Vaux, *The Selfish Altruist* (London: Earthscan, 2001), p. 173.

[3] Según la cita en un póster de circulación masiva.

[4] Amartya Sen, *Development as Freedom* (New York: Oxford University Press, 1999), p. 282.

[5] Emily Eakin, «So God's Really in the Details?» The New York Times, mayo 11, 2002, descargado de www.nytimes.com/2002/05/11/arts/11GOD.html, 25 de octubre de 2002.

[6] Sen, *Development*, p. 282

[7] Atribuido a John F. Nash al recibir el Premio Nobel de Economía en 1994, en «A Beautiful Mind», Ron Howard, director, Dreamworks, 2001.

[8] Gálatas 5:6, NVI

Literatura en el desarrollo de la iglesia
y las misiones

GERRY DAVEY

Cuando era un estudiante de dieciséis años, recibí por correo un Evangelio de Juan de parte de una señora que creía que Dios responde las oraciones y que creía en el poder de la página impresa. Durante dos años leí ese librito con regularidad hasta que en una reunión evangélica de Billy Graham en la ciudad de Nueva York, nací de nuevo. El día después de mi conversión comencé a evangelizar con literatura y testimonio personal, y desde entonces no he dejado de hacerlo.

GEORGE VERWER[1]

La literatura cristiana es importante para Dios, y tiene un papel central en su revelación a la humanidad. Las palabras *libro* o *rollo* aparecen más de ciento ochenta veces en treinta y cuatro de los libros de la Biblia. Y la frase «está escrito» o el mandamiento «escriban esto» aparece otras cuatrocientas veces. Los libros y la escritura tienen prominencia en los asuntos de Dios para con la humanidad, en el pasado, el presente y el futuro.

En Génesis 5:1 leemos: «Este es el libro de las generaciones de Adán», y el énfasis se sostiene hasta el último capítulo de Apocalipsis, donde se mencionan los libros siete veces.

Moisés supo de la importancia de los libros en el plan de Dios. Al descender del Sinaí y ver al becerro de oro, clamó a Dios: «Si no perdonas los pecados de tu pueblo una vez más, entonces bórrame de tu libro que has escrito».

El deseo del Señor Jesús es que la relación de sus discípulos con Él sea segura, estable, una fuente de regocijo y, por lo tanto, manda en Lucas 10:20: «Regocijaos de que vuestros nombres están escritos en los cielos». Quiere que esta relación sea permanente, que descanse sobre suelo seguro, que sea inmutable, por lo cual utiliza la escritura como medio apropiado, inequívoco y confiable.

Los libros también figuran con prominencia en la administración futura de Dios para su Reino. Daniel 7 y Apocalipsis 20 demuestran el papel central de los libros en el juicio final de Dios: «Y fueron juzgados los muertos por las cosas que estaban escritas en los libros, según sus obras».

Arma y escudo al mismo tiempo

Una de las imágenes más asombrosas que dan las Escrituras para ilustrar lo que es un cristiano es la imagen de un soldado. Sin embargo, en la pelea contra el pecado, Satanás y el soldado no sobrevivirán demasiado sin armas. La literatura siempre ha sido un objeto indispensable en la armadura de los soldados, cristianos o seculares, porque facilita iniciativas y avances.

«Prefiero escribir un panfleto antes que hablar en veinte reuniones ante multitudes», fue la asombrosa afirmación que al parecer efectuó Vladímir Ilich Uliánov (alias Lenin). Y cuando la influencia de sus diecisiete seguidores en 1907 había crecido para controlar a una quinta parte de la población del mundo en 1990, su prioridad se confirmó, ya que la literatura había tenido un papel importante en el crecimiento del comunismo. El mensaje soviético era malo y corrupto, pero en parte debido al vigoroso uso del arma de la literatura, fue eficaz. ¡Cuánto más ha de ser cierto esto para el mensaje verdadero, puro, liberador del evangelio, y por tanto, motivador para que los cristianos se disciplinen y preparen en el uso de esta arma!

El Dr. Donald Coggan, ex arzobispo de Canterbury, escribió en su libro *Convictions*[2]: «Necesitamos una inundación de literatura que incorpore la visión y filosofía cristiana de la vida. Dedicar la vida a esto es blandir el arma más afilada para el bien y para Dios. No hay otra como ella».

La literatura no solo facilita las ofensivas espirituales. Su papel ha sido crucial muchas veces para la construcción de defensas espirituales. Los títulos bien presentados pueden jugar un papel vital para ayudar a los creyentes a detectar, resistir y refutar falsas doctrinas y la superstición que bombardea continuamente a la iglesia en todas las generaciones.

Muchos cristianos pasan por épocas de variación, duda y aridez en cuanto a su fe, y la apologética bien escrita puede ayudarles a estabilizarse y fortalecerse en esos períodos. Los creyentes más maduros se sienten tentados a retroceder o fracasar en su respuesta a los desafíos u oportunidades de la vida, pero pueden encontrar aliento en lo impreso a partir de biografías realistas. Dios quizá haya usado las biografías más que ningún otro medio para llamar a los misioneros a su servicio.

Tener media docena de libros de aliento con puntos ya subrayados puede ser un maravilloso recurso al cual recurrir en momentos de desaliento personal. Un archivo de recortes o periódicos sobre la forma en que Dios está obrando en el mundo hoy a través de la literatura puede salvarnos de la depresión cuando nos rodean los problemas y conflictos en nuestro ministerio.

El poder reproductor de la escritura

A lo largo de la historia de la iglesia, Dios ha utilizado los libros para cambiar a las personas permanentemente y alentarlas hacia un ministerio eficaz y productivo. John Wesley se destaca por su corazón «extrañamente cálido» ante la introducción del comentario de Lutero sobre Romanos. John Newton, capitán de un barco de esclavos, encontró la fe y el perdón en medio de una tormenta en el Atlántico mientras leía *Imitación de Cristo*, de Tomás de Kempis, y de allí pasó a un eficaz ministerio pastoral y a la escritura de libros.

Un texto escrito por un autor desconocido llevó a la conversión del puritano Richard Baxter. A su vez, él escribió *Descanso Eterno de los*

Santos, que aun hoy sigue reimprimiéndose; lo cual llevó a Phillip Doddridge a convertirse al cristianismo. Entre los himnos y libros escritos por Doddridge está *The Rise and Progress of Religion in the Soul*, que por su parte impactó a William Wilberforce, quien pasó a ser un gran reformista social británico. Willberforce escribió *Practical Christianity*, que fuera decisivo en la conversión de Thomas Chalmers, fundador de la Iglesia Libre de Escocia. Una reacción en cadena hasta la formación de una denominación en un siglo futuro... ¡ese es el poder de la literatura cristiana!

Otra reacción en cadena un poco más reciente puede encontrarse a partir de la serie de George MacDonald, en los libros de ficción cristiana que influyeron en C.S. Lewis. Lewis a su vez escribió más de cuarenta libros. Uno de ellos, *Cristianismo... ¡Y nada más!* cambió profundamente a J.B. Phillips, J.I. Packer y Charles Colson, entre otros. Ellos contribuyeron con libros que han ayudado significativamente a miles de personas.

No necesitamos ser autores, sin embargo, para ser eficientes en el ministerio de la literatura. En realidad, es en la distribución donde encontramos el cuello de botella en el ámbito mundial.

George Verwer, fundador de Operación Movilización y uno de los más grades impulsores de la literatura cristiana en nuestros tiempos, tiene este testimonio:

> Cuando era un estudiante de dieciséis años, recibí por correo un Evangelio de Juan de parte de una señora que creía que Dios responde las oraciones y que creía en el poder de la página impresa. Durante dos años leí ese librito con regularidad hasta que en una reunión evangélica de Billy Graham en la ciudad de Nueva York, nací de nuevo. El día después de mi conversión comencé a evangelizar con literatura y testimonio personal, y desde entonces no he dejado de hacerlo.

Hoy George tiene sesenta y cinco años. Aunque ha hablado miles de veces en reuniones grandes y pequeñas en todo el mundo (nunca sin libros que ofrecer), jamás perdió su entusiasmo, su celo y compromiso por la distribución de literatura cristiana. Ha escrito varios libros. Sin embargo, su corazón permanece en la distribución, especialmente en diversos idiomas, que leen personas en lugares muy distantes en todo el mundo. Ha sido de gran gozo, un privilegio para mi esposa y para mí, trabajar con George en el ministerio de literatura durante los últimos cuarenta años, distribuyendo libros en Francia, en España bajo Franco, como director durante dieciocho años del ministerio Envía la Luz del Reino Unido, desarrollando en los últimos años editoriales cristianas en los países que estaban bajo el régimen comunista, ¡y trabajando con George en cantidad de proyectos de libros en idiomas diferentes! ¡A lo largo de todos estos años George nunca ha dejado de desafiar, ayudar y alentar!

Las lecciones de la historia

Los libros importantes no solamente registran la historia; ayudan a darle forma a la historia. Los libros brindan una estructura para comunicar ideas; a medida que se forman ideas, las voluntades aceptan nuevas prioridades y motivaciones que llevan a cambios en la conducta de los individuos, las comunidades y las naciones.

Uno de los más útiles tratamientos de este tema es el folleto de Klaus Bockmuel: *Books – God's Tools in the History of Salvation.* Publicado por primera vez en 1989, establece el papel crucial de los libros en la Reforma, el surgimiento de Pietismo y el Metodismo. Define el papel de la literatura en la lucha de la reforma social en el Reino Unido durante el siglo dieciocho, simultáneamente con el enfoque de la literatura de William Carey, conocido como el padre de las misiones modernas. Bockmuel escribe:

> Sin la imprenta, el curso de la Reforma alemana habría sido distinto. Los escritos de Lutero constituyen un tercio de la totalidad de los libros alemanes impresos en las primeras cuatro décadas del siglo dieciséis. Su «Referente a la libertad cristiana» se reimprimió dieciocho veces en sus primeros seis años. La traducción de Lutero del Nuevo Testamento costaba lo que un artesano ganaba en una semana, pero a dos años de su publicación en 1521, había catorce reimpresiones autorizadas y sesenta y seis pirateadas.

Los libros han influido no solo en la historia de la iglesia sino en el curso de la historia humana. «Todas las revoluciones de la era moderna se iniciaron con una campaña de material impreso de diversos tipos». Una guerra de ideas precede a la guerra en el campo de batallas. Ya mencionamos a Lenin, ¿pero quién puede medir la sobrecogedora influencia y el enorme impacto de *Mi Lucha*, de Hitler, o de *Pensamientos*, de Mao? Billy Graham afirma categóricamente: «Todo suceso de importancia en la historia moderna, sea para bien o para mal, se ha producido a través de la escritura». Las palabras son poderosas y los libros son poderosos. Como cristianos que utilizamos literatura debemos insistir en que nuestro material sea fiel a las Escrituras, relevante a la cultura y de valor perdurable.

El tipo de semilla que hoy sembramos determinará el tipo de cosecha que recogeremos en quizá cinco, diez o veinte años. Si publicamos literatura superficial, cosecharemos cristianos superficiales. Si nuestro material no es detallado ni rigurosamente disciplinado, los lectores tenderán a ser poco cuidadosos y fáciles presas para los cultos o las sectas. Si el llamado es principalmente a las emociones y los sentimientos, los receptores serán inestables y con pobres cimientos. Si hay un énfasis exagerado en lo espectacular y dramático, al final habrá mucha gente herida, confundida y frustrada. Del mismo modo si nos enfocamos exclusivamente en el intelecto, podemos esperar creyentes discutidores, fríos y faltos de compasión. No obstante, si la semilla que hoy sembramos apela al corazón y la mente por igual, podemos esperar más confiadamente en una cosecha de cristianos fuertes, firmes y amorosos, confiados pero con gracia, que saben en qué creen y cómo testificarlo con compasión a los que les rodean.

Con poder para cosas más grandes

Una vez escritas, las palabras y las ideas no pueden distorsionarse con facilidad. Cuando importa mantener registros exactos de la comunicación, la costumbre más sabia y usual en muchas culturas es la de ponerla por escrito. «Expida usted ahora ese decreto, y póngalo por escrito» (Daniel 6:8, NVI). Podemos descuidar las palabras, pero una vez que tenemos que escribirlas solemos tener más cuidado. La buena escritura hace que tanto el autor como el lector piensen de manera más profunda y precisa. Francis Bacon, filósofo y político británico del siglo dieciséis, observó: «La lectura hace al hombre completo, pero la escritura hace al hombre exacto».

La literatura amplía y multiplica los dones del Señor a su iglesia. Permite que la gente con un gran ministerio tenga un ministerio incluso mayor. Y probablemente más importante aun, ¡permite que los creyentes comunes tengamos un ministerio extraordinario!

No soy evangelista, pero cuando distribuyo los títulos de Billy Graham o Luis Palau, estoy haciendo el trabajo de un evangelista y liberando el impacto espiritual de estos grandes hombres de Dios.

No soy un motivador ni un movilizador de misiones, pero cuando estoy acomodando las ediciones de los libros de George Verwer en otros idiomas, estoy extendiendo el llamado al discipulado radical y a la participación de miles y miles de creyentes.

No soy maestro de conferencias bíblicas, pero cuando participo en la traducción de los comentarios del Dr. John Stott al ruso, búlgaro, checo, rumano, estonio, etc., estoy edificando a la iglesia en el mundo al llevar exposición y entendimiento de la Biblia a miles de cristianos.

No tengo el don de la composición literaria, ni los argumentos afinados de un apologista, pero cuando distribuyo las obras de C.S. Lewis, puedo influir en miembros intelectuales y literarios de la sociedad. De la misma manera a través de la literatura puedo ser eficiente como consejero, amonestador, alentador. Los papeles son innumerables.

En Juan 14:12 Jesús dice: «De cierto, de cierto os digo: El que en mí cree, las obras que yo hago, él las hará también; y aun mayores hará, porque yo voy al Padre». Jesús envía a su Espíritu y esto permite que sus hijos hagan estas obras «aun mayores». El ministerio de la literatura es una de las formas en que se cumple esto. ¿A cuánta gente llegó Jesús cuando estaba en la tierra? Quizá a unos cientos de miles. Sin embargo, por su gracia Operación Movilización ha distribuido en los últimos cuarenta y cinco años alrededor de mil millones de obras de literatura cristiana. Y OM es solo un grupo entre cientos, para no mencionar a los cientos de miles de personas que se ocupan del ministerio de la literatura.

A veces pasamos por alto que la literatura puede ayudar a todos los otros ministerios a ser más eficaces. Después de cuarenta años de trabajar con libros he llegado a la conclusión de que no hay forma de ministerio cristiano que no pueda fortalecerse, complementarse, estimularse o cumplirse mediante el uso de literatura relevante. La radio, la televisión, los vídeos, la ayuda y el desarrollo humanitario, la predicación, la enseñanza, la fundación de iglesias, la consejería... lo que sea. Todo puede tener mayor impacto con el uso apropiado de la literatura adecuada. La literatura que se distribuye antes de una actividad puede crear curiosidad y despertar un hambre espiritual; distribuida durante la misma puede consolidar el mensaje; y luego de esta puede ser una ayuda invaluable para la conservacion de resultados.

Ahora más que nunca: Libros

Al volver la vista atrás, los últimos veinte o treinta años demuestran el papel importante de la literatura cristiana en el mundo. Según Operation World, «se calcula que más del cincuenta por ciento de los nuevos conversos en el mundo tienen que ver con la literatura cristiana». ¿Y qué hay del futuro? Nuestros corazones podrían fallarnos mientras enfrentamos el desafío de alcanzar al mundo para Cristo. Alentémonos con las palabras del gran misionero ante el mundo musulmán, el Dr. Samuel Zwemer: «La página impresa es en realidad un misionero que puede ir a cualquier parte con un costo mínimo. Entra en tierras cerradas y llega a todas las clases sociales. No se cansa. No necesita sustento. Vive más que cualquier misionero. Jamás se enferma. Penetra a través de la mente al corazón y la conciencia. Ha producido y produce resultados en todas partes. Muchas veces ha estado inactiva y, sin embargo, mantuvo su vida para florecer en algún momento posterior».

Estas son palabras pronunciadas hace mucho tiempo. ¡Apenas podemos comenzar a entender los recursos que este siglo pone a nuestra disposición con los millones de personas en todo el mundo que pueden descargar libros enteros de la Internet! ¡Qué día vivimos para la dispersión de la palabra escrita!

Si no ha de perder su recompensa quien da un vaso de agua fresca a su prójimo sediento, ¿cuál no será la recompensa de quienes al poner buenos libros en manos de sus prójimos, les abren la fuente de la vida eterna?[3]

TOMÁS DE KEMPIS

Gerry Davey se unió a OM en 1963 luego de ocho años como ingeniero aeronáutico. Durante dieciocho años fue director de Send the Light (RU). Fue miembro fundador y presidente durante diez años de la Convención de Libreros Bíblicos Británicos. Gerry ha ayudado a abrir editoriales cristianas en diez países ex comunistas y hoy sirve como consultor editorial. Gerry y Jean tienen cuatro hijas adultas. Una de sus hijas sirve actualmente en Tayikistán y otra en Nepal.

[1] De la introducción a *Literature Evangelism.*

[2] London, Hodder & Stoughton, 1975.

[3] Citado por Terry W. Glaspey en *A Passion for Books* (Eugene, OR: Harvest House Publishers, 1998), p. 97, citado en www.communitybible.org/library/quotes/quotes.htm, 25 de septiembre de 2002.

Lista de verificación para la renovación continua en las organizaciones misioneras

DAVE HICKS

Allí donde hay dos o tres de los hijos del Señor reunidos, tarde o temprano habrá lío.

GEORGE VERWER[1]

La Biblia y la subsiguiente historia de la iglesia registran el implacable deslizamiento del pueblo de Dios, de servirle a Él a servirse a sí mismo, de la prioridad de buscar su reino y rectitud a buscar primero otras cosas. Jamás olvidaré las palabras de Johan Van Dam, entonces líder de OM Austria, cuando estábamos en Londres al momento de unirnos Cathy y yo a Operación Movilización en 1967: «Todos los años OM debe renacer en cada uno de los equipos en todo el mundo».

La renovación continua (renacimiento, si se quiere) no puede darse automáticamente. Por el contrario: sin vigilancia, visión y vigorosa resistencia a las fuerzas naturales del statu quo las organizaciones misioneras, como las personas, olvidan su primer amor. Con el tiempo suelen perder el enfoque, el aliento y la energía. Comienzan a mirar más hacia un pasado idealizado que al nuevo territorio que puedan ganar para Dios en el presente y el futuro.

En muchos aspectos OM comenzó como movimiento de renovación no solo llamando la atención de la iglesia hacia la acción compasiva en beneficio de los pueblos no alcanzados, sino hacia una visión de la vida cristiana sin grilletes, llamando a los creyentes a cerrar la brecha de obediencia entre la fe profesada y la práctica evidente. George Verwer ha expresado esto a menudo como «vencer la esquizofrenia espiritual», «revolución espiritual» o «hambre de realidad».

Durante más de tres décadas con OM en India, en el barco *Logos*, en Estados Unidos y en incontables foros internacionales he descubierto el desafío, individual y corporativo, de vivir y aun desear la renovación continua. Para mí el proceso de renovación ha llegado a ser más evidente últimamente, cuando Dios nos sorprendió a Cathy y a mí llamándonos a otra agencia hermana que tiene doce años más que OM. Al pasar a Bethany Fellowship International he tenido que repensar la dinámica de la renovación organizativa.

En este ensayo destaco una lista de verificación de factores críticos que subyacen a la renovación continua, incluyendo el papel esencial de uno o más agentes de cambio, una visión creciente de la dependencia de Dios, relaciones clave, formación o reforma del equipo de liderazgo, visión clara y alineamiento de las personas y estructuras. Me detendré en cada uno de estos factores con el libro de Nehemías como telón de fondo.

El papel esencial de uno o más agentes de cambio

Habrá quien se apenara ante los informes del hermano de Nehemías y sus compañeros a su regreso a Persia de una inquietante visita a Jerusalén, pero solo Nehemías oyó en esos informes el llamado de Dios a un curso de acción que alteraría la historia. En virtud de su obediente respuesta, Nehemías fue el catalizador en el avivamiento de la identidad y dignidad del pueblo de Dios. La iniciativa siempre es de Dios, pero él mueve para renovar, restaurar y reconstruir a través de una persona o grupo de personas que carga con sus preocupaciones o intenciones.

Esa carga implica un sentido del destino en lo profundo del alma de quien la recibe. Como escribió Paul Billheimer: «Porque la oración es preparación práctica para los futuros gobernantes del universo, cuando en su divina sabiduría Dios decide un curso de acción en el mundo que Él ha creado y gobierna, busca a un hombre sobre cuyo corazón pueda poner esa carga»[2]. Dios jamás responde a una oración que Él mismo ha inspirado hasta encontrar al hombre que la exprese al menos en su espíritu.

- **Punto de verificación**: ¿Te ha dado Dios la seguridad profunda de que te ha llamado y preparado para ser un catalizador y así guiar a un grupo de hijos suyos al siguiente nivel de su propósito? ¿Te resistes a ese llamado o lo aceptas?

Una visión creciente de la dependencia de Dios

Nehemías respondió a la impactante noticia y al sentido del llamado entregándose a la oración y el ayuno «durante algunos días, de día y de noche». Consideró lo que debía hacer en un contexto de adoración al «Dios de los cielos, fuerte, grande y temible, que guarda el pacto y la misericordia a los que le aman y guardan sus mandamientos» (Nehemías 1:5). J.I. Packer lo dice bien: «Para Nehemías Dios era la más sublime, más permanente, más presente, más íntima, más creadora de humildad, más exaltadora y regidora de las realidades»[3]. La renovación personal y organizativa para los cristianos comienza con la adoración, la maravilla y la intimidad con el Dios trascendente, creador, cumplidor de pactos, que se mantiene firme a su Palabra y se deleita en sus criaturas. La oración es la más elocuente expresión de nuestras prioridades. Confiesa nuestra total dependencia de Dios, ejercita nuestra fe personal y demuestra nuestro amor por los demás.

Las medias noches, o noches enteras, y períodos prolongados de oración en OM han sido una batalla bendita. Casi nunca fueron fáciles, pero esos dulces períodos de adoración que llegaban en la madrugada eran preciosos. El ejemplo de persistencia en la oración y adoración de George Verwer es por cierto una de las principales facetas de su legado.

Comenzamos nuestras nuevas responsabilidades en Betania liderando a la gente del grupo en *50 días para buscar el rostro de Dios*. Estos momentos de conexión corporativa con nuestro Señor, sobre todo para adorarle y escuchar su voz, se convirtieron en un énfasis anual en la oración y el ayuno en unión. En diversas formas la gente de Betania le buscó, le escuchó y le presentó nuestro futuro. Unos meses después, como parte de la nueva estructura, lanzamos un Departamento de Intercesión Global para optimizar la adoración e intercesión en Bethany Fellowship International y por cada una de sus partes, a fin de fortalecer y apoyar a las relaciones, ministerios y liderazgo de Betania.

Siete meses después que llegáramos a Betania, Dios trajo a Jenny Mayhew, ex miembro de OM y uno de los miembros del directorio, junto a varios de sus colegas, para «plantar un jardín de adoración y alabanza al Señor en Betania». Cinco meses antes habían hecho algo similar escondidos en un cuarto de Kabul, Afganistán, bajo el control de los talibanes. Con nosotros en Betania les tomó cuatro días para reunirse con la gente en grupos de veinte o treinta y pasar horas de oración contemplativa y adoración, llamadas *Ministrando a Jesús*. Las guardias de adoración se han multiplicado desde entonces, sirviendo de suplemento a otras reuniones de oración, adoración y estudio bíblico en la vida de Betania.

Nehemías también era un hombre conocedor de la palabra. Su oración en el primer capítulo hace constante referencia a las promesas de Dios. «Recuerda la instrucción que diste a tu siervo Moisés». La reconstrucción física de las murallas preparó el camino para la reconstrucción interna de la identidad del pueblo de Dios alrededor de la Ley, expresión del carácter moral de Dios. La ambición de Nehemías no era simplemente reconstruir las defensas de la ciudad, sino «revitalizar una comunidad espiritual». Solo unos días después que terminaran la reconstrucción, cientos de hombres, mujeres y niños se reunieron en Jerusalén para una celebración del Año Nuevo, en la cual la Palabra escrita de Dios ocupó un lugar central. Se dedicó una reunión al aire libre a la lectura e interpretación de la Palabra de Dios

¿Depende la renovación únicamente de orar la Palabra? Claro que no. Es la Palabra, la oración *y* la acción decidida lo que cuenta. ¡Pero qué rápido se apartan a un lado la oración y la adoración! Nehemías sabía cómo mantener el equilibrio entre la oración y la acción. Cuando la coalición de enemigos comenzó a intentar detener la construcción de la muralla, Nehemías «oró y apostó un guardia día y noche», para contrarrestar la amenaza. Nehemías sabía quién era Dios, y que esto era obra de Él y no suya. Siguió entregándole a Dios todas las amenazas, desafíos, desalientos o imposibles. «Nuestro Dios peleará por nosotros», afirmaba con toda confianza.

- **Punto de verificación**: ¿Es la dependencia de Dios y creciente intimidad con Él lo que está en el corazón de tu ministerio? ¿Qué acciones correctivas debieras realizar para ir más allá del servicio de labios y construir un cimiento más fuerte en adoración y oración para una renovación continua?

Las relaciones son la clave

Nuestra relación con Dios y con los demás son las únicas realidades que durarán por toda la eternidad. Satanás siempre está atacando nuestras relaciones y es muy fácil cooperar con él. Toda organización, aun siendo muy joven, sabe qué difícil es «preservar la unidad del espíritu en el vínculo de la paz». Por eso Pablo nos instruye a «hacer todos los esfuerzos» por mantener la unidad en paz. Si debemos renovar nuestros ministerios, tendremos que tratar con relaciones tensas o rotas, donde ya muchos soles se han puesto sobre enojos reprimidos. Esto es nuestra prioridad.

En el reino de Dios, las relaciones son fundamentales. Traer cambio a una organización misionera requiere de una fuerte inversión en la construcción de relaciones y en la confianza con los que conforman la opinión o con los abridores de puerta que son esenciales para el cumplimiento de nuestro mandato. Nehemías hizo excelente uso de su red de relaciones y la extendió rápidamente al enfocarse en las más importantes y críticas para el éxito de su misión en Jerusalén. Con plena integridad aprovechó las privilegiadas relaciones de las que disfrutaba en la corte de Artajerjes para asegurarse los permisos y recursos que necesitaba. Prosperó el vínculo de la camaradería mientras los obreros trabajaban juntos en la construcción de las murallas para cumplir con un objetivo en común.

En especial en los ministerios mayores, los grupos pequeños son necesarios para ayudar a la gente a relacionarse en más de una tarea.

Cathy y yo nos unimos al primer barco de OM, el *Logos*, a mediados de la década del setenta. Llegamos en un momento cuando ya habían pasado las dificultades iniciales del lanzamiento de este ministerio náutico. Habíamos estado a bordo poco tiempo cuando observamos una cierta cantidad de personas bastante aisladas en una tripulación de ciento treinta y cinco personas proveniente de treinta y cinco naciones. Para ayudar a nutrir las relaciones, lanzamos una iniciativa de grupos pequeños, llamada *Familias del barco*. Estas estructuras les daban a todos los que estaban a bordo un grupo de seis a diez personas con quienes vincularse, celebrar cumpleaños o disfrutar paseos. Aunque el enfoque de estos grupos fue tomando formas diferentes con los años, los grupos pequeños en los dos barcos de OM han brindado un lugar donde pueden crecer las relaciones del reino.

Probablemente el mayor cambio en mi entendimiento de la vida y el ministerio a lo largo de los años es darme cuenta de que nuestra comisión dada por Dios no es principalmente una tarea orientada a la actuación ni al cumplimiento, en tanto las relaciones son un anexo que nos ayuda a cumplirlas mejor. Nuestra comisión consiste en nutrir relaciones vivas y crecientes con el Dios trino y con los demás. Esta realidad relacional, esta verdadera comunidad bíblica, se convierte entonces en el contexto en que pueden cumplirse las diferentes y múltiples tareas.

Gilbert Bilezikian pinta esta imagen del poder de una comunidad de relaciones sinceras:

> La formación de la comunidad no puede ser un tema adicional, ni algo opcional para los cristianos. Es tan importante para Dios como lo es la salvación personal. Sin comunidad no hay cristianismo. La comunidad perfecta se hallará en la intersección de los dos segmentos de la cruz, donde los que están reconciliados con Dios pueden reconciliarse entre sí. Es algo central a los propósitos de Dios para la humanidad ... Veamos cómo la comunidad vence a los poderes del infierno, subyugando a los gobernantes, a las autoridades, y atándolos para que griten pidiendo misericordia bajo la trascendental soberanía de nuestro Señor Jesucristo sobre el cielo y la tierra[4].

- **Punto de verificación**: ¿Estás invirtiendo en las relaciones con las personas más cercanas: tu cónyuge, tus hijos, tus compañeros de trabajo? Hace falta tiempo para construir relaciones, pero vale la pena la inversión.

Formar o reformar al equipo de liderazgo

Después que estuviera construida la muralla, Nehemías puso a su hermano Hanani a cargo de Jerusalén, no por nepotismo sino, «porque éste era varón de verdad y temeroso de Dios, más que muchos». Nehemías formó una importante sociedad con Esdras para restaurar la Ley a su lugar central, lo cual llevó a la renovación de la alianza con el remanente judío.

Traer renovación a una organización ya existente requiere del liderazgo adecuado. Puede haber líderes en el equipo existente que miran más hacia el pasado que al futuro. Y puede haber miembros que no estén preparados para invertir el intenso esfuerzo requerido para redesarrollar la organización: «Ya hemos hecho eso antes», tal vez digan. Quizá haya personas clave que no estén en el equipo directivo actual. Y en realidad quizá haga falta incluirlas. *No hay que comenzar estableciendo una nueva visión y estrategia. En cambio, hay que encontrar dentro del tren quiénes están yendo hacia la estación adecuada y quiénes no, quiénes están sentados en los asientos que corresponden... ¡y luego pensar en el destino!* Esta afirmación un tanto rotunda del consultor organizativo Jim Collins expresa un proceso complejo en cuanto a las relaciones, en especial en el entorno de las misiones y el apoyo con que cuentan.

Cuando llegué a Betania me costó aclarar la visión de su futuro. Luego de determinar solo los rasgos más amplios de la visión, me concentré en el equipo de liderazgo, que era demasiado grande como para liderar con eficiencia. Pasé los primeros seis meses conociendo a los líderes y seleccionando un grupo mucho más pequeño, compuesto por cuatro vicepresidentes de las áreas principales en donde se requerían resultados más importantes para cumplir con nuestra visión y propósito: Impacto Global del Ministerio, Preparación Global del Ministerio, Intercesión Global y Negocios/Operaciones. Una vez formado el nuevo equipo de liderazgo, establecimos otros foros donde podíamos incluir a los ex miembros en las áreas de comunicación y toma de decisiones.

John P. Kotter define un proceso de ocho etapas para crear grandes cambios en las organizaciones. El segundo paso de este proceso se llama «Crear la coalición de guía: reunir a un grupo con el suficiente poder, conocimiento, experiencia y credibilidad como para liderar el cambio y hacer que el grupo trabaje en equipo»[5].

Las personas clave que no están en el equipo de liderazgo pueden suplementar a los miembros de la coalición de guía durante períodos limitados. Una vez creado el grupo de liderazgo principal, debe desarrollarse como equipo en funcionamiento. Un proceso creado por Leadership Catalyst International[6] brinda métodos inteligentes para construir confianza en los equipos de liderazgo. Al destacar las relaciones de confianza y el entorno de gracia dentro del equipo de liderazgo principal, los efectos en toda la organización son profundos. Este proceso pone énfasis en la construcción de una comunidad de relaciones en la que «la gente se sienta segura, pueda madurar, confían entre sí, vivan auténticamente, se celebren, se rían [y además], produzcan mejor»[7].

- **Punto de verificación**: ¿Tienes un equipo de liderazgo, o estás intentando hacer las cosas por ti mismo? ¿Tienes en tu equipo a las personas indicadas para cambiar la dirección de tu organización? ¿Tienes una forma eficaz para construir el equipo?

Aclarar la visión

Con el tiempo las organizaciones tienden a multiplicar sus ministerios, aumentando en complejidad y extendiendo su alcance. Mientras aumenta la diversidad, hay que prestar atención a los elementos que sostienen a la organización, incluyendo las creencias comunes, los propósitos, el valor y la visión del futuro. Al rearticular estos elementos, lo que uno hace comienza a aclararse. Y lo mismo sucede con lo que uno debiera dejar de hacer.

Un nuevo ministerio jamás se inicia sin que se identifique una necesidad por satisfacer. El hermano de Nehemías y sus amigos definieron con claridad el problema a resolver: «El remanente, los que quedaron de la cautividad, allí en la provincia, están en gran mal y afrenta, y el muro de Jerusalén derribado, y sus puertas quemadas a fuego». Reconstruir la muralla física, y proclamar y obedecer la Palabra de Dios en la vida de la ciudad fue el propósito principal de Nehemías. La imagen que pinta vívidamente Nehemías ante Artajerjes y los judíos que estaban en Jerusalén y cerca de allí describía una Jerusalén segura, definida y protegida por murallas y puertas reconstruidas.

Cuando terminaron de reconstruir las murallas, Nehemías le dio poder a Esdras para rearticular la visión de ser el pueblo de Dios a través del entendimiento y aplicación de la Ley, renovando su alianza con Dios. Cuando una organización desarrolla una nueva visión, en esencia está iniciando un nuevo ciclo de vida. Si esta visión es lo suficientemente fuerte, puede revertir el estancamiento y además llevar a la organización de regreso al ciclo del crecimiento. De repente hay un nuevo objetivo por cumplir, nuevas personas y programas que surgen para ir en esa dirección.

- **Punto de verificación:** ¿Están claros y expresados por escrito los propósitos, visión y valores de la organización? ¿Cuándo fue la última vez que dejaste de hacer algo porque no estaba en el corazón de los propósitos de la organización?

Alineación de las personas y la estructura en derredor de la visión

Nehemías era un administrador talentoso. La mayor visión, sin capacidad para alinear a las personas, las estructuras, los materiales y otros recursos en derredor de esa visión, no es más que un sueño. Nehemías unió los recursos y las personas para cumplir con la visión de la construcción de la muralla, instrumentando una fuerza de trabajo de cuarenta y tres grupos en las cuarenta y dos secciones de la muralla y las puertas.

Como Betania es un conjunto de ministerios que incluye una escuela de misiones, una agencia de misiones, un ministerio urbano, una imprenta, una iglesia local y una red de socios de misión global, aclarar la visión central que nos une a todos es un trabajo prioritario.

Nuestra junta de directores aclaró nuestro propósito hace un año; su tarea primaria es la de hacernos rendir cuentas para el cumplimiento de ese propósito.

Nuestro equipo de liderazgo trabaja continuamente para lograr un alineamiento óptimo entre los diversos ministerios, asegurándose de que las personas estén en los puestos más adecuados a sus talentos y experiencia y de que nuestras estructuras reduzcan las duplicaciones de esfuerzos de manera inútil. Sin embargo, la alineación óptima se da solo cuando la visión es clara e invita a la acción. Y lograrlo suele ser un proceso doloroso que requiere una gran inversión del liderazgo en la construcción de relaciones, en la mejora de capacidades y en la claridad de la visión. Todo esto lleva tiempo y esfuerzo.

- **Punto de verificación**: ¿Hay un alto grado de alineación entre el propósito de tu organización y el propósito de las personas, equipos y programas de tu misión? Si no es así, ¿cómo podrías lograr una mejor alineación?

Hemos repasado seis ingredientes críticos que contribuyen a la renovación continua en las agencias de misión: el papel esencial de uno o más agentes de cambio, la creciente visión de que dependemos de Dios, las relaciones clave, la formación o reforma del equipo de liderazgo, la claridad de visión y el alineamiento de personas y estructuras. En realidad, estos componentes no ocurren necesariamente en un orden determinado. Las disciplinas espirituales y las relaciones con Dios y los demás están presentes en cualquier trabajo con Dios. Aun así, la espiritualidad viva debe combinarse con la visión del liderazgo, con el alineamiento del propósito y la acción llena de fe para renovar el ministerio y multiplicar su impacto en el mundo.

Cuando varios y, a veces, todos estos y otros elementos dinámicos interactúan simultáneamente, la renovación continua puede ser una realidad para cualquier misión dispuesta a pagar el precio. Cuando se siguen estos pasos, como dijo John Van Dam hace tantos años, cada año Operación Movilización (y cualquier otra organización de misiones) debe (y puede) renacer.

Lecturas recomendadas

William Bridges, *Managing Transitions: Making the Most of Change* (Reading: Perseus Books, 1991).

Raymond Brown, *The Message of Nehemiah* (Leicester: IVP, 1998)

Larry Crabb, *The Safest Place on Earth: Where People Connect and Are Forever Changed* (Nashville: Word Publishing, 1999)

J. David Schmidt, *The Prospering Parachurch: Enlarging the Boundaries of God's Kingdom* (San Francisco: Jossey-Bass Publishers, 1998)

Marshall Shelley, *Renewing Your Church Through Vision and Planning: 30 Strategies to Transform Your Ministry* (Minneapolis: Bethany House Publishing, 1997).

Dan Southerland, *Transiciones: Dirija a su iglesia a través del cambio* (Miami: Editorial Vida, 1999).

John White, *Liderazgo con excelencia: El modelo de Nehemías* (Miami: Editorial Vida, IVP, 1986).

---

[1] *Sal de tu comodidad y gana al mundo*, p. xiii

[2] Paul E. Billheimer, *Destinados a vencer: La técnica de la guerra espiritual* (Miami: Editorial Betania, 1992), p. 47 (del original en inglés).

[3] J.I . Packer, *Passion for Faithfulness: Wisdom from the Book of Nehemiah* (Wheaton: Crossway Books, 2000), p. 88.

[4] Gilbert Bilezikian, *Community 101, Reclaiming the Local Church as Community of Oneness* (Grand Rapids: Zondervan, 1997), pp. 35, 186.

[5] John Kotter, *Leading Change* (Boston: Harvard Business School Press, 1996), p. 21. Las ocho etapas son: establecer un sentido de urgencia, crear la coalición de guía, desarrollar visión y estrategia, comunicar el cambio de la visión, dar poder para la acción en un sentido amplio, generar victorias a corto plazo, consolidar lo ganado y producir más cambios, establecer nuevos parámetros en la cultura.

[6] www.leadershipcatalyst.org

[7] Bill Thrall, Bruce McNicol y Ken McElrath, *The Ascent of a Leader: How Ordinary Relationships Develop Extraordinary Character and Influence* (San Francisco: Jossey-Bass, 1999), p. 30.

Dave Hicks es Presidente/Gerente principal de Bethany Fellowship International en Minneapolis, Minnesota, Estados Unidos. Dave y su esposa, Cathy, se unieron a OM India en 1967, donde sirvieron hasta 1974. Luego se unieron al barco Logos de OM. En 1980 volvieron a tierra y se unieron a OM USA, donde Dave sirvió como director para Estados Unidos durante diez años y como Coordinador del Área Norteamericana  *desde 1984 a 2000. Dave y Cathy tienen cuatro hijos, tres nacidos en India y uno en Kenia. Son orgullosos abuelos de ocho nietos.*

Cocineros, bomberos, músicos y ganaderos

Estrategia e investigación para misiones del siglo veintiuno

Dr. David Greenlee

> *Dios está buscando hombres y mujeres de fe atrevida en nuestros días ... ser atrevido en la fe no implica no pensar, sino todo lo contrario: concentrarse y tener la idea fija de que Dios ha de ser glorificado y que se deben ganar almas.*
>
> George Verwer

«Nuestros equipos han estado trabajando en el país durante diez años», me dijo el líder de las misiones. «Entramos en una época de grandes cambios políticos, pero ahora que ha pasado el entusiasmo no sabemos exactamente cuál es nuestro propósito».

«¡Cuarenta mil recién llegados a Cristo!», anunciaba el servicio de noticias de la misión. Unos meses después, un colega me confirmó que habían sucedido grandes cosas, pero que le resultaba difícil mencionar más que unas pocas estaban incorporadas a las iglesias.

«¿Qué piensas?», le pregunté a George Verwer en los inicios de mi carrera con OM. «Voy a la capital a arreglar los problemas de inmigración para que el barco *Doulos* pueda quedarse en este país los restantes noventa días que planificamos. Aun así, también voy con las maletas empacadas y un plan de apoyo para volar a las Bahamas y arreglar una visita no anunciada. ¿Es falta de fe?»

«La fe no tiene solo el Plan A y el Plan B», respondió George. «¡Tiene también Plan X, Plan Y, Plan Z!»

¡La estrategia de misión es una cosa compleja! Por un lado debemos depender del Espíritu de Dios para hacer las cosas. Y por otro lado Dios nos ha dado la responsabilidad de cumplir con la Gran Comisión que nos dio. ¿Cómo entender nuestra situación y aprovechar al máximo lo que Dios ha invertido en nosotros?

Libros de cocina y bomberos

En los Estados Unidos la llamamos Betty Crocker. Los suizos la llaman Betty Bossi. Con aspecto de amas de casa, estas mujeres adornan los libros de cocina que hay en una innumerable cantidad de hogares. Lo único que hay que hacer, nos dicen, es seguir las sencillas instrucciones y luego, como aparecen en las ilustraciones de Betty, del horno saltará una magnífica torta, un suculento asado o tiernos vegetales a la china.

A veces sucede lo mismo con las misiones: tome unos pocos obreros, mézclelos en un seminario o plan de evangelización, revuelva con oración, ¡y sale una iglesia!

Me doy cuenta de que nadie es tan simplista, aunque debemos admitir que sí hay quienes ven las misiones como resultado de «libros de cocina», especialmente en planes desarrollados lejos del campo de servicio. Como sucede con mis fracasadas tortas y comidas chinas, de alguna manera los resultados no son como los de Betty, o los que veo en el libro, ¡ni como yo pensé que serían!

En mi cocina debo tomar en cuenta la altitud del terreno, los ingredientes del país donde vivo, que no son los mismos que encuentro en casa. En las misiones quizá deba adaptarme a diferencias culturales o de otra índole. Y muy a menudo olvidamos el factor humano: los misioneros y a los que llegan no siempre responden de manera previsible. Por supuesto, también está el «factor Dios»: Dios hace las cosas de manera sorprendente y con personas sorprendentes.

Estoy a favor de la buena cocina, y en las misiones prefiero la buena organización. Conocer esta «visión del libro de cocina» puede ser un buen comienzo. Sin embargo, en humildad debemos recordar que las misiones no se logran mediante simples recetas.

Otra forma de estrategia de misión es la del «bombero». Los bomberos responden ante las emergencias con mucha energía, muchas luces y ruidosas sirenas. Tal cosa sirve para un buen artículo o noticia en el periódico o la televisión. Los bomberos son servidores públicos esenciales. Con todo, se ocupan de rescatar y no de construir o reparar. Pasada la emergencia, alguien tiene que venir a limpiar y lograr que la vida vuelva a la normalidad.

Lo mismo sucede con las misiones. No estoy criticando los bien planificados y vitales ministerios de ayuda de emergencia o desarrollo comunitario. Más bien hablo del peligro de ser bomberos misioneros. Llevados por la última moda, entran con sus cámaras destellando, conectados regularmente al Internet, simplemente porque hay presión o una posibilidad de participar en el «entrenamiento» o «el ministerio a los musulmanes», o lo que fuera que la tendencia actual les indica que hay que hacer. Y, por supuesto, siempre deben decir que se ocupan de «servir en sociedad con la iglesia nacional».

Músicos de jazz

Mi imagen preferida de la estrategia de misión son los músicos de jazz. Aunque nunca llegué a ser muy bueno, en la universidad sí me gustaba tocar la trompeta en la banda y aprendí a apreciar la destreza de los verdaderos grandes músicos.

Esos hombres y mujeres estudiaron duro para aprender lo básico y luego desarrollaron la habilidad que les permitía hacer música hermosa. Al comenzar, ya sabían más o menos hacia dónde irían, aun si no estaban seguros de cómo llegarían allí. Se turnaban para tocar como primeras o segundas figuras. La disonancia se convertía en armonía al pasar a una nueva clave. Aun cuando improvisaban, musicalmente sabían hacia dónde iban.

En el centro de todo esto estaba el liderazgo hábil. El líder de la banda quizá no supiera tocar todos los instrumentos, pero sí conocía a su banda y sabía lo que podían producir. Percibiendo el espíritu de la música, el líder deleitaba a su audiencia tanto en un ensayo de viejas melodías como al crear nuevos sonidos que se adaptaran al entorno.

Es obvio el paralelo con la estrategia de misión. No es suficiente ir «con el espíritu» de las cosas. También es necesario saber lo básico. Aprender el idioma, conocer la Palabra de Dios y muchas otras destrezas… todo esto hace falta. Aun así, también hace falta estar preparado para adaptarse a los contornos borrosos de la realidad, a las situaciones imprevisibles que todos enfrentaremos. No podemos revolcarnos en la discordia, sino que debemos convertir el dolor en «notas pasajeras» que enriquecerán la belleza de nuestra vida y ministerio. Escucharnos unos a otros y seguir a nuestro Líder es lo que hará que podamos hacer música realmente hermosa.

Investigación que lleva al cambio

La teoría del liderazgo puede ayudarnos a desarrollar nuestra visión de la estrategia. Entonces, ¿cómo entender las complejas situaciones (la realidad) y modificar nuestra perspectiva para satisfacer la necesidad?

Cuando hablamos de investigación de misión, por lo general pensamos en listas de gente no alcanzada y en estadísticas de evangelización. *Operación Mundo*, el Proyecto Josué y la *World Christian Encyclopedia* han brindado tanto a los líderes de misión como a los laicos excelentes recursos para entender las necesidades del mundo. Los estudios demográficos que nos muestran las tasas de afectados por el SIDA, la cantidad de analfabetos y otras tendencias sociales pueden señalar necesidades al ministerio cristiano. Los mapas, recursos clave en muchas reuniones de oración de OM, nos ayudan a visualizar las necesidades.

El uso de sistemas estadísticos y demográficos en la estrategia de misión es común y se entienden bien. Necesitamos más de este tipo de estudios e investigación. A pesar de eso, los estrategas misioneros necesitan otro medio para entender el impacto de sus propios ministerios y responder a situaciones cambiantes. Yo lo llamo *investigación evaluativa aplicada*. Permítanme ilustrarlo con un ejemplo de los barcos de OM.

En 1986, el *Doulos* navegó a lo largo de la costa de África Occidental. Los evangelistas informaron de tres mil decisiones en Sierra Leona durante la visita de tres semanas. Hubo cientos que informaron profesar la fe en Cristo en otros países de la región.

Cuatro años más tarde, como director de programa de nuestro barco *Logos II*, me preocupó que tuviéramos un programa eficaz para nuestra gira en África Occidental, ya que faltaba poco para partir. Les pedí a los que realizaban viajes de evaluación que me indicaran sobre los efectos perdurables de ese viaje de evangelización del *Doulos*, cuatro o cinco años antes. Para mi desilusión, no me dieron siquiera un solo informe de que alguien participara fielmente en una iglesia entre quienes habían llegado a la fe a través del ministerio del *Doulos*. Creo que algunos sí habían llegado a conocer a Cristo, pero al menos en esa investigación no encontramos a nadie que viviera su fe en la comunidad de iglesias con las que manteníamos contacto.

Para mí y para mis colegas esto era inaceptable, y exigía cambios en el modo en que nos ocupábamos de evangelizar. Pusimos mucho más énfasis en la conservación de resultados: establecimos un sistema viable, preparando a cristianos interesados de las iglesias que cooperaban, y enfatizamos el contacto reiterado con quien hubiera profesado su fe mientras el barco aún estaba en el puerto. En lugar de tres mil profesiones de fe en un puerto, quizá hayamos logrado tres mil en unos diez o doce puertos. Sin embargo, un año más tarde verificamos con los comités de pastores y líderes cristianos. En un puerto oímos que quince continuaban con el Señor, y unos treinta en otro puerto. En los demás países las cifras eran similares.

¿Qué fue lo determinante? Puedo señalar cuatro cosas: (a) la preocupación e interés inspirados por el Espíritu, que llevó a (b) una investigación básica; (c) los resultados se estudiaron con ojos de misión y (d) por parte de quienes pudieran realizar cambios.

Daniel Rickett, escribió que la evaluación es un proceso continuo, y no algo que se hace al final. Él cree que:

> A menos que los líderes de los ministerios vean la evaluación como una retroalimentación para el aprendizaje de la organización que les ayuda directamente a liderar, jamás tendrán tiempo para ello.

La función de la evaluación debe redefinirse y reorientarse ... Quizá en los días por venir haya más «organizaciones de aprendizaje» saludables que integren la evaluación en su vida normal y cotidiana. Y los donantes ya no tendrán que hacer las preguntas equivocadas cuando los de adentro estén ya preguntando «las preguntas adecuadas»[1].

Rickett, como yo, no está buscando la evaluación «que justifique a los donantes», preguntando solo si cumplimos con nuestros objetivos. Más bien, necesitamos una investigación que vea las consecuencias más amplias de nuestro ministerio, que desarrolle nuestro entendimiento de la situación y que unida con la reflexión misiológica lleve a una respuesta cristiana más adecuada.

He escrito a veces sobre asuntos técnicos que tienen que ver con la investigación evaluativa aplicada[2]. En numerosos libros hay ideas que tratan la metodología de la investigación. En lugar de repetir los conceptos técnicos, me gustaría señalar seis aspectos importantes en la aplicación de la investigación evaluativa, a fin de enfatizar más en la estrategia de la misión.

Primero, la investigación evaluativa aplicada debe apreciarse en todos los niveles, y ser solicitada por el liderazgo principal. La actitud del director de un ministerio que me dijo que «preguntara lo difícil y no hiciera trampa» ha llevado a una robusta evaluación de ese ministerio y a un afinado enfoque hacia el futuro. Cuando los líderes principales se responsabilizan de la investigación, las personas no necesitan sentirse amenazadas; todos pueden entrar francamente en el proceso en que se busca un futuro mejor.

Segundo, necesitamos mayor énfasis en la investigación que vincule a la misiología con la evaluación. Más que un análisis orientado solo a los objetivos o lo económico, necesitamos preguntar cómo está llegando la gente a la fe, cómo crecen las iglesias, cómo se preparar los líderes. Los resultados de estos proyectos de investigación no estarán escritos en manuales de «cómo hacerlo». En cambio, las recomendaciones podrían formularse como preguntas que desafíen al lector a pensar, aplicar, responder y efectuar los cambios necesarios.

Tercero, aunque esta investigación debe estar a cargo de los líderes principales, debemos preguntarnos dónde está el corazón de la investigación. Hace mucho tiempo un investigador principal de otra organización me aconsejó ubicar mi lugar de trabajo lo más cerca posible del campo, y con buenos medios de comunicación. Su consejo es válido. Porque lo que se investiga desde una oficina central lejana, casi nunca llega a apreciarse bien. Los proyectos deben salir del campo, y presentarse de modo que ayude a los obreros a cumplir con su tarea.

Cuarto, no basta con hablar de investigación nada más. Sean obreros en el campo de la misión o personal en la oficina de base, los misioneros necesitan aprender cómo puede beneficiarles la investigación. Este tipo de investigación no debe ser algo distante y académico; solo unos pocos necesitarán destrezas profesionales. En cambio, en nuestra capacitación y entorno de estrategia, debemos poner más atención a una mentalidad evaluativa. *Breakthrough Training*, de Global Mapping (www.gmi.org), es un modelo excelente que convierte los problemas de la vida real en bocados de tamaño real, y desarrolla más una forma de pensar que una habilidad técnica.

Quinto, necesitamos recordar que este tipo de investigación no necesita estar llena de estadísticas y preguntas para completar. En su lugar, podrán utilizarse métodos etnográficos y de grupos reducidos, que pueden dar resultados muy útiles. Un estudio sobre un grupo de quince mujeres que cambiaron el islam por Cristo no producirá un informe global sobre el modo en que estas mujeres llegan a la fe. Pero sí hace surgir asuntos de importancia, y tiene el potencial de ayudar a algunos misioneros a evaluar su impacto y la naturaleza de la capacitación que se da a los nuevos obreros.

Finalmente, debemos ayudar a nuestros líderes de misión a publicar solo los resultados que se puedan verificar. Debemos ser muy cuidadosos cuando nos referimos a los números de los que hemos evangelizado, alcanzado o preparado. Dios con frecuencia hace cosas espectaculares, ¿pero son típicas o excepcionales las historias que informamos? La investigación evaluativa aplicada nos puede ayudar a ver la diferencia y a evaluar mejor el resultado perdurable de nuestro trabajo. El saludable escepticismo puede ayudarnos a evitar la repetición de historias fantásticas que aunque suenen bien no representan la situación real.

Al formar la estrategia de misión, por tanto, debemos conocer lo básico, en lo que pueden ayudarnos los «libros de cocina». Las situaciones críticas a veces requerirán de una perspectiva de «bombero», pero la moda y la imagen jamás deben definir nuestra visión. El modelo de estrategia preferido es el del músico de jazz: trabajar con un equipo, con destrezas básicas bien afinadas, respondiendo a situaciones de permanente cambio para producir música hermosa.

Y por último, los ganaderos

Durante siglos los ancestros de mi esposa en Suiza realizaron investigaciones. Se especializan en la ganadería lechera de Adelboden, y no les gusta que se les llame investigadores. Lo que sucede es que al observar patrones climáticos y medir la producción de leche, notando sutiles cambios en el queso resultante, aprendieron y adaptaron sus métodos para lograr los resultados deseados.

Nuestros sobrinos, que se integran a la granja en la actualidad, tienen más preparación formal que sus antepasados, pero lo que quizá sea más importante aun, han aprendido a combinar esta investigación informal con los hallazgos de los científicos para aumentar el rendimiento al tiempo de proteger el ambiente. No cambian sus métodos simplemente para seguir una moda o un rumor que proviene de otro país, y desdeñan las restricciones legalistas de los burócratas que han olvidado el sentimiento por la tierra. Escuchan, aprenden, conversan y luego, cuando lo científico se condice con su entendimiento de la situación, aplican ideas nuevas.

Si los misioneros deben ser músicos de jazz en términos de estrategia, debieran ser ganaderos en lo que respecta a la investigación. El sentido analítico del obrero en el campo debiera combinarse con lo que ofrece la especialización, para aumentar el entendimiento, sugerir nuevos métodos y aumentar el fruto.

Músicos de jazz y ganaderos. Los reclutadores de misión quizá no los tengan de primeros en la lista de prioridades, pero en las misiones del siglo veintiuno los necesitamos para que nos ayuden a saber hacia dónde vamos y cómo llegar allí.

El Dr. David Greenlee es Coordinador Internacional de Investigaciones de Operación Movilización. Hijo de padres misioneros en Colombia, David se unió a OM durante la campaña de Navidad de 1977 en México. Después de dieciséis años sirviendo en los barcos de OM, y de completar sus estudios doctorales en Trinity Evangelical Divinity School, fue líder de campo de los ministerios de OM en una región de «acceso creativo». Es miembro invitado de la facultad del Tyndale Theological Seminary, cerca de Amsterdam, y enseña en otros lugares de mundo. David y su esposa, Vreni, y tienen tres hijos adolescentes.

[1] Daniel Rickett, «Healthy organizations learn the benefits of appropriate ministry evaluation», GMI World, primavera 2001.

[2] *Making our Greatest Contribution: How Evaluative Research can help Field Ministries.* Presentado en la Tercera Conferencia de Investigadores Internacionales de Lausana, 4-8 de septiembre de 2001, Chiang Mai, Tailandia.

El alcance de la evangelización

DR. ROBERT E. COLEMAN

Es muy fácil perder la visión de las almas ... si uno no tiene tiempo de dejar su importante empleo y hablarle de Cristo a alguien, de veras está muy ocupado.

GEORGE VERWER

Un artista que busca retratar en el lienzo el significado de la evangelización, pinta una tormenta en el mar. Las nubes negras llenan el cielo, iluminadas por un relámpago, en tanto que un barco pequeño, empujado por las olas tremendas, ha naufragado y yace golpeado y destruido junto a las rocas. Los marineros luchan por sobrevivir en las aguas enfurecidas, y sus voces claman pidiendo auxilio. La única luz de esperanza en primer plano es una gran roca que sobresale del agua. Y allí, aferrándose con las dos manos a la superficie resbaladiza, hay un marino solitario.

Es una escena conmovedora. La pintura muestra en la tempestad un símbolo de la desesperada condición de la humanidad. Y, fiel a las Escrituras, la única forma de salvación era «la roca de la eternidad, un refugio en tiempo de tormenta».

Sin embargo, al reflexionar sobre su obra, el artista notó que no había retratado el asunto con exactitud. Al ver su error, pintó otra escena similar a la primera. La misma tormenta: las nubes negras, el relámpago, las aguas enfurecidas. El mismo barquito aplastado contra las

217

rocas, la tripulación que lucha en vano en medio de las olas. Y en primer plano la misma roca de gran tamaño y el mismo marino solitario, aferrándose para salvarse. No obstante, el artista ahora cambia algo en la pintura: el sobreviviente se aferra a la roca con una mano, en tanto extiende la otra para ayudar a un amigo que está hundiéndose en medio de las olas. Esa es la imagen de la evangelización: la mano que se extiende para rescatar al que está perdido. Hasta tanto no se ofrezca esa mano, no hay evangelio, ni hay salvación[1].

Buenas nuevas en Cristo

La evangelización ofrece la salvación por medio de Jesucristo a hombres y mujeres a punto de perecer. Nada puede ser más importante para la humanidad, tanto en lo individual como en lo colectivo, porque la humanidad está «muerta en delitos y pecados» (Efesios 2:1), sin recurso natural que la salve. Para los hombres que mueren en esta desesperación, bajo el juicio del infierno, saber que la redención ha llegado es una noticia muy buena. La palabra «evangelizar» significa literalmente «llevar las buenas nuevas». Como sustantivo es «evangelio».

La palabra aparece más de ciento treinta veces en el Nuevo Testamento, como en la proclamación a los pastores de Belén: «Porque he aquí os doy nuevas de gran gozo, que será para todo el pueblo: que os ha nacido hoy, en la ciudad de David, un Salvador, que es Cristo el Señor» (Lucas 2:10-11).

Al hablar del ministerio del Mesías que vendría, el profeta Isaías dice: «El Espíritu de Jehová el Señor está sobre mí, porque me ungió Jehová; me ha enviado a predicar buenas nuevas a los abatidos, a vendar a los quebrantados de corazón, a publicar libertad a los cautivos, y a los presos apertura de la cárcel; a proclamar el año de la buena voluntad de Jehová» (Isaías 61:1-2).

Jesús interpretó su misión como cumplimiento de esta promesa (Lucas 4:18-19). Se vio a sí mismo como evangelista, anunciando la venida del reino y «cumpliendo la voluntad de Dios» que le envió (Juan 4:24). En Jesús el evangelio se hizo carne y vivió entre nosotros (Juan 1:14). Él fue «el camino, y la verdad, y la vida» (Juan 14:6). Durante unos pocos años asumió nuestra imagen y nos mostró quién es Dios y cuánto nos ama: «Ciertamente llevó él nuestras enfermedades, y sufrió nuestros dolores» (Isaías 53:4). Finalmente «cargó nuestros pecados en su cuerpo» sobre la cruz (1 Pedro 2:24). Sufrió por nosotros «el justo por el injusto» (1 Pedro 3:18), para que por su muerte el mundo pudiera salvarse.

Habiendo hecho efectiva para siempre nuestra redención a través de su sangre, resucitó de la tumba «conforme a las Escrituras» (1 Corintios 15:3-4). Apareció ante sus discípulos en su cuerpo resucitado, luego ascendió a los cielos, de donde había venido. Allí en exaltado reinado, vive por siempre «para salvar perpetuamente a los que por él se acercan a Dios» (Hebreos 7:25).

No hay otra manera... «no hay otro nombre bajo el cielo, dado a los hombres, en que podamos ser salvos» (Hechos 4:12). Jesús se ofrece a sí mismo como único mediador entre Dios y el hombre. No podemos dilucidar los misterios de la Trinidad, ni comprender el alcance de la divina providencia, pero podemos ver a Jesús. El solo mostrarle a la gente a Jesús me recuerda a William Taylor, quien durante la fiebre del oro en California, en el siglo diecinueve, fue a San Francisco para evangelizar. Como no había edificio de iglesia salió a las calles para reunir una congregación. Gritaba a la multitud: «¿Qué noticias hay?». Y cuando había captado su atención, el evangelista comenzaba su mensaje: «¡Gracias a Dios tengo buenas noticias para ustedes esta mañana!». Entonces les hablaba de que nuestro Dios «de tal manera amó ... al mundo, que ha dado a su Hijo unigénito, para que todo aquel que en él cree, no se pierda, mas tenga vida eterna» (Juan 3:16).

Todo por gracia

Aquí está la maravilla del evangelio. No es que nosotros amamos a Dios, sino que Él nos amó y se entregó por nosotros «siendo aún pecadores» (Romanos 5:8). Dios aceptó nuestro juicio para que pudiéramos recibir su justicia. Todo surge de la misericordia. En nuestra total indefensión Dios hizo por nosotros lo que jamás podríamos haber hecho solos. Contrariamente a lo que sostiene la cultura humanística, el evangelio no revela nuestra búsqueda de Dios. Más bien revela la inquebrantable búsqueda de nosotros por parte de Dios. Todo en nuestra salvación comienza a partir de la gracia divina.

Por esto la gracia es tan asombrosa. Dios no nos pide que nos levantemos del pantano... Él nos levanta. No nos salva a causa de nuestros esfuerzos y obras de penitencia, sino solamente por su inmerecido amor, cuando en quebranto y arrepentimiento, por simple fe, recibimos «el don de Dios» (Efesios 2:8).

Cuando el ya fallecido Dr. Charles Berry comenzó su ministerio, predicaba un evangelio inadecuado. Como muchos otros jóvenes que habían pasado por una preparación teológica liberal, cuestionaba la eficacia de la salvación de la sangre de Cristo, viendo a Jesús más como un gran maestro moral que como un Salvador divino. Durante su primer pastorado en Inglaterra, estando en su estudio una noche muy tarde, oyó que golpeaban a la puerta. Al abrirla, vio a una joven de pie allí.

—¿Es usted ministro? —preguntó, y al recibir una respuesta afirmativa, continuó—. Debe acompañarme ahora mismo; quisiera que hiciera entrar a mi madre.

Imaginando que se trataba de un caso de ebriedad en las calles, Berry dijo:

—Debieras ir a buscar un policía.

—No —dijo la joven—, mi madre está muriendo y debe venir usted conmigo para hacerla entrar en el cielo.

El joven ministro se vistió y la siguió. Al entrar en la habitación de la mujer se arrodilló junto a ella y comenzó a describir la bondad y generosidad de Jesús, explicando que había venido a mostrarnos cómo vivir sin egoísmo. De repente la desesperada mujer le interrumpió:

—Señor —dijo—, eso no sirve para los que son como yo. Yo soy pecadora. ¿No puede hablarme de alguien que pueda apiadarse de mí y salvar mi pobre alma?

«Allí estaba yo», dijo el Dr. Berry, «en presencia de una mujer agonizante, y no tenía qué decirle. En medio del pecado y la muerte no tenía mensaje... Para llevarle algo a la mujer, volví a las rodillas de mi madre, a la fe de mi cuna y le conté la historia de la cruz y el Cristo que era capaz de salvar aun a los casos más extremos».

Las lágrimas rodaban por las mejillas de la mujer.

—Ahora me entiende. Sí, ahora me está ayudando —dijo.

Y el afamado predicador, concluyendo el relato, dijo:

«La hice entrar, y bendecido por Dios, entré yo también»[2].

Cuando recibimos ese don de vida, su Espíritu comienza a recrearnos conforme a su naturaleza. Dios en realidad nos incorpora a su cuerpo para que podamos ser una extensión de este ante el mundo. Lo que motivó la vida de nuestro Señor, ahora comienza a motivar la nuestra. El amor de Dios es «derramado en nuestros corazones por el Espíritu Santo que nos fue dado» (Romanos 5:5). Su amor es la fuente de donde fluye la evangelización. No es algo que se construya, sino que se libera.

Todos deben oír

Viniendo de Dios, este amor por naturaleza no puede más que fluir y no contenerse en uno mismo. El Padre envió al Hijo a ser «el Salvador del mundo» (Juan 4:42). Dios «quiere que todos los hombres sean salvos y vengan al conocimiento de la verdad» (1 Timoteo 2:4). La invitación del evangelio se dirige a todo aquel que invoque el nombre del Señor (Romanos 10:13). Todo el que se arrepienta del pecado y venga a Cristo en fe sincera será salvo. Dios no discrimina a las personas. No todos creerán en el evangelio, pero todos deben oírlo.

Con esta suposición, no está dentro de nuestra jurisdicción hacer distinciones de privilegio. Estamos en la obligación de llevar las buenas nuevas «a griegos y a no griegos, a sabios y a no sabios» (Romanos 1:14). No se pueden levantar barreras sociales, culturales ni raciales en contra de la predicación de la gracia redentora. No hay distinción bíblica entre las misiones nacionales y extranjeras. Todo es evangelización del mundo.

Esto significa que habrá que prestar más atención al llegar a la gente con una cultura similar o totalmente diferente, con idioma diferente, donde quizá no haya iglesia viable. Es posible que vivan en lugares distantes y aislados, pero también las habrá en las ciudades, en nuestro propio barrio. Dondequiera que estén hay que ubicarlos y aprender sus modos. Ya hemos estado enclaustrados en nuestros guetos eclesiásticos durante demasiado tiempo, sin visión de las regiones que hay más allá.

Si debemos de cumplir la Gran Comisión, no podemos poner límites a nuestra responsabilidad de llegar al mundo no cristiano. Todo método que logre la tarea será útil.

Sea como fuere que lo hagamos, seamos perseverantes. La evangelización es una responsabilidad y un privilegio que no cesan. Solo cuando nos veamos constantemente involucrados en este testimonio, estaremos viviendo según el patrón del Nuevo Testamento. Cuanto más involucrados estemos, tanto más sentiremos el llamado del mundo que muere. En todas partes hay gente asustada, desesperada, que grita pidiendo atención y cuidado. Están perdidos, y son millones, y su única certeza es la tumba. Estas son personas por las que Dios dio a su Hijo.

El estilo de vida de la Gran Comisión

La conversión solo es el comienzo de un continuo proceso de aprendizaje mediante el cual somos conformados de manera progresiva a la forma de vida de nuestro Señor. No se nos pide que hagamos conversos, sino que «hagamos discípulos» de todas las naciones (Mateo 28:19). Con este fin vamos, bautizamos y enseñamos, así como en otras versiones del mandato se nos envía a predicar y dar testimonio (Juan 17:18; 20:21; Marcos 16:15; Lucas 24:48; Hechos 1:8). Solo a medida que hacemos discípulos pueden encontrar su propósito estas actividades relacionadas[3].

Los discípulos continúan madurando en su semejanza de Jesús, y al hacerlo comienzan a participar en su ministerio. Con el tiempo, los discípulos más maduros comenzarán a hacer discípulos nuevos, enseñándoles a hacer lo propio llegado el momento. Muchas veces no hemos mantenido en mente este objetivo, al poner el énfasis en la espectacular cantidad de personas que confiesan a Cristo, y sin ocuparnos de su santidad más adelante. Debemos reconocer que es nuestra responsabilidad alimentar a los nuevos cristianos en su sacerdocio.

La evangelización y el discipulado se complementan. Ninguno de los dos puede gozar de buena salud si está separado del otro. Si solo ponemos énfasis en llegar a Cristo y no prestamos atención a la preparación, al final la iglesia disminuye porque da a luz bebés que jamás crecen. Por otra parte, solo enfocarnos en la educación y dejar de lado el alcance masivo mundial hará que la iglesia se estanque porque se interrumpe el flujo de nueva vida.

A medida que los discípulos siguen a Cristo su entendimiento del ministerio aumenta. Cada uno de los miembros de la iglesia tiene su parte en el trabajo del cuerpo (Efesios 4:11-12; Juan 14:12). En virtud de los diferentes dones, variarán los papeles del ministerio, pero todos somos siervos. Los discípulos se hacen a través de las relaciones, en especial con las personas que tenemos más cerca. Así como sucede cuando criamos a los hijos, nos rodean las oportunidades para ser mentores de alguien. Si aprovechamos estas oportunidades, encontraremos nuevo sentido en cada actividad, al dirigir nuestra vida cada vez más según la Gran Comisión. No habrá nada que sea insignificante.

Cuidar a las almas de las personas nos da una nueva conciencia social. Nos volvemos más sensibles a las necesidades de la persona completa: cuerpo, mente y alma. Según lo permitan los recursos, haremos lo posible por mostrar el amor de Dios. En toda forma de ministerio está presente el cumplimiento del propósito de Cristo de «buscar y salvar lo que se había perdido» (Lucas 19:10). Allí donde esto no se cumple, todavía hace falta aprender un indispensable aspecto de la vida de nuestro Señor.

Muchos quizá tengamos que reordenar nuestras prioridades para dedicarnos con mayor amor a las necesidades del mundo. La evangelización es costosa. En ella hay una cruz... la ofrenda diaria de nosotros mismos para cumplir la voluntad de Dios.

Gozo de la cosecha

Debo mencionar un último aspecto de la evangelización: el gozo que viene a quienes se comprometen con esta obra. Jesús habla de ellos diciendo: «El que siega recibe salario, y recoge fruto para vida eterna, para que el que siembra goce juntamente con el que siega» (Juan 4:36). Conocer la vida eterna en Cristo; darnos cuenta de que formamos parte de lo que Dios está haciendo para reunir a su pueblo desde los confines de la tierra, un pueblo hecho bello en santidad que jamás dejará de adorarle, ¿qué más se puede pedir?

Jesús vivió con esta visión, con el «gozo puesto delante de él» que hizo que soportara los sufrimientos de la cruz (Hebreos 12:2). Sabe que cuando los obreros de la cosecha se multiplican, se acerca el día en que el evangelio del reino se predicará en todo el mundo, y entonces Él regresará para reinar sobre su pueblo por siempre. Él enseñó a sus discípulos a vivir con esta expectativa... la de ver nuestro trabajo hoy a la luz de la eternidad.

Juan, el discípulo amado, vio esa cosecha final al ser arrebatado en el Espíritu en la isla de Patmos. Espiando por la puerta del cielo vio a las huestes de adoración. Vestidos con vestiduras blancas y agitando palmas de victoria. Hasta donde llegaba su vista venían «de todas naciones y tribus y pueblos y lenguas» (Apocalipsis 7:9). ¡La Gran Comisión se cumplirá! En el programa de Dios ya se ha cumplido; ha comenzado la celebración. Y de la iglesia completada resuenan los aleluyas por las calles de oro. Se oye una voz potente que dice: «La salvación pertenece a nuestro Dios que está sentado en el trono, y al Cordero» (Apocalipsis 7:10).

Hace años en una expedición a un área no alcanzada de la India, el reverendo E.P. Scott se encontró frente a una banda de guerreros hostiles. Lo capturaron y apuntaron sus lanzas a su corazón. Indefenso, el anciano misionero tomó su violín, lo puso sobre su hombro y comenzó a tocar y a cantar en la lengua de los guerreros:

¡Toda gloria al poder del nombre de Jesús!
Que los ángeles caigan postrados:
Trayendo la diadema real
¡y le coronen Señor de todo!

Cuando resonaron sus palabras, el reverendo Scott cerró los ojos, esperando la muerte. Entonces, cuando nada sucedió, los abrió. Y vio que las lanzas habían caído al suelo. Sus ojos se llenaron de lágrimas. Los guerreros le rogaron que les hablara de ese Nombre... el Nombre que está por encima de cualquier otro nombre, el Nombre por el que cualquiera puede llegar a Dios. Así que los acompañó y ganó a muchos para Cristo, y levantó una iglesia que se regocijó en la salvación[4].

Pase lo que pase, sabemos que el Nombre de Cristo prevalecerá. La certeza de ese día establece la visión que dirige a la evangelización. ¡El Rey viene! Si bien todo lo que vemos delante no está claro, «sabemos que cuando él se manifieste, seremos semejantes a él, porque le veremos tal como él es» (1 Juan 3:2). Toda rodilla se doblará ante Él y «toda lengua confesará que Jesucristo es el Señor» (Filipenses 2:11). Por fin nuestra fe se hará visible y veremos la plena extensión del alcance de la evangelización.

El Dr. Robert Coleman es Distinguido Profesor de Evangelización y Discipulado del Gordon-Conwell Theological Seminary en South Hamilton, Massachusetts, Estados Unidos. Anteriormente fue Director de la Escuela de Misión Mundial y Evangelización de Trinity International University. Ministra como evangelista y maestro en diversas formas en distintos lugares del mundo.

[1] Muchos de los pasajes de este capítulo han sido tomados de mis libros: *The Master's Way of Personal Evangelism* (Wheaton: Crossway, 1997); *The Heartbeat of Evangelism* (Colorado Springs: NavPress, 1985); *The Great Commission Lifestyle* (Old Tappan: Fleming H. Revell, 1992); *The Mind of the Master* (Old Tappan: Fleming H. Revell, 1983), y *Evangelism in Perspective* (Camp Hill: Christian Publications, 1975).

[2] Narrado por Paul Rees en una editorial de World Vision, diciembre 1971, p. 31.

[3] Las ramificaciones de este punto se exploran en mi estudio de la estrategia del ministerio de Cristo en los Evangelios, *El plan maestro de la evangelización* (Miami: Editorial Unilit, 1998) Fleming H. Revell, 1963, 1964, 1993; y el estudio subsiguiente de la iglesia local en el Libro de los Hechos, *The Master Plan of Discipleship* (Old Tappan: Fleming H. Revell, 1987, 1988).

[4] Relato de Louis Albert Banks, *Immortal Hymns and Their Stories* (Cleveland: Burrows Brothers, 1898), pp. 112-13; véase también Amos R. Wells, «All Hail the Power of Jesus Name», *The Christian Endeavor World*, 26 de Mayo de 1904.

Los próximos cuarenta años para las misiones cristianas

Patrick Johnstone

Una de las mejores formas de mantenerse al frente de las misiones mundiales es involucrarse en la evangelización, en especial con personas de otros países que puedan estar viviendo cerca. Cuídense de las peleas y dificultades que enfrentarán al embarcarse en esto: habrá fracasos, desalientos. Aun así, recuerden que el desaliento en la evangelización puede ser a menudo una indicación de Dios para enseñarnos algo mayor y mejor.

GEORGE VERWER

Los últimos cuarenta años han sido los más asombrosos en la historia de las misiones. ¿Quién habría podido prever el enorme crecimiento de la iglesia en el mundo no occidental, la penetración del evangelio en áreas que parecían cerradas a los mensajeros de Dios y la globalización de las misiones? ¿Serán iguales de exitosos los próximos cuarenta años? ¿Quizá no se completen porque nuestro Rey decida que la tarea ya está cumplida y regrese, porque su Esposa está lista y ya no hay tiempo?

Estos últimos cuarenta años también representan el tiempo que George Verwer ha dedicado al ministerio. ¡Y lo mismo sucede conmigo! Pensemos en algunos de los cambios de estos últimos cuarenta años y luego proyectemos juntos los próximos cuarenta, para ver cómo podrían verse si continuara el mismo ritmo de crecimiento. He elegido seis facetas principales para evaluar esta posibilidad, y lo que debemos hacer para lograr esto o mejorarlo.

El giro del cristianismo hacia el mundo no occidental

Durante los primeros ochocientos años de la iglesia hubo un equilibrio numérico entre cristianos occidentales y no occidentales, pero luego vino un milenio en el que el cristianismo fue marginado, suprimido y hasta eliminado en casi todas las partes del mundo, con excepción de Europa. Es solo en este último siglo que se ha revertido esto. En 1960 había 672 millones de cristianos occidentales, y solo 370 millones de cristianos no occidentales siendo el más reciente de todos los cristianos. Para el año 2000 se habían convertido en 810 millones y 1.172 millones respectivamente (59%) Para el año 2040, si continúa la disminución en occidente y el aumento en el mundo no occidental, se convertirán en 657 millones y 1.917 millones respectivamente (75%). ¡Qué siglo tan extraordinario de exitoso trabajo misionero habrá sido este entonces! ¿Sucederá? Solo si nosotros, como iglesia, dirigimos un esfuerzo enorme a lo siguiente:

1. *Revertir los catastróficos efectos de la Iluminación de Europa*, que erosionó el legado y visión cristiana, borrando su impacto y su éxito. Occidente necesita el avivamiento de los creyentes, la renovación del cristianismo tradicional, a fin de que sea relevante en un contexto secular poscristiano, y una reunión masiva de los millones que no han tenido contacto vital con el cristianismo bíblico.

2. *Observar avances de impacto masivo en los principales bloques religiosos no cristianos*, específicamente los musulmanes, hindúes y budistas. El crecimiento se ha mostrado principalmente entre los que no están vinculados a estas religiones. Es un enorme desafío para la oración, el compromiso y la extensión en amor a estos dos millones quinientos mil personas que sin esto habrán aumentado hasta llegar a los tres millones ochocientos mil en el año 2040.

3. *Hacer mucho más para llegar a los niños y los jóvenes.* Nos espera un desastre espiritual a menos que nos esforcemos más por retener a la próxima generación para Cristo, y hagamos de ellos discípulos eficientes. Cegados por el éxito reciente en lograr que los de la primera generación sean cristianos, no nos hemos dado cuenta de que tal cosa desaparecerá en dos generaciones más si no discipulamos a la generación que está creciendo.

El triunfo de los evangélicos

La asombrosa naturaleza del Despertar Evangélico moderno no ha sido notada por todos. El decrecimiento de la cristiandad en Occidente ha oscurecido el crecimiento masivo de los evangélicos en casi todas las partes del mundo. Las principales denominaciones protestantes seducidas por la teología liberal están en franca declinación o volviéndose evangélicas. Los católicos romanos están ante una crisis, con pocos sacerdotes, monjas y misioneros, y desacreditados por los escándalos de pedofilia. Las iglesias ortodoxas dan manotazos desesperados en busca de apoyo político para sobrevivir. Los evangélicos han tomado el escenario central de mundo cristiano, y a menudo enfrentando cada vez más persecución.

Lo obtenido por los evangélicos en occidente es modesto y casi marginal, pero en el mundo no occidental es en general algo masivo. En términos globales calculamos que había unos 85 millones de evangélicos o un 2,8% de la población mundial en 1960, y cuarenta años más tarde han aumentado a 420 millones (6,9%), lo cual representa que han crecido cinco veces en cantidad. Si continúan las tendencias de los últimos cuarenta años, durante los próximos cuarenta tendríamos 1.360 millones de evangélicos (15%), lo cual representa el triple. Hay que enfrentar muchos desafíos si vamos a seguir creciendo y avanzando:

1. *Enfoque claro en la evangelización del mundo.* Esto puede disiparse fácilmente a causa de la multiplicidad de objetivos secundarios y la pérdida del impulso inicial. El Movimiento AD 2000 fue una de las iniciativas de movilización global más exitosas en

la historia. Los movimientos desprendidos de esta visión que se generaron en forma local y regional han extendido significativamente el alcance de la iglesia a los menos evangelizados. Todavía debe surgir un claro enfoque en la generación futura.

2. *La desunión y la fragmentación son posibilidades reales por motivos culturales, étnicos, doctrinales, financieros y personales.* ¿Es esta una de las razones por las que Dios permitió más persecución durante la exitosa década del noventa a fin de mantenernos dependientes y humildes? El futuro de la evangelización del mundo depende de un nivel de comunión hasta ahora desconocido, que tienda un puente entre las diferencias en nuestro mundo globalizado.

3. *Falta de disciplina bíblica.* La extensión y plantación de iglesias no han dado como resultado muchos cristianos discipulados ni muchos líderes que sigan la voluntad de Dios. Es lamentable que sea demasiado obvia la evidente falta de motivación y movilización de la mayoría de los evangélicos. ¿Vamos a discipular a la siguiente generación en nuestras iglesias? Sin ellos toda idea de crecimiento continuo no es más que un sueño.

Imperios pasados y futuros

La Segunda Guerra Mundial fue el disparador del desmantelamiento masivo de imperios: el alemán, el japonés, el francés, el británico, el portugués y el soviético. Los cambios políticos, la creciente conciencia étnica y la globalización han impactado a todos, haciéndoles más receptivos al cambio espiritual. Cuando cayó el Muro de Berlín en 1989, esto no fue solo el fin de la hegemonía de la Rusia comunista, sino también el final de doscientos años de dominación ideológica que comenzara con la Revolución Francesa en 1789. A tal cosa le siguió una década de extraordinaria apertura, un mayor crecimiento de la iglesia y más persecución, además de la difusión de las comunicaciones electrónicas. La década de la dominación del único superpoder terminó con el ataque islámico a los Estados Unidos el 11 de septiembre de 2001.

Los imperios del siglo veintiuno serán diferentes y menos tangibles:

1. Es probable que la dominación cultural y económica de los Estados Unidos persista hasta el año 2040.

2. El expansionismo islámico a través de la riqueza del petróleo, la imigración y las amenazas sutiles y no sutiles a las sociedades no islámicas a menudo distorsiona culturas y sistemas legales para favorecer al islam.

3. La influencia china a través de la industrialización, la masiva población y la exportación de sus excesos en forma legal o ilegal, junto al crecimiento de las comunidades chinas, está presente prácticamente en cada una de las naciones del mundo. Para el año 2040 el músculo económico y político de China podría ser una fuerza geopolítica de la mayor importancia.

¿Cómo afectará esto al ministerio cristiano? Poca gente se da cuenta de los grandes cambios en la perspectiva mundial en relación al cristianismo cerca del año 310 d.C., cuando el emperador Constantino declaró que la religión oficial del Imperio Romano era el cristianismo. Se reemplazaron los patrones bíblicos del liderazgo, la vida en persecución, el estilo de vida según la voluntad de Dios, la adoración, la conversión y la evangelización por un conjunto de sistemas políticos, poderes políticos, imperios eclesiásticos, división entre el clérigo y los laicos, formalismos innecesarios en la conversión y muchas otras cosas. El gran desafío está en reconocer esto y estar dispuestos a volver a los principios del cristianismo bíblico, pero con la ropa del siglo veintiuno. La iglesia deberá cambiar radicalmente o hundirse. ¿Cuáles son los indicativos de esta inexorable tendencia?

1. La rápida marginación de la perspectiva y presencia cristiana en los medios y los centros de poder e influencia.

2. La gran declinación en el compromiso y las cantidades en las corrientes tradicionales del cristianismo.

3. El gran aumento de las estructuras, movimientos y redes de la iglesia no tradicional en los últimos cincuenta años. El único mega bloque cristiano que ha crecido masivamente es el del cristianismo independiente o nativo. Estos movimientos le deben poco al cristianismo histórico y tampoco lo conocen mucho.

4. El aumento en los niveles de persecución, ya sea de extremistas hindúes, islamistas, marxistas asiáticos o seculares occidentales.

¿Están entrando los cristianos en una nueva era en la que la iglesia será despreciada, odiada, una minoría perseguida, y aun así librada de estar en un reino de este mundo, como sociedad alternativa, relevante, comprometida, purificada e incisiva que atrae a multitudes? Debemos prepararnos para la evangelización del mundo a la luz de estas tendencias. Hemos de ser efectivos en algunas áreas:

1. *Eclesiología.* Hemos sido importunados por las eclesiologías distorsionadas en las que la Gran Comisión fue ignorada o marginada. Esta Comisión dada por Dios ha de ser el centro de la vida de la iglesia.
2. *Aceptar el compromiso necesario para avanzar.* Ser misionero será más arriesgado, y no será una alternativa fácil.
3. *Gran fe en que Dios es quien está en control.* Los mismos cambios y desastres que el mundo está viviendo son el medio por el cual Dios creará áreas y personas que son duras y resistentes al evangelio.

Hay pueblos y gente aún no alcanzados a quienes debemos llegar

En 1960 solo unas pocas misiones pensaban en términos de pueblos en lugar de países, y nadie sabía cuántos pueblos había. David Barrett recién había comenzado a hacer una lista de los pueblos de África, que luego llegó a ser la lista fundamental de personas por derivaciones de otros, y finalmente se publicó en la *World Christian Encyclopedia* en el año 2001. Los traductores de la Biblia de Wycliffe habían confeccionado el *Ethnologue* en 1951 y, por primera vez, enumerado todas las lenguas conocidas en el mundo. *Operación Mundo* contribuyó a despertar una conciencia entre los cristianos de los pueblos dentro de cada país, estimulando a mayor oración. Luego vinieron los esfuerzos de MARC-Visión Mundial, y el llamado del clarín de Ralph Winter en el Congreso de Lausana en 1974, de hacer algo por «los pueblos ocultos» del mundo.

Esto llevó a un aumento en la conciencia de la gente, a años de trabajo para definir nuestros términos y a confeccionar una lista con los pueblos del mundo. En 1995 fue posible a través del Proyecto Josué hacer una lista de los pueblos menos alcanzados. Terminamos el siglo no solo con listas completas prácticamente del mundo entero, sino con muchas encuestas nacionales de los pueblos, con un análisis razonable de quiénes eran y dónde estaban los menos alcanzados. Esto culminó con el esfuerzo del Movimiento AD 2000 que alentó a las iglesias y agencias de misión a adoptar personas o pueblos para la oración y el ministerio. Hacia fines del año 2000 solo unos pocos centenares de los pueblos con más de diez mil habitantes quedaban sin adoptar. Entramos al siglo veintiuno con la tarea de analizar y adoptar pueblos, y la visión de llegar a cumplirlo. ¿Qué más hay que hacer?

1. *Cerca de tres mil de los doce mil pueblos etno-lingüistas siguen siendo un desafío pionero,* pero la cantidad de pueblos sin un solo creyente o agencia de misión en busca de ellos ha decrecido a quizá menos de mil. Hay que investigar más para entender mejor su necesidad espiritual, su necesidad de las Escrituras y la inversión de recursos que hace falta.

2. *Los países con mega-desafíos en cuestión de pueblos no alcanzados* son Chad, en África, China e Indonesia, con muchos pueblos minoritarios aún no alcanzados. El mayor desafío y completo de todos es India, donde hay divisiones en castas, además de lenguas, religión y etnias. Nuestra capacidad por completar el discipulado de los pueblos del mundo depende en mucho de cómo enfrentamos el desafío de la India.

3. *La continua necesidad de traducir la Biblia.* Ningún pueblo podrá ser discipulado adecuadamente sin las Escrituras en el idioma o lengua nativa. En 1960 había quizá ochocientos idiomas con una porción de las Escrituras. A lo largo de los siguientes cuarenta años, gracias a los esfuerzos de las Sociedades Bíblicas y los Traductores de la Biblia Wycliffe/ILV, más de dos mil lenguas se han agregado a la lista. Las buenas traducciones han hecho en realidad más por preservar la viabilidad y utilización de las lenguas menores, comparado con cualquier otro factor, pero en el

siglo veintiuno se calcula que morirán casi la mitad de las más de siete mil lenguas existentes. Posiblemente haya que traducir todavía a dos mil lenguas, y habrá que analizar dos mil más para ver si la traducción de la Biblia es un proyecto viable.

Descrédito de las ideologías religiosas

En 1960 el comunismo amenazó con la conquista del mundo. El islam, el hinduismo, el budismo y el cristianismo parecían estar atrincherados. ¡Qué cambiado se ve esto en el año 2000! La gran mayoría de los aún no evangelizados son musulmanes, hindúes y budistas. Las tres religiones afirman haber recibido revelaciones de aplicación universal, y tienen libros sagrados que codifican sus creencias. Las tres se han sido fortalecidos a través de la interacción con el cristianismo y han enviado «misiones» a países cristianos: misioneros musulmanes, proponentes de la Nueva Era de las filosofías hindúes y de la promoción del budismo por parte de Dalai Lama.

Islam

Poco alcance directo se logró hacia los musulmanes en 1960. Los pocos de ellos que habían llegado a la fe en Cristo estaban aislados de sus sociedades y, por lo general, no eran bienvenidos en las comunidades cristianas. Los musulmanes parecían demasiado duros para Dios.

En 1965 llegó el crecimiento masivo del cristianismo en Indonesia, con quizá millones de musulmanes, al menos nominales, llegando a Cristo. Otros movimientos hacia Cristo desde el islam sucedieron en Bangladesh, Nigeria, Argelia, Asia Central, Bosnia, entre los iraníes y en otros lugares más. El aumento masivo en la oración por el mundo musulmán, el gran aumento en la cantidad de misioneros a largo plazo comprometidos específicamente con el alcance a los musulmanes, y la desilusión con el islam (tanto con la venalidad y opresión de los líderes musulmanes como con el extremismo de los islamitas), han contribuido a esto. En todo el mundo musulmán hay grupos de creyentes de extracción musulmana que surgen y crecen continuamente.

En casi todos los lugares en que un movimiento islamita extremo llegó al poder (como en Irán, Sudán, Afganistán) o ha iniciado una guerra de terror (Egipto, Argelia, Indonesia) aumenta la cantidad de los que llegan a Cristo. El ataque terrorista a los Estados Unidos el 11 de septiembre de 2001 ha cambiado radicalmente la percepción del islam y sobre este. Los líderes musulmanes «moderados» no han definido adecuadamente su rechazo teológico a la acción terrorista, porque en su esencia, el islam se compromete a conquistar al mundo a través de la violencia si es necesario. Muchos musulmanes están más dispuestos que nunca a reconsiderar su fidelidad al islam. Necesitamos reclutar, preparar, equipar y desplegar una nueva generación de obreros que tengan en su corazón el deseo de traer musulmanes a Jesús.

Hinduismo

En la India la mayoría de las comunidades menos alcanzadas son las que están atrapadas en el sistema de castas del hinduismo. Cuanto más alto es el nivel de la casta, tanto menos ha sido la respuesta al evangelio. El aumento de movimientos nacionalistas y fascistas ha destruido la armonía religiosa. Los grupos extremistas tuvieron gran influencia en el gobierno BJP de 2000 que albergó su violenta supresión de los musulmanes y aumentó la persecución contra los cristianos. Esto ha desacreditado al hinduismo entre quienes creían que era moderado, y movió a una masiva protesta de parte de los Dalit.

Durante el año 2001 la ira de los Dalit ante siglos de opresión y el reciente surgimiento del extremismo hindú han llevado a un creciente movimiento por renunciar a todo vínculo con el hinduismo y aceptar de forma abierta otra religión, como el budismo, el islam o el cristianismo. Es posible que trescientos millones de personas puedan cambiar su religión en los próximos diez a quince años, e incluso a pesar de la legislación artera que discrimina en contra de los cristianos, muchos también podrían llegar a convertirse en seguidores de Jesucristo. Esto último dependerá en gran medida de cómo los cristianos respondamos a este desafío y abramos las puertas a una inundación de nuevos cristianos. Las implicaciones sociales y espirituales son enormes. La India debe tener una muy alta prioridad en nuestras oraciones y la participación y compromiso del cristiano en los siguientes cuarenta años debe ser igual de importante, porque en las planicies del norte de la India es en donde se concentra la mayor porción de personas no alcanzadas.

Budismo

Recuerdo que en 1979, cuando ministraba con el MV *Logos* en Colombo, Sri Lanka, conocimos a muchos sacerdotes budistas. Muchos de ellos se envanecían ante la superioridad del budismo, afirmando: «No matamos gente como hacen ustedes los cristianos». Eso fue poco antes de la terrible guerra civil hindú tamil-budista sinhala. Los sacerdotes budistas iban al frente. No es de extrañar entonces que desde ese momento se detuviera el decrecimiento del cristianismo en Sri Lanka y que miles llegaran a la fe viva en Cristo.

La cultura budista de Tailandia se está tambaleando con los escándalos de inmoralidad y corrupción en el clérigo. En muchos países ha sido derrocado el antiguo orden budista, y ha llegado una nueva apertura al cristianismo. Hasta los tibetanos, históricamente uno de los grupos étnicos budistas más cerrados, están comenzando a responder, y se han formado las primeras iglesias tibetanas.

Estos sistemas religiosos son un desafío, pero hemos visto lo suficiente de la obra de Dios en los últimos cuarenta años como para confiar en que Él hará que se abran las puertas entre las personas de estas religiones que no pueden tener esperanza alguna ni seguridad de salvación.

Movilización de misioneros

En 1960 la fuerza misionera era muy blanca, muy occidental y respetada. Iban al campo misionero en barcos y por lo general eran solteros, y a menudo se quedaban en el campo misionero el resto de sus días como obreros. Los misioneros de corto plazo casi no se conocían. En el año 2000 la fuerza misionera se ha vuelto global, pero ya no es respetada sin cuestionamiento, a menudo necesita esconder su identidad de los secuestradores, la policía secreta, los gobiernos hostiles, los reporteros curiosos y hasta los cristianos mal informados. Van al campo misionero primero en misión de corto plazo, en avión, y su ministerio en el extranjero puede ser solo una fase en una carrera de múltiples facetas.

En 1960, Estados Unidos, el Reino Unido, Canadá y Australasia de habla inglesa, proveían la mayor parte de los misioneros. Hoy, los coreanos, chinos, filipinos, indios y brasileños que hablan portugués son componentes importantes en la fuerza misionera mundial. A finales de la década del noventa, Corea se convirtió en el segundo emisor mundial de misioneros extranjeros, más que el Reino Unido. El componente asiático de los 201.000 misioneros identificados en *Operación Mundo* de 2001 era del 35%, apenas un poco menos del 36% de los norteamericanos.

Este importante cambio en los patrones occidentales de las misiones consiste en el estallido del interés por la misión de corto plazo que abarca desde las visitas al campo misionero por dos semanas hasta los servicios por el término de dos años. La cantidad de misioneros a largo plazo ha permanecido igual, o decrecido apenas un poco. La cantidad de personal en las bases se ha duplicado, demostrando que para mantener la fuerza misionera a largo plazo se requiere una inversión enorme en personal que reclute, prepare y ministre a un creciente ejército de misioneros a corto plazo.

El gran cambio en las misiones globales es la eliminación de las barreras de la distancia y las comunicaciones entre las iglesias y los campos misioneros locales. Esto ha causado un aumento en el envío directo de misioneros (con resultados mezclados), incrementando la impaciencia con las agencias misioneras y muchas más visitas al campo misionero por parte del liderazgo de la iglesia local.

¿Qué hay del futuro? Observemos lo siguiente:

1. *La globalización de las misiones continuará.* Las misiones serán multiculturales en composición o en la formación de equipos en el campo. Hará falta un componente importante de sensibilidad en la preparación y orientación dentro del campo misionero hacia las múltiples culturas misioneras, así como hacia las culturas que constituyen nuestro objetivo.

2. *La asociación es el futuro de las misiones.* El concepto del pionero solitario ha pasado ya. No podemos hacer todo solos, desempeñando el papel de agencias, nacionalidades, iglesias o denominaciones.

3. *Las agencias de misión tendrán que adaptarse al deseo de la iglesia local,* para lograr el compromiso activo y mayor voz y voto en las políticas.

4. *Las limitaciones y costos de las misiones a corto plazo deben tomarse en cuenta,* y todos los programas a corto plazo tendrán que ser evaluados por su contribución y valor agregado al objetivo integral de la evangelización mundial.

Conclusión

Nos enfrentamos a un futuro que nos desafía, y debemos hacerlo con esperanza. El Dios que nos ha guiado y sostenido en nuestro avance durante los últimos cuarenta años lo hará también en los próximos cuarenta... ¡pero solo si lo seguimos con fe! ¡Que los próximos cuarenta años sean un testimonio todavía mayor de la gracia y el poder de Dios!

Patrick Johnstone sirvió en el sur de África con la Misión Dorotea durante dieciséis años como evangelista de tiendas y traductor de la Biblia. Durante ese tiempo escribió la primera de seis ediciones de Operación Mundo. *En 1978 Patrick y su esposa dejaron África y sirvieron durante un año en el barco* Logos *de OM. En 1980 comenzaron el ministerio con WEC International como parte del equi-*  *po de liderazgo y responsables de la estrategia y la investigación. En 1992 Jill falleció. Patrick se casó con Robyn en 1995. En el año 2002 entregaron su obra a los sucesores, tanto en su papel de liderazgo de la WEC, como en la obra de escritura de* Operación Mundo. *Continúan con WEC en un ministerio más amplio de conferencias, escritura y enseñanza. Patrick también escribió* La iglesia es más grande de lo que usted piensa *en 1998.*

Sección 4

Palabras de tributo

Fanático incurable: Amigo incondicional

INTRODUCCIÓN POR PETER CONLAN

Me acusan de ser fanático. Si sentirse vivo al sufrimiento de los demás es ser fanático, soy uno de los fanáticos más incurables que jamás hayan andado sueltos.

WILLIAM WILBERFORCE, *Abolicionista,*
Cámara de los Comunes, Gran Bretaña, 19 de junio de 1816

El Diccionario de la Real Academia Española da la definición de «fanático»: «Que defiende con tenacidad desmedida y apasionamiento creencias u opiniones, sobre todo religiosas o políticas». Los cristianos no conformistas eran llamados «fanáticos» hace doscientos años. Más tarde se les llamaba «entusiastas», y para mediados del siglo veinte habían sido tranquilamente absorbidos en la principal corriente religiosa.

En febrero de 1962 la tranquilidad evangélica de Gran Bretaña se quebró con un clamor por una «revolución espiritual» a partir de un norteamericano joven, intenso y delgado, llamado George Verwer. Inmediatamente lo etiquetaron como fanático, y a los buenos padres y ministros cristianos se les aconsejó que encerraran a sus jóvenes.

Un informe de la prensa cristiana británica decía: «*¡George Verwer es un fanático confeso! También es revolucionario y cristiano. Puede considerarse poco común esta combinación de tres características en una misma persona, pero George Verwer es una persona poco común*».

241

Este «fanático» ha sido mi mentor y uno de mis más cercanos amigos durante más de treinta y cinco años. Durante nuestra primera reunión en Bromley, Kent, admití como joven cristiano muchas luchas y dudas espirituales. Tantas que cualquier agencia misionera normal me hubiera rechazado de plano. George inmediatamente me dio una cantidad de libros para leer enseguida y una invitación a no unirme a OM sino a unirme a él, «empezando a partir de mañana». Seis semanas después estaba mecanografiando sus cartas en un húmedo apartamento lleno de cucarachas en Bombay, India.

Los meses que siguieron, atravesando la India en tren, en camión y avión con George, fueron un desafío y trajeron un cambio radical a mi vida. George es interesante en todo momento, aunque no siempre es fácil. Mi tarea consistía en reservar nuestros boletos para los viajes, casi siempre con indicaciones de comprar lo más barato y rápido posible. Una vez no logré reservar en el tren más rápido de Bombay a Bangalore. Nuestro tren lento *seguía* al «Bangalore Express» y a George no le gustó. A mitad de camino en Gutakal Junction, nos detuvimos y allí permanecimos sudando en el insoportable calor durante algunas horas. *El Despertar de la Gracia*, como nuestro tren, se había demorado, y George estaba visiblemente irritado. Luego nos avisaron los motivos de la demora. El «Bangalore Express» había chocado, y había muchos muertos. ¡Las lágrimas de compasión de George se mezclaron con oraciones de agradecimiento a Dios por su soberanía en nuestros arreglos para viajar!

Como obrero soltero de OM viví con el siempre activo George y la siempre paciente Drena en India, en Nepal, Tailandia, Inglaterra y a bordo del viejo *Logos*. Cuando me casé con Birgitta compartimos con George y Drena la misma casa en Inglaterra durante cinco años. He visto a George en sus mejores momentos y también en los peores. Nos hemos reído juntos hasta no poder más, a veces en alguna reunión de la iglesia, esperando ingenuamente que nadie se diera cuenta. Hemos orado y llorado juntos, él mucho más que yo, por cada desilusión, pena y dolor en el ministerio cristiano. Durante treinta y cinco años no he visto brecha alguna entre el hombre y el mensaje; ninguna diferencia entre el George público y el privado. Él es real.

Los tributos que siguen expresarán mejor que yo la escala global del impacto de George en cuanto a las misiones. Sin embargo, según el verdadero estilo Verwer, tengo seis palabras que para mí definen al auténtico George:

Quebranto

Hay un lugar en la antigua Ruta de la Seda entre Estambul y Ankara donde nuestra amistad casi acaba. Fue en 1968, éramos jóvenes y yo conducía una camioneta VW cargada con la familia y el equipo de George. Todos estábamos cansados, sedientos y con hambre. George estaba impaciente por seguir. Finalmente pisé el freno y le grité a George, para que bajara del vehículo. Ante el asombro de todos, George y yo nos enfrentamos con los puños cerrados. Le dije: «Vamos, líder cristiano, ¡golpéame!». Entonces George comenzó a temblar y a llorar, y me abrazó. El quebranto al pie de la cruz no es solo su mensaje, sino su vida.

Amabilidad

Era febrero de 1968 sobre las áridas orillas del río Pampa, cerca de Kozhencherry en Kerala, al sur de la India. Habían ochenta mil personas reunidas bajo un *pandal* con techo de paja. La Convención Maramon es la mayor conferencia cristiana del mundo. Los disertantes han sido, entre otros, el Dr. E. Stanley Jones y Sadhu Sundar Singh. Ese año George era disertante invitado, el mayor compromiso hasta entonces en su vida, y yo actuaría como asistente suyo. La noche antes de la conferencia enfermé de malaria. En mis momentos de conciencia veía a George sentado junto a mí en medio de la noche, mojándome suavemente la cara y la cabeza con un trapo con agua. Años más tarde presencié la misma amabilidad cuando alimentaba a su anciano padre, que temblaba de forma incontrolable a causa de su avanzada enfermedad de Parkinson. El fruto del Espíritu siempre ha estado en el ministerio de George.

Desenvoltura

La verdad es que sabíamos muy poco de barcos, pero después de cinco años de orar por el proyecto, *había llegado el momento*. Era agosto de 1969 cuando entré en la oficina de George y me entregó un pasaje aéreo: «Quiero que vayas a Atenas a reunirte con Aristóteles Onassis para ver si tiene un barco que pueda servirnos». Cuando le dije que yo no sabía nada de compras de barcos George me dio un libro sobre la vida de Onassis y dijo: «¡Lee esto en el avión!». Lo que hace que el liderazgo de George se destaque es la desenvoltura de su fe en Dios y su tremenda fe en las personas.

Singularidad

No hay muchos predicadores que preparen sus sermones como lo hace George. A menudo garabatea con furia algunas palabras clave en una hoja de papel, momentos antes de predicar. Sus jeroglíficos casi nunca aparecen en hojas de papel en blanco. He visto notas suyas garabateadas en cubiertas de revistas, boletines de iglesia, viejos memorándums e incluso al dorso de documentos de viaje. La preparación verdadera de George para sus sermones tiene lugar de rodillas. En una importante conferencia de OM una noche hace muchos años, estábamos en una habitación minutos antes de que tuviera que salir a predicar: «Conlan, no tengo idea sobre qué predicar esta noche. Busca tú el texto. Yo voy a orar». Minutos después estaba ante cientos de jóvenes y solemnemente anunció su texto. ¡Fue solo cuando George comenzó a avanzar por un pasaje muy difícil de 1 Samuel que vi dónde estaba el error! ¡Tenía que haber sido 2 Samuel! Corrí hacia el púlpito y le di la referencia exacta. Sin inmutarse anunció el nuevo texto y predicó con poder y unción. Por supuesto, George es singular, pero su dependencia de Dios hace que mantenga el enfoque allí donde lo necesita.

Lealtad

George tiene pocos conocidos y muchos amigos. No conozco a otro líder cristiano que personalmente se mantenga en contacto telefónico o por correspondencia con tanta gente. Ser amigo de George es ser amigo suyo para toda la vida. El testimonio de muchos obreros, pastores, misioneros y líderes de OM al borde de la desesperanza es el mismo: «La llamada de George restauró la esperanza en mí».

En 1995 OM vivió la mayor crisis financiera de nuestra historia. Junto con muchas otras agencias cristianas, fuimos engañados por el viejo amigo de George, Jack Bennett, hijo, presidente de la Fundación Filantrópica Nueva Era. Bennett fue luego sentenciado a doce años en una prisión federal por haber organizado el mayor fraude de obras de caridad en la historia norteamericana.

En la Navidad de 1998 recibí una llamada de George. Su voz ronca gritó: «¡Feliz Navidad!». Le pregunté dónde estaba y respondió: «En la prisión, visitando a uno de mis más queridos amigos». Estaba visitando a Jack Bennett, el hombre que había defraudado a OM en un millón de dólares (los fondos fueron finalmente recuperados en el arreglo de restauración que siguió al juicio). Para George la «revolución del amor» es mucho más que un lema. Es lealtad y compromiso para toda la vida.

Oración

Hace treinta años George me envió en mi primera asignación con el viejo barco *Logos* al este de África. Personalmente escribió a máquina una nota con instrucciones llenas de faltas de ortografía, y antes de que abordara el barco me dijo: «Oremos».

Lo llamé por teléfono hace dos semanas, horas antes de volar a La Habana, Cuba, en el más reciente viaje de los barcos OM. Antes de colgar, George dijo: «Oremos». Si hay una única palabra para explicar el secreto del enorme impacto de George es «oración». Simplemente ha hecho de la oración la prioridad en su vida.

Posdata

El correo de esta mañana incluía una nota manuscrita de George. Era uno de sus típicos garabatos, escrito sobre papel reciclado. La nota terminaba con:

Has sido un gran amigo y de enorme aliento en estos más de trein-
ta y cinco años.
Gracias,
George
Posdata: Tu esposa es una joya

Así que, George, incurable fanático y amigo incondicional,

Has sido un gran amigo y de enorme aliento en estos más de trein-
ta y cinco años.
Gracias,
Peter,
Posdata: Tu esposa es una joya

Peter Conlan ha servido con
OM en muchas partes del
mundo durante más de treinta
y cinco años. Está con el equipo
de liderazgo de los barcos de
OM y es miembro de la junta
de Directores del Logos II. *Sus*
más recientes responsabilidades
han incluido la coordinación
de visitas del barco a China,
Vietnam y Birmania. El diná-

mico ministerio de Peter le permite funcionar como una especie de embaja-
dor de OM en muchas naciones. Él y su esposa, Birgitta, viven en Bromley,
Reino Unido. Tienen tres encantadoras hijas: Esther, Helen y Anna.

Cuando se registre la historia de las misiones contemporáneas, el nombre de George Verwer estará en letras grandes. Su capacidad para dar entusiasmo al que no lo tiene, para movilizar al inmóvil, para motivar al desmotivado, consolar al afligido y afligir al cómodo no tiene paralelo. Su visión punzante, su energía inagotable, su determinación de hierro, en un hombre más pequeño, hubieran obviado por completo a aquellos menos talentosos o con poca motivación. Sin embargo, su espíritu magnánimo, su humilde actitud, su integridad espiritual, su genuino amor por la gente y su voluntad por aprender, le salvaron del destructivo exceso y lo llevaron a madurar hasta llegar a ser un líder al que la gente sigue con todo gusto. Damos gracias a Dios por él.

Stuart Briscoe, pastor,
Iglesia Elmbrook, Estados Unidos

* * * * * *

Los pájaros vuelan, pero las águilas vuelan mucho más alto. Volar alto no es solo volar, sino escalar el cielo con velocidad y agilidad; estar a una gran altura sobre la tierra, encima de toda posición normal. Volar alto es flotar en el aire, sin siquiera mover las alas ni necesitar motor alguno. Allí donde vuelan alto las águilas, los pájaros ordinarios ni siquiera se atreven a llegar.

Los pájaros vuelan porque tienen el corazón grande. Cuanto más grande es el corazón, tanto más alto vuelan. El volar les otorga ventajas competitivas y de perspectiva. Y aunque volar es algo envidiable, no se compara con volar alto como hacen las águilas.

Esta es mi simple descripción de George. Has desafiado a la edad, la cultura, la posición social y las distancias. Nos has alentado a quienes te conocemos a volar alto como las águilas. Aun cuando estás cansado en esos aviones Jumbo, en lugar de dormir nos escribes notas de aliento. ¡Sigue volando alto, querido hermano... naciste águila!

Dios te bendiga a ti y a Drena.

Sra. Judy W. Mbugua,
Directora de la Alianza Panafricana Cristiana de Mujeres
Nairobi

*   *   *   *   *   *

El nombre «Jorge» me recuerda a alguien de apenas un poco más de veinte años de edad, que marcó mi vida de manera indeleble para el futuro. Más adelante, después de lanzar otros ministerios independientes de OM como Misión Alturas, uno puede ver las huellas de Jorge y OM allí. Siempre recuerdo los valores de la Palabra en los que hacía hincapié: oración, lucha, abandonarlo todo, victoria. Me he plantado en ellos a lo largo de los años y sinceramente agradezco a Dios por la enseñanza de la Palabra y por la calidad de la vida de mi hermano Jorge.

Daniel González, Director, Misión Alturas, España,
Vinculado a OM desde comienzos de la
década del sesenta hasta finales de la del noventa.

*   *   *   *   *   *

Conocí a George Verwer en Urbana '87. Le observé comunicando una visión global a más de veinte mil jóvenes que permanecían casi hipnotizados ante su presencia. Él cree que hay que llegar a todo el mundo con el evangelio y que no hay barreras políticas o sociales que interfieran con la tarea de llegar a lo último de la tierra con el mensaje de Cristo.

Quizá lo que más me impresiona es su estilo de vida tan simple. Se niega a gastar dinero en sí mismo, solo para lo que es absolutamente esencial para su supervivencia. Vive de forma tan sencilla para que otros puedan vivir. Ha dado todo de sí al Maestro. Es alguien que emprende grandes cosas para Dios y espera grandes cosas de Dios. Se ha dicho: «El fuerte obedece cuando alguien fuerte le muestra el camino». Este es un hombre fuerte que ha trazado la ruta para que hombres y mujeres jóvenes y fuertes la recorrieran en las últimas décadas, así como él la recorrió siguiendo a Cristo.

Tony Campolo
Eastern University
St. David's, PA, Estados Unidos

* * * * * *

Conocimos a George en 1961 cuando Kees y yo estudiábamos en el Instituto Bíblico de Bruselas. En los muchos años que llevamos trabajando con George aprendimos a integrar a nuestras vidas muchos de los principios que nos enseñó. Entre ellos: el amor por este mundo en necesidad; la importancia de la oración; la transparencia en nuestras relaciones y el  arrepentimiento inmediato. Lo más importante en nuestra relación con George, sin embargo, es que aun después que dejamos OM hace unos años, George sigue siendo un maravilloso y fiel amigo que nos ha alentado y ayudado con llamadas, cartas y visitas todo el tiempo. ¡Gracias, George, por tu amistad!

Toos Rosies
Toos, conferenciante, escribió Polished but not Perfect, *y sirvió con OM desde 1962 hasta 1985 en Holanda y Bélgica, así como en los ministerios de conferencias de OM.*

* * * * * *

¡Mi primer contacto con George Verwer fue
bajo presión! Hace treinta años uno de los
miembros de la iglesia me perseguía, insis-
tiendo en que lo invitara al púlpito de mi
conservadora iglesia. Jamás lo lamenté. En
un sermón nos hizo pensar globalmente, y
cambió mi estrategia como pastor. «Verwer»
y visión del mundo, son casi sinónimos.

George tiene una capacidad casi única para inspirar a la gente a que
cooperen con él en el nacimiento de sus muchos planes para la evangelización del cosmos. Igualmente vital, aunque no tan conocido, es su
corazón de pastor que ha alentado y dado visión a muchos. Miles han
recibido sus cartas. Los líderes quebrantados han conocido su bálsamo,
los misioneros exhaustos han rejuvenecido, los exitosos hombres de
negocios han llegado a ver lo vitales que son para el Reino. George es
un hombre compuesto de muchas facetas. Le he visto llorar y reír. Le
he oído predicar sermones destacados, y también le oí hablar con dificultad a causa del cansancio luego de un largo viaje. He sido testigo de
su camino en la fe, maravillándome ante lo que Dios puede hacer con
un hombre imperfecto que se atreve a ser diferente. Merecidamente ha
ganado el respeto de tantos cristianos en todo el mundo. Uno de los
grandes privilegios en mi vida ha sido el conocer a George Verwer y
poder llamarlo mi amigo.

Tony Sargent
Director del International Christian College en Glasgow
Ex pastor de Worthing Tabernacle, Sussex, Reino Unido

*   *   *   *   *   *

George es de los que desafían. Cuando me dijo:
«Ora por ir a México», y le pregunté cuánto cos-
taría, me dijo: «Te costará toda la vida». Cuando
me invitó a una reunión de oración de toda la
noche me pregunté sobre qué podría uno orar
durante una noche entera. Confesamos el pecado y oramos sobre un mapa del mundo, y toda-

vía seguimos viendo respuestas a esas oraciones. Es un comunicador que predica ante miles, pero que con todo celo atiende a las personas individualmente por teléfono o por carta. Aprecio su mensaje y su visión como propios. Vive su fe y ha visto a Dios hacer lo extraordinario en nuestro mundo.

Ricardo F. Griffin
Sirve con OM en México desde 1958.

* * * * * *

George y Drena, les saludo y felicito en esta extraordinaria ocasión. Extraordinaria para quien da un paso a un lado en un ministerio floreciente que él mismo estableció. Al conmemorar el legado de un líder pionero en el gran movimiento de las misiones a corto plazo, pienso que es impresionante porque mantuviste el curso del ministerio a corto  plazo con una visión del impacto a largo plazo. Y es notable que un hombre pudiera liderar un movimiento tan dinámico predicando al mismo tiempo cuatrocientas veces al año, ¡y manteniéndose en contacto personal con miles de personas! Es un honor para mí contarme entre ellas, y celebro a uno de mis héroes dando gracias a Dios por su fidelidad a ti y a través de ustedes dos.

Robertson McQuilkin
Presidente emérito, Columbia International University
Columbia, Carolina del Sur, Estados Unidos

* * * * * *

Conozco a George desde el otoño de 1958, cuando ambos estuvimos destinados a estudiar juntos en el Instituto Bíblico Moody. Quizá mi destino entonces no estuviera a mi favor, porque debí sentarme junto a él en orden alfabético en la clase de evangelización personal. La vida no es justa, ni siquiera lo era en 1958. Sin embargo, en la misericordia de Dios,

durante cuarenta y cuatro años hemos estado juntos, separados geográficamente por lo
general, pero cada vez más cerca en espíritu
y pasión.

Hay un recuerdo importante que viene
a mi mente de estos últimos años, y es sobre
una conversación muy seria, tanto personal
como misiológica, que tuvimos en lo que
un amigo llama «La Capilla». Este lugar secreto no es más que la sauna
del hotel de Kuala Lumpur, donde pasamos una tarde calurosa y húme-
da compartiendo lo que había en nuestros corazones, alentándonos, ¡y
vestidos de la manera en que prefería vestirse Adán antes de la caída!
Esto es lo que llamo una contextualización auténtica y transparente. Lo
que más admiro en George es su firme visión, su capacidad de regalar
su ministerio y posición, y su incansable compromiso hacia el Dios
vivo, hacia la iglesia y hacia la tarea de la evangelización mundial.

Bill Taylor
Director Ejecutivo, Comisión de Misiones,
Alianza Evangélica Mundial

* * * * * *

GEORGE. No hay muchos líderes de iglesia o agencias misioneras para quienes ese
solo nombre no represente algo grande.
¡Digamos que para un noventa y cinco por
ciento representa apreciación y admira-
ción! ¿Cómo le sucedió esto a un hombre
que durante los primeros veinte años de su
ministerio se negó rotundamente a que le
fotografiaran para una revista?

En la década del sesenta éramos niños. Extremistas en nuestra aplicación de «abandonar todo lo que tienen» para darles a todos en la tierra un poco de conocimiento sobre el Salvador. Y, sin embargo, ¿no es
sorprendente que OM jamás haya tenido «divisiones» ni «fracasos»?

Tampoco hemos oído que nadie se quejara de que GEORGE fuera pedante, ni que «insistiera en hacer las cosas a su modo».

¿Qué fue lo que vimos en George que nos hizo a mi esposa y a mí ir alegremente, con un equipo de catorce jóvenes recién egresados, desde Manchester a Nueva Delhi en un viejo camión de chatarra cuando sentimos el llamado a ir al mundo árabe? Sabíamos que George había recibido el llamado del Señor, ¡en una época en que nadie en nuestro entorno hablaba de ese modo!

¿Que se nos inculcó como miembros de OM, que resultó en que la mayoría de las agencias misioneras de la India se iniciaran a partir de que llegara el primer equipo de OM el 1 de enero de 1964? ¿Y qué del entendimiento de George sobre el Señor, su Palabra y el patrón bíblico de vivir, que se trasmitió de tal manera hacia los demás, que la mayoría de las agencias de IMA, (Asociación de Misiones de la India) tienen líderes provenientes de OM?

Hay un artículo en un libro sobre líderes cristianos que describe a GEORGE como «inspirado». Le escribí al editor para decirle que GEORGE no es un inspirado. Muchos somos inspirados e inspiramos a otros. GEORGE ES UNGIDO. Hay una enorme diferencia. A pesar de eso, quizá lo más importante, lo que causó que «buscáramos primeramente su Reino» con todo nuestro corazón fue que GEORGE ha sido un hombre como el de Isaías 66:2: «Pobre y humilde de espíritu, y que tiembla a mi palabra».

Con afecto,
Greg Livingstone
Kuala Lumpur

El Dr. Greg (y Sally) Livingstone fue el primer Coordinador de OM en los Estados Unidos, y llevó al primer equipo de OM a la India. Siempre generoso para con su personal, George Verwer alentó a Livingstone para que fuera Director Norteamericano de la Arab World Ministries (Ministerios al Mundo Árabe) en 1977. Desde 1993 y hasta 2000 Livingstone sirvió como Director General de Fronteras.

*   *   *   *   *   *

Luego de viajar haciendo autoestop de Francia a Madrid, España, en 1961, conocí a George con el primer equipo de OM en Europa. Me habló de Jesús y me dio el libro de Billy Graham, *Paz con Dios*. Entregué mi vida a Jesús y de inmediato me uní al equipo.

La vida con George estuvo llena de desafíos: vivir comiendo pan y aceitunas todos los días, dormir en el piso de la oficina, viajar en vehículos viejos, orar por trescientos imposibles y luego por mil jóvenes en los primeros alcances de verano. Fue inolvidable cuando George estuvo junto a Federico Aparisi y dijo: «Mírennos. Podemos decepcionarlos. Miren a Jesús. ¡Él jamás lo hará!». La vida de George, poniendo en práctica los principios bíblicos, me ha impactado siempre.

Drena es sorprendente. Viviendo y viajando con ella y los bebés, vi su disposición y obediencia al Señor, pesar de las muchas dificultades.

Con Gálatas 6:9

Christa Eicher

Christa (Fischer es su apellido de soltera) Eicher estuvo con George y Drena en 1961 y 1962, en Turquía en 1963 y 1964, luego con OM India entre 1964 y 1994. Ella y Ray viven en Mussoorie, India del norte.

*   *   *   *   *   *

Queridos George y Drena:

Queremos felicitarles por sus años de liderazgo y visión dados a Operación Movilización. Dios ha hecho un trabajo magistral al traer a un joven del instituto a Cristo a través de las oraciones de una querida señora y de los esfuerzos evangelísticos de Billy Graham.

Sabemos que sin tu amorosa sociedad con George, Drena, el ministerio de Operación Movilización no habría sido tan fuerte... Siempre que hemos trabajado con ustedes y Operación Movilización ha sido de bendición. ¡Por favor continúen!

John Kyle
Ex director, InterVarsity Missions, vicepresidente principal
Comunidad Evangélica de Agencias Misioneras, Atlanta

* * * * * *

Mi primer curso como misionero fue con Operación Movilización. Me había presentado en muchas misiones, pero todos me rechazaban. ¡Sin embargo, en 1960 OM aceptaba a cualquiera! Tuve la maravillosa oportunidad de servir en la India entre 1966 y 1968. George fue un desafío y un apoyo enorme para mí en mi caminar con Dios y en el celo por su gloria en todas las naciones. Muchos años después, durante las cirugías, la radioterapia y el tratamiento de quimioterapia contra el cáncer, George fue uno de los primeros en alentarme y orar por mí, ofrendando con sacrificio para ayudar a cubrir los gastos. ¡Qué hombre de Dios tan lleno de gracia y amor!

Doug Nichols
Director Internacional
Ministerios de Acción Internacional
Mountlake Terrace, Washington, Estados Unidos

* * * * * *

El gran George Verwer no se veía demasiado impactante. Como nuevo miembro de OM en 1967, en una conferencia de preparación, me levanté tarde esa noche. Al recorrer el pasillo a oscuras tropecé con alguien: era George Verwer. Dormía en el suelo, sobre una esterilla, sin alfombra, ni sábanas, con su correspondencia desparramada alrededor. Esta imagen del líder internacional impactó mucho mi corazón.

Lo que nos mantenía en OM era el compromiso de George. Al final de una conferencia en Patna nos abrió su corazón y dijo que si fuera posible se cortaría las manos y los pies para dárnoslos. Sabíamos que era cierto. Su compromiso y amor edificó a los líderes para la India.

En 1982, cuando se incendió la oficina de OM en Bombay, asumí la culpa convencido de que debía renunciar, que no calificaba para ser líder. George me habló durante más de media hora por teléfono, me ayudó a sobreponerme de la culpa y el dolor y a seguir avanzando para Dios. En 1989 me golpeó otra crisis, tan grande como nunca había sufrido en mi vida, y quise dejar el ministerio. Nuevamente fue George el que me habló, me alentó, me escribió y hasta me gritó para llegar a mi corazón y que así me sobrepusiera al dolor y la agonía. Como yo hay miles que han vivido el dolor y la angustia, que han sido rechazados y a quienes George restauró y ayudó a seguir avanzando para Jesucristo.

OM India jamás habría llegado a ser lo que es hoy si no fuera por el compromiso de George de trabajar en la India y con los líderes en este país. Cientos y cientos de personas están hoy orando por George y hay muchos, literalmente, pequeños «George Verwers» en todas partes, en especial en Andhra Pradesh. Estos niños no se llaman «George», sino «George Verwer». Así que George Verwer seguirá viviendo... por muchas generaciones más.

AE «Alfy» Franks
Administrador del fideicomiso
Operación Movilización India